1ª edição - Abril 2022

Coordenação editorial
Ronaldo A. Sperdutti

Preparação de originais
Mônica d'Almeida

Revisão
Ana Maria Rael Gambarini
Maria Clara Telles

Capa
Juliana Mollinari

Imagem Capa
Shutterstock | Marcos Amend

Projeto gráfico e diagramação
Juliana Mollinari

Assistente editorial
Ana Maria Rael Gambarini

Impressão
Gráfica Loyola

Proibida a reprodução total ou parcial desta obra sem prévia autorização da editora.

© 2022 by Boa Nova Editora.

Av. Porto Ferreira, 1031 | Parque Iracema
CEP 15809-020 | Catanduva-SP
17 3531.4444

www.**lumeneditorial**.com.br
www.**boanova**.net

atendimento@lumeneditorial.com.br
boanova@boanova.net

Dados Internacionais de Catalogação na Publicação (CIP)
(Câmara Brasileira do Livro, SP, Brasil)

```
Aurélio, Marco (Espírito)
    Nunca estamos sós / pelo espírito Marco Aurélio ;
[psicografia de] Marcelo Cezar. -- 1. ed. --
Catanduva, SP : Lúmen Editorial, 2022.

    ISBN 978-65-5792-034-3

    1. Espiritismo 2. Psicografia 3. Romance espírita
I. Carvalho, Vera Lúcia Marinzeck de. II. Título.

22-100836                                      CDD-133.9
```

Índices para catálogo sistemático:

1. Romances espíritas psicografados : Espiritismo
   133.93

Eliete Marques da Silva - Bibliotecária - CRB-8/9380

Impresso no Brasil – Printed in Brazil
01-04-22-3.000

MARCELO CEZAR
ROMANCE PELO ESPÍRITO MARCO AURÉLIO

Nunca estamos sós

LÚMEN
EDITORIAL

Ao Heitor

Esclarecimentos necessários

A culpa e o medo são instrumentos que nos mantêm afastados de nossa verdadeira essência, causando-nos feridas emocionais difíceis de serem cicatrizadas. Ninguém pode escapar disso. Como a culpa é uma reação emocional aprendida ao longo de muitas encarnações, não temos condições de eliminá-la, contudo temos lucidez e inteligência suficientes para viver melhor com ela.

Há pouco mais de cento e sessenta anos, a Terra foi agraciada com novos ensinamentos morais, os verdadeiros valores do espírito. O professor Rivail — conhecido no meio espírita como Allan Kardec — e depois outros filósofos, cientistas e questionadores da verdade trataram de plantar nos corações humanos a veracidade de que há vida após a morte e, como seres imortais, estamos sempre evoluindo e ampliando nossa consciência em direção ao bem.

A Igreja, principalmente a Católica, foi perdendo seu domínio, e hoje estamos vivendo uma fase de transição e transmutação dos valores espirituais. O homem, percebendo que a vida é eterna, tem avançado em direção à verdade.

Nunca, em outro momento da história, estivemos tão sedentos de equilíbrio, autorrealização e paz, em todos os níveis. O homem tem se sentido mais dono de si e isto, por si só, é um grande avanço em termos espirituais.

Estava eu participando de um seminário, na cidade astral de Nosso Lar, sobre o poder destrutivo da culpa como entrave à evolução do espírito, quando conheci Heitor. De aspecto simpático e sorriso agradável, cativou-me a amizade. Vale ressaltar que foi o próprio Heitor quem me sugeriu este pseudônimo, a fim de ocultar seu nome verdadeiro. Atendendo não só ao pedido dele, mas também ao de nossos instrutores espirituais, mudamos os nomes de todas as personagens do livro.

Como contador de histórias, interessei-me por seu caso e fiquei fascinado com seu relato de vida. Sua última encarnação na Terra, sua história toda, tinha muitos pontos envolvendo, novamente, o poder destrutivo da culpa. Também pude constatar que outro fato ainda marcante na vida de muitos encarnados, como no caso do próprio Heitor, é o medo que têm de serem prósperos, seja na saúde, na profissão, no amor ou até mesmo no acúmulo de riquezas.

Senti que a história de vida dele e dos demais envolvidos serviria para abrir muitas mentes ainda presas a conceitos errados e antigos sobre a prosperidade. Achei a ideia brilhante — juntar dois temas de grande importância numa única história. Imediatamente solicitei a meus superiores a permissão para trazer este relato a público.

Como se tratava de uma história em que a maioria dos envolvidos se encontra na Terra, tomei alguns cuidados que me foram pedidos. Mudamos os nomes, alteramos uma situação aqui e acolá, sem que isso, de maneira alguma, deturpasse a verdade dos fatos e os ensinamentos neles contidos.

Dada a permissão, passei a encontrar-me com Heitor três vezes por semana, e, em poucos meses, eu tinha toda a história registrada, bem como acesso às imagens reais que me mostraram como determinados fatos efetivamente ocorreram, sem o envolvimento emocional de Heitor.

Fico muito feliz por esta obra estar em suas mãos. Foi uma das que mais me emocionaram, porque a maioria das situações se desenrolou na cidade do Rio de Janeiro, meu lar na última encarnação, de onde trago lembranças agradáveis.

Estava envolvido em tantos projetos e cursos, que havia mais de meio século não visitava a Cidade Maravilhosa. Foi com alegria que revi lugares por onde passei e fiquei impressionado com o crescimento vertiginoso da cidade. Para se ter uma vaga ideia, Ipanema era um lugar muito distante, e a Barra da Tijuca, então, uma aventura para poucos.

Também aproveito para informar que Nosso Lar, cidade astral que paira sobre o Estado do Rio de Janeiro e parte de Minas Gerais, tem feito muito para aliviar as ondas de violência que se instalaram na cidade. Como tudo se transforma, o Rio voltará a seus dias de glória e paz, visto que a maioria de seus habitantes está empenhada na propagação do bem.

Agradeço a Heitor do fundo do meu coração. Sem seu relato, jamais poderia trazer esta história à tona. Sempre que possível, dou uma passadinha nas reuniões de Gustavo, que ainda persevera na busca dos verdadeiros valores do espírito.

Que Deus os abençoe!

Com carinho,
Marco Aurélio

Prólogo

O céu tranquilo, ostentando cores variadas pelos últimos raios de sol que se perdiam no horizonte, favorecia um momento de sublime contemplação. A tarde se despedia com delicadeza e elegância. Infelizmente, a maioria das pessoas, preocupada em deixar o serviço e tomar o rumo de casa, perdida no caos em que se transformava a cidade em véspera de feriado, sequer tinha tempo para reparar, um instante que fosse, naquela obra-prima da natureza.

Heitor era um dos muitos que não prestavam a mínima atenção àquele espetáculo. Espremido entre outras dezenas de pessoas dentro do ônibus, só tinha um objetivo naquele instante: chegar em casa e descansar. O motorista, tresloucado, tentava em vão driblar os carros para chegar mais rápido ao ponto final. Assim, o ônibus chacoalhava sem parar, ora para um lado, ora para outro. Algumas pessoas não conseguiam se segurar, desequilibravam-se e caíam sobre outras. O senhor ao lado de Heitor mal conseguia manter-se em pé e, a cada nova manobra do motorista, esbarrava e pisava fortemente no pé do rapaz.

Após demorado trajeto do centro da cidade até a zona sul, e depois de muitos outros pisões, Heitor saltou xingando o motorista e o senhor que fustigara seu pé. Gesticulou, bradou alguns palavrões.

— Velho imbecil! Se não consegue se equilibrar, então não pegue condução.

Fez um gesto obsceno com os dedos e estugou o passo. Ao atravessar a rua, absorto em seus pensamentos, não notou o sinal vermelho para pedestres e quase foi atropelado. O motorista freou a alguns centímetros de Heitor, colocou a cabeça para fora da janela do carro e gritou:

— Ei! Anda no mundo da lua? Idiota!

— Idiota é você! — esbravejou Heitor.

O motorista deu partida e saiu a toda brida. Heitor ficou olhando para aquele carrão, último tipo.

— Quanta injustiça! Por que alguns idiotas têm tudo, do bom e do melhor, e eu tenho de viver sempre em sacrifício? Que Deus é esse que dá tanto para uns e quase nada para outros?

Sentindo-se revoltado, passou a mão pela testa, secou o suor na lapela do terno, olhou para os lados e atravessou a rua. Dobrou a esquina e entrou no edifício. Estava ruminando ainda aqueles pensamentos quando foi interpelado pelo porteiro:

— Ô amizade do 601, chegou correspondência agorinha mesmo. O amigo poderia fazer a gentileza de pegar?

Heitor gesticulou e pegou os envelopes. Como podia ser tratado daquele jeito? Por que não era tratado como madame Anita do 902? Só podia ser por causa do dinheiro. Ela era viúva e rica e dava gordas gorjetas aos funcionários. Nunca havia visto os empregados do prédio tratarem-na com intimidade. Mas Heitor sentia-se um nada, um pobre-coitado. Se não tinha dinheiro, como poderia impor respeito àquela gente?

O porteiro sorriu e continuou:

— Aproveita e leva também as duas cartas pro companheiro que divide o apartamento contigo, ô amizade?

Heitor queria gritar, dar na cara do porteiro, exigir respeito, mas se conteve. Arrumar briga com aquela gente só daria em prejuízo. Era melhor engolir sapo e deixar para lá. Respirou fundo, tomou as cartas do porteiro, fez um gesto brusco com as mãos, rodou nos calcanhares e pegou o elevador. Enquanto subia, foi checando a correspondência. Olhou, olhou e, de supetão, seus olhos encheram-se de fúria. Aquele envelope rosado só podia ser mesmo dela. Sozinho no elevador, bradou em alto tom:

— Será que ela não tem nada melhor para fazer na vida? Por que será que voltou a escrever? Pensei que havia me esquecido, mas, pelo jeito, não.

Ele abriu com força a porta do elevador e imediatamente a luz do corredor se acendeu. Heitor virou para a esquerda e caminhou pela passagem estreita e comprida até a última porta. O ar abafado no corredor deixou-o mais fatigado e suado. Por três vezes tentou encaixar a chave na fechadura, mas o suor nas mãos não o ajudava. Quando o molho de chaves escorregou de seus dedos e foi ao chão justo quando a luz do corredor se apagou, gritou enraivecido:

— Droga! Odeio esta pocilga!

Abaixou-se, pegou o molho de chaves e fez nova tentativa, no escuro mesmo.

— Pronto! Agora consegui.

Ao entrar no apartamento, fechou a porta com força. Desatou o nó da gravata, tirou os sapatos e chutou-os a distância. Jogou-se no sofá. Olhando para o envelope, disse a si mesmo:

— Por que fui conhecer essa criatura? Por que não consigo me desligar de toda essa gente?

Heitor pegou a carta rosada e jogou-a sobre a mesinha ao lado do sofá. Sentia-se cansado, pois ultimamente trabalhara sem parar. Eram horas e mais horas no escritório, dedicando-se, procurando deixar o serviço sempre em dia. A

Paladar era uma empresa boa de trabalhar, mas exigia muito dos funcionários, pensava ele. Imagine só: no dia seguinte, mesmo sendo feriado, ele tinha sido escalado para trabalhar. Pensara em descansar, dormir o dia inteiro, mas não lhe deram trégua. Até que tentou argumentar com o chefe, Percival, mas a resposta foi negativa. Heitor já estava acostumado a trabalhar em feriados, e o dinheiro extra que recebera por trabalhar no último feriado, o da Semana Santa, havia compensado o esforço.

Levantou-se inquieto e foi caminhando lentamente até a pequena cozinha. Abriu a geladeira e pegou uma lata de cerveja. Bebeu de um gole só, tamanha a sede, e voltou para a sala. Estirou-se no sofá e arrancou as meias. Os olhos fixaram a correspondência sobre a mesinha. Ergueu o braço e num gesto rápido e brusco pegou o envelope e ficou a encará-lo.

— Pobrezinha... Na última carta queria que eu ajudasse meu pai, que está doente. Quero que o velho se dane! Ele nunca fez nada por mim e ainda me colocou neste mundo pavoroso. Ivan, o protegido, que o ajude! Não darei um tostão a eles. E Clarice que não me aborreça. Ela vai se ver comigo.

Heitor permaneceu assim por um tempo. Não estava com a mínima vontade de abrir o envelope. Preferiu imaginar o que estava escrito. Conforme ia pensando nas futilidades que Clarice sempre botava nas linhas, foi perdendo a vontade de ler a carta. Uma raiva surda brotou dentro do peito e ele ficou tão irritado que amassou a carta e arremessou-a para longe.

— Deixei de escrever faz tempo, de propósito. Parece que eles não entendem que quero distância. Também, tão ignorantes! Eu me sacrifiquei e progredi. Não quero mais saber de ninguém. Minha família morreu faz tempo. E, afinal de contas, por que teria de abrir esta carta? Vai ver, Clarice quer que eu dê a meu pai mais um pouco de meu dinheirinho suado. Está enganada. Estou cansado e cheio de problemas no escritório. Por que irei perder tempo com mais aborrecimentos? Ivan que o ajude, oras!

Heitor decidiu não abrir a carta. Era melhor jogá-la fora e não ter mais aborrecimentos. Balançou a cabeça para os lados, com pesar. Acreditava que tinha de tomar uma decisão, afinal ele agora morava no Rio e seria desagradável se os amigos soubessem de seu passado pobre. Dando ouvido às vozes interiores, continuou a falar:

— Não tenho de tomar decisão alguma! Já me livrei de Clarice quando arrumei o emprego na Paladar. Agora estou livre de toda essa gentalha. Quero que eles se danem. Não dou a mínima aos dramas de meu pai. Cada um com seus problemas.

Após ajeitar o corpo cansado ao longo do sofá, lembrou-se dos tempos de quando chegara ao Rio de Janeiro. Dizia para si, com voz sofrida:

— Foi difícil, mas consegui. Esforcei-me, dei duro, e agora estou colhendo os primeiros frutos. Tudo é difícil, mas no final, mesmo com muito sacrifício, vou chegar aonde quero. Clarice nunca teve nada a ver comigo. Fiz a coisa certa na hora certa. Nunca poderia desposá-la. Ela não é do meu nível. E meu pai, que nunca fez nada por mim, agora quer ajuda? Nunca!

Heitor desatou o nó da gravata e lembrou-se de que trabalhara tanto naquele dia que mal tivera tempo de almoçar. Levantou-se, tirou a camisa e voltou à cozinha.

— Bem que Rubinho podia ter feito alguma coisa. Ele prepara comidas deliciosas! Acho um absurdo homem cozinhar, mas quem sou eu para reclamar?

Abriu o forno, e nada. Abriu a geladeira e encontrou comida, mas estava com preguiça de esquentá-la. Pegou outra latinha de cerveja. A bebida fermentada, ao mergulhar no estômago vazio, provocou crescente dormência em Heitor. Tirou a calça e os sapatos e jogou-se na cama. Lentamente foi perdendo os sentidos e em seguida adormeceu.

Heitor sonhou que estava caminhando num local semelhante a um pântano. Começou a sentir frio, pois estava só de cuecas. Tentou aquecer o corpo abraçando-se. Olhou ao redor, e a aparência era assustadora e de arrepiar. O céu, ou o que parecia ser um, era cinza, de aspecto carregado. Ele começou a andar devagar, pois mal enxergava a um palmo de distância. As poucas árvores que encontrava no caminho pareciam secas e sem folhas, com galhos retorcidos. Seus pés pisavam um terreno lamacento e úmido. Uma chuvinha fina, de água escura e fétida, começou a cair e Heitor sentiu um cheiro azedo no ar. Tentou tapar o nariz. Nesse momento, ouviu alguém o chamar.

— Psiu! Por aqui.

Heitor franziu o cenho e espremeu levemente os olhos. Não conseguia enxergar com nitidez. O chamado vinha do interior de uma pequena gruta.

— Entre logo — ordenou a voz. — Caso contrário, ele vai alcançá-lo.

Heitor hesitou por um instante, mas a voz era doce e melodiosa. Entrou e, quando conseguiu enxergar, sentiu-se aliviado.

— Ah! Aquela amiga de Rubinho. O que está fazendo aqui?
— Pediram que eu viesse auxiliá-lo. Ele está muito nervoso.
— Problema dele. Não tenho nada a ver com isso.

O espírito em forma de mulher e olhar expressivo procurou contemporizar:

— Tem, sim. Você se queixa demais, e a queixa cria um rastro de energia densa. Do astral inferior, fica fácil para ele encontrá-lo. Ele o localiza a hora que bem quiser. Precisa parar de se queixar, de se lamentar.

— E pensa que é fácil viver assim, sempre apertado? Você não está na minha pele.

— Melhore o teor de seus pensamentos. Sua mente está intoxicada por pensamentos negativos. Caso não mude seu padrão de pensamento, ele não vai lhe dar sossego. E nós não podemos intervir, pois ambos estão vibrando na mesma sintonia.

Heitor deu de ombros.

De repente, ouviram gritos perto da gruta. Heitor desesperou-se. A mulher, usando de toda a sua firmeza, ordenou:

— Peça perdão pelo que fez a Clarice.

— Não peço. Eu me livrei de uma grande encrenca. Não fiz nada de mais.
— Ele não entende assim. Acha que você a prejudicou. Vamos, peça perdão.

Heitor não conseguia se concentrar, pois os gritos estavam cada vez mais próximos. Maquinalmente virou a cabeça para trás. Ela ainda tentou alertá-lo:

— Não olhe, Heitor!

Tarde demais. Os olhos de Heitor encheram-se de horror diante daquele homem sujo, malvestido e com os olhos injetados de fúria.

— O que quer de mim?
— Canalha! Juro que vou matá-lo!
— Nunca fiz mal a você.

O velho gritava, enraivecido:

— Você prejudicou minha filha.
— Não! Fiz o que achei melhor. Ela não tinha estrutura para viver em Belo Horizonte.
— Você lhe negou a possibilidade de crescer e ser feliz. Traiu-me pelas costas.
— Traí nada! Ela nunca foi e nunca será mulher de cidade grande.

Heitor virou-se para solicitar ajuda, mas a senhora tinha desaparecido. O homem aproveitou o momento de distração do jovem e avançou colérico sobre seu pescoço.

— Desgraçado! Você tem de reparar o estrago, você tem de fazer algo por ela.

Heitor estava sufocando. Sentia que o ar estava sumindo de seus pulmões, fazendo-o perder os sentidos. Acordou arfante, com grossas gotas de suor tombando pela fronte.

Deus me livre e guarde! Outro pesadelo. Soltou um longo suspiro e recordou-se do velho. *Que homem era aquele? Seu rosto pareceu-me familiar. Mas só podia ser um sonho ruim mesmo. Nunca fui de briga. Nunca fiz nada para ser odiado dessa forma.*

Procurando afastar a sensação desagradável do sonho, Heitor soltou uma gargalhada. Levantou-se e ligou a televisão.

Começou a massagear os pés, dando pouca importância ao noticiário.

— Cerca de duzentas mil pessoas realizaram hoje uma passeata desde a Candelária até a Cinelândia, em mais uma manifestação popular exigindo a instauração de eleições diretas para presidente no país. A campanha Diretas Já...

Heitor levantou-se e desligou o aparelho.

— Como se isso fosse adiantar alguma coisa!

Voltou à sala, pegou no chão o envelope amassado, as latinhas de cerveja e jogou tudo no cesto de lixo. Sentiu fome e voltou à geladeira. Pegou uma panela e uma assadeira.

— Vou deixá-las em banho-maria enquanto tomo uma ducha.

Deixou tudo preparado e caminhou até o banheiro. Debruçou-se sobre a pia e ficou observando sua imagem no espelho. Levantou o rosto e passou as mãos ao redor, e qual não foi a surpresa ao ver marcas de dedos por toda a extensão do pescoço.

— Não pode ser! — exclamou.

Abriu e fechou os olhos algumas vezes. Voltou a olhar-se no espelho. Não havia nada.

— Estou me assustando à toa, deixando-me impressionar por esses sonhos sem pé nem cabeça. Preciso de uma boa ducha, isso sim.

Passou a toalha pelo rosto e abriu o registro do chuveiro. Meteu a cabeça sob a água quente, deixando-a escorrer por seu corpo cansado.

Ele nem sequer imaginava que instantes antes seu perispírito havia se desgrudado do corpo físico e assim ele havia entrado em contato com o mundo dos espíritos. E, enquanto se distraía, tomando sua ducha, não registrou a presença do espírito que tentara atacá-lo minutos antes no sonho. Num canto do banheiro, com voz pastosa e olhos de fúria, o espírito esbravejava:

— Você prometeu! Traiu nossa confiança e prejudicou a vida de minha filha. Se não ajudá-la, farei de sua vida um inferno. Você me paga, vivo ou morto!

Capítulo 1

    Aos dezesseis anos, Heitor aparentava mais idade, semblante amadurecido, resultante da dura vida na roça, regada com muito trabalho e muito sol. Para ele a vida era injusta, tão rude quanto o trabalho no campo. Desde pequeno, sentia-se um pobre-diabo. Sempre questionava a si mesmo:
    — Por que eu não tenho e os outros têm? Por que Deus cometeu esta injustiça comigo?
    A queixa foi aumentando até que chegou um momento em que seus poucos amigos se afastaram, não suportando aquele discurso cansativo e improdutivo.
    Na roça, sem os amigos, Heitor teve a atenção voltada para Clarice, que naquela época tinha treze anos de idade. Embora fosse três anos mais nova que ele, aparentava ter a mesma idade de Heitor. Era uma moça até bonitinha. Tinha o corpo esguio, a pele morena curtida pelo sol, os cabelos naturalmente cacheados, sempre presos por um lenço. Possuía

olhos de cor oliva, brilhantes e expressivos. Infelizmente, anos antes, ao escalar uma jabuticabeira e tentar apanhar os frutos, desequilibrara-se e caíra de altura considerável. Perdera alguns dentes e ganhara enorme cicatriz na testa. Com o passar do tempo, sem recursos para uma prótese, o lábio superior começou a cair e as bochechas afundaram, tornando-a uma moça pouco atraente.

Ela era uma menina cheia de vida. Sempre fora muito falante, expansiva. Depois do acidente, tinha a mania de levar as mãos à boca toda vez que ria. Heitor achava aquilo engraçado e sempre vivia contando coisas divertidas a Clarice, só para vê-la repetir o gesto.

Sem muito mais o que fazer naquela pequena cidade no interior de Minas Gerais, começaram a namorar.

Claro que se tratava daqueles namoros juvenis, cuja excitação máxima eram as voltas de mãos dadas no pequeno centro da cidade, ao lado da capela. Mesmo não tendo uma donzela a seu lado, Heitor sentia-se valorizado. Se os amigos tinham se afastado, pelo menos alguém gostava dele.

Clarice não tinha irmãos. A mãe havia morrido após o parto. A menina crescera sob os parcos cuidados do pai e de vizinhas zelosas. Herculano era o típico homem de cidadezinha do interior, sem instrução, que por muito tempo trabalhara na roça. Vivia de bicos, estava sempre doente. O único sonho era o de ver a filha bem encaminhada na vida. Pedira auxílio a Carlota, sua cunhada, para ajudar na educação da menina. Por histórias mal explicadas, a cunhada recusava-se a atendê-lo e levava uma vida reclusa, em Belo Horizonte.

Herculano era um bom homem; matuto, mas de coração puro. Não acreditava em nada, vivia descontente por ter ficado viúvo muito cedo. Sorria satisfeito com a assistência de alguns vizinhos. Uns apareciam com sobras de comida, outros traziam uma galinha ou um porco, e assim ele e Clarice iam vivendo.

Ele se preocupava com o futuro da filha. Mesmo não acreditando na existência de Deus, Herculano pressentia que não duraria muito, devido às doenças que o mantinham preso à cama, uma após a outra. Não tinha parentes e torcia para que Carlota atendesse a suas súplicas e viesse morar perto deles. O pensamento de ter a cunhada por perto lhe trazia uma sensação de conforto, mas parecia ser um sonho distante. Embora não gostasse muito de Heitor, não via alternativa. Preferia que Clarice namorasse Ivan. Pelo menos aquele moço tinha bom coração e era honesto, diferentemente do irmão. Heitor não lhe despertava confiança, mas Herculano não enxergava futuro melhor para a filha. O que fazer?

Um dia, após semanas tentando recuperar-se de complicações estomacais, sentindo medo de que talvez sua hora de morrer estivesse chegando, Herculano chamou Heitor para uma conversa.

— Criei minha filha a duras penas. Se não fossem os vizinhos, estaríamos sem ter o que comer. Clarice ganha muito pouco na roça, mal dá para nosso sustento.

Heitor olhou-o de soslaio.

— O senhor podia ajudar na roça. Trabalho é o que não falta.

— Sou um homem doente, não sirvo para esse tipo de tarefa braçal. Clarice é jovem, tem forças para aguentar o trabalho no campo. Infelizmente sou muito fraco.

— Na verdade, eu também queria um trabalho melhor, mas aqui nesta cidade é impossível. Se pelo menos eu pudesse ter contato com Mariano...

— O afilhado de Carlota?

— Ele mesmo.

— O que quer dele?

— Ah, sei que ele trabalha naquela fábrica em Belo Horizonte, a Pala...

— Paladar? É grande mesmo. Não sabia que você tinha essa vontade de crescer.

Heitor mudou a postura. Elevou o tronco e encarou Herculano nos olhos.

— Não nasci para ser roceiro. Por que a vida tem sido tão injusta comigo? Como pude nascer neste fim de mundo?

Queria viver na cidade grande, usar terno e gravata, ganhar dinheiro, ter uma bela casa.

Herculano impressionou-se.

— Nunca imaginei que pensasse dessa maneira. Isso me alegra.

— Por quê?

— Porque pensei algumas vezes em falar com Mariano, pedir uma ajudazinha para arrumar uma vaga para minha filha na produção da Paladar, porém Clarice é muito nova, bobinha. Tenho medo de que se perca numa cidade como Belo Horizonte. Mas, agora que você está me falando que deseja o mesmo, quem sabe não podemos unir o útil ao agradável?

— Como assim?

— Ora, você e Clarice poderiam trabalhar juntos na Paladar. Eu ficaria feliz em saber que minha filha está ao lado de um conhecido. Mariano tem a vida dele e não tem obrigação de cuidar de minha filha. Carlota parece que não quer saber da gente. Então só me resta você, embora eu tenha restrições em relação à sua pessoa.

— Que negócio é esse, seu Herculano? Por que desconfia de mim? Nunca lhe fiz nada.

— Acho que é impressão. Sabe que sou sincero. Nunca vi com bons olhos seu namoro com Clarice. Preferia Ivan.

Heitor soltou uma gargalhada.

— Aquele bronco?

— E o que você é?

Heitor irritou-se:

— Sou da roça porque não tive oportunidade de crescer. Se eu conseguisse sair daqui, nunca mais colocaria meus pés nesta cidade. Ivan gosta deste fim de mundo. É isso que quer para sua filha?

— Quero o melhor. Quero que ela tenha oportunidade de uma vida boa, sem apertos.

— Se quer o melhor, escreva para sua cunhada. Ela mora com Mariano.

Herculano encheu-se de esperanças.

— Você me deu uma excelente ideia. Vou escrever para Carlota. Vamos ver se desta vez ela responde.

— Que tipo de trabalho poderemos executar numa indústria? Eu e Clarice só entendemos de plantação. Nem instrução temos. Não sei se vale a pena.

— Deixe comigo. Mariano é uma boa pessoa. Quem sabe não pode nos dar algumas dicas? A esperança é a última que morre.

Um ano se passou, depois mais outro. Heitor estava prestes a completar dezenove anos quando um grupo de professores da rede pública de ensino, com a meta de minimizar a taxa de analfabetismo no país, chegou à cidade. Clarice e Heitor, em contato com as letras, tiveram acesso ao conhecimento. Isso abriu a mente, fazendo-os acreditar que suas vidas poderiam ser diferentes. Então veio a vontade de progredir na vida, e floresceu neles um forte desejo de sair daquela pequena cidade.

Heitor achava difícil o aprendizado, estava sempre reclamando. Clarice ficara fascinada com a instrução, com o conhecimento. Sonhava cursar uma faculdade, frequentar teatros, cinemas, ir a concertos. À sua frente descortinou-se uma possibilidade de vida com a qual nunca havia sonhado. Desejou trabalhar numa empresa de porte, que pudesse lhe oferecer plano de carreira e status. Em seu ver, a pequena cidade em que morava estava longe de contribuir para a realização de seus sonhos.

Com acesso aos livros, começaram os questionamentos: como viver numa cidade que nada oferecia além de terra para plantar? Como continuar vivendo com tão pouco num mundo cheio de oportunidades, num período de pleno progresso?

Nessa época, Carlota retornou à cidade. Era uma mulher beirando os quarenta anos. Tinha porte elegante, olhos expressivos e raramente sorria. Instalou-se numa pequena chácara perto da casa de Claudionor, pai de Heitor. Ela conhecia Claudionor dos tempos de juventude e sabia que ele era um bom homem. Em pouco tempo frequentava sua casa e tomara afeição por Ivan, o irmão caçula de Heitor.

Havia algo em Carlota que a mantinha afastada de Heitor. Ela bem que tentava, mas as constantes reclamações do rapaz a deixavam perturbada. Ela se aproximou de Herculano e tornou-se amiga de Clarice.

Se soubesse que essa menina era tão encantadora, teria voltado antes, pensava. *Mas como poderia fazer algo por ela se não podia fazer nada por mim? Agora me sinto com forças para ajudá-la. Não concordo com esse namoro, mas quem sou eu para me meter?*

Carlota era reservada, mantinha postura séria. Herculano sabia que ela havia partido para Belo Horizonte muitos anos atrás, com o namorado. Ele nunca soube o que aconteceu, mas a cunhada não se casou e afastou-se de tudo e de todos. Como Herculano não era dado a bisbilhotices, nunca se interessou pela solteirice da cunhada. Para ele, bastava que agora ela estivesse perto de sua filha e pudesse ajudar Clarice a se tornar, segundo suas crenças, uma mulher de verdade, aprendendo os deveres de uma dona de casa e coisas do tipo.

Aos poucos, Carlota foi ganhando a simpatia e amizade da sobrinha e até passou a nutrir carinho por Heitor. Ela os estimulava a estudar e progredir, e foi nesse período que Heitor deu um tempo nas reclamações. O rapaz não havia se dado conta de que, deslumbrado com novas possibilidades de vida, parara de se queixar. De uma hora para outra, começou a agradecer aquele mesmo Deus que repudiara durante toda a sua adolescência. Com a diminuição das queixas, houve espaço para a confiança, e da confiança surgiu a real oportunidade de mudar de vida.

Carlota, encantada com a vontade da sobrinha e do namorado em crescer e progredir, enviou uma carta ao afilhado Mariano, escrita em segredo para evitar frustração e desânimo caso a resposta fosse negativa. O rapaz trabalhava havia alguns anos na Paladar, ou na fábrica da família Brandão, como era conhecida a famosa indústria de molhos, temperos e afins.

Ao receber a missiva da tia informando-lhe da vontade de Clarice e Heitor em arrumar um emprego na capital, Mariano exultou de felicidade. Adorava ajudar as pessoas e encontrara ali uma possibilidade de dar uma força ao casal.

Mariano respondeu à madrinha contando sobre a possível abertura de vagas para o cargo de contínuo, tanto para homens como para mulheres. Com a carta, ele enviava dois formulários de solicitação de emprego, um para Clarice e outro para Heitor. Quem sabe, com esforço e dedicação, ambos poderiam conseguir uma vaga naquela tradicional e importante empresa. Era uma oportunidade única, pois, mesmo para quem morava em Belo Horizonte, trabalhar na Paladar era um sonho.

Num domingo, Carlota fez um almoço e contou ao cunhado e à sobrinha sobre as vagas. Herculano não pôde segurar as lágrimas. A possibilidade de ver Clarice longe daquele lugar pobre e sem perspectivas deixava-o feliz. Pelo menos a filha não terminaria como ele: pobre, doente, sem eira nem beira. Ela poderia crescer profissionalmente, ganhar salário fixo e até arrumar um partido melhor que Heitor. Agora que a oportunidade de uma vida melhor se abria para a filha, Herculano começava a questionar se já não era hora de desestimular o namoro entre os dois.

Clarice exultou com a notícia da tia. O brilho em seus olhos era sinal de que a felicidade batia à sua porta.

— Calma — replicou Carlota. — Nem sabemos se vão aceitá-los.

— Sei, tia, mas tenho o direito de sonhar. Quero fazer o mesmo que a senhora: trabalhar, ser independente.

— E o namoro?

— Ah, é um namoro como outro qualquer.

— Você ama Heitor?

Clarice ficou pensativa. Depois respondeu:

— Gosto dele, mas aquela coisa assim, que a gente sente como nos filmes românticos, não.

Carlota riu sonoramente.

— Ah, minha querida, se eu soubesse que você era essa pérola, tão meiga e cheia de vida, teria voltado muito antes.

— E por que voltou?

Carlota fechou o cenho. Era-lhe desagradável lembrar-se do passado. Dissimulou:

— Eu morava na casa de Mariano. Mas ele conheceu uma boa moça, está pensando em se casar. Não quero atrapalhar a vida dele. E, de mais a mais, não guardo boas lembranças de Belo Horizonte.

— Aconteceu algo de ruim?

— Nem de bom nem de ruim. Na verdade, não aconteceu.

Um ponto de interrogação formou-se no semblante de Clarice.

— Não entendi.

— Um dia a tia lhe conta. Agora vamos pensar nas coisas boas. Preciso arrumar-lhe roupas novas. E precisamos dar um jeito nesses dentes.

— Seu Claudionor me ofereceu uma dentadura. Disse que era da falecida. Parece que está novinha.

— Nem pense nisso, menina. Que horror!

— Ih, tia, eu não ligo para essas coisas, não. É de graça, não vou ter de pagar. Preciso ficar com uma aparência melhor e não temos dinheiro para um tratamento dentário. Não por ora.

— Gosto de Claudionor. Ivan também é muito bom. Preferia vê-la namorando Ivan a Heitor.

— Para mim tanto faz. Sinto o mesmo pelos dois. Converso muito pouco com Ivan. Heitor não gosta.

— Por quê?

— Ah, ele não gosta do irmão e parece que odeia o pai. Heitor os culpa pela vida que tem. Acha que o pai e o irmão deveriam se sacrificar mais, estudar, querer uma vida melhor. Mas Ivan adora o campo, não quer sair daqui.

— Eles têm temperamentos bem diferentes. Parece que Heitor não pertence àquela família, tão boa e honesta.

— Mas Heitor é bom e honesto.
— Tenho minhas dúvidas.
— Por que diz isso com tanta certeza?
— Não sei, coisas de intuição feminina.
Clarice ficou fitando a tia sem nada entender.

Heitor hesitou ao saber da possibilidade de se candidatar na Paladar. Sonhar era uma coisa, pôr em prática era outra completamente diferente. No fundo, não se sentia capaz. Mas com quem poderia conversar? Ele pensou, pensou e resolveu ir atrás de Carlota. Ele também não ia muito com a cara dela, mas fazer o quê? Ela tinha vindo de Belo Horizonte, era instruída e era madrinha de Mariano.
— Quem não arrisca não petisca — disse ela.
— E se eu fracassar?
— Você já é um fracassado — respondeu ela, enfática.
Heitor espantou-se.
— Puxa, sempre fui tão bacana, e a senhora me trata assim?
— Além de fracassado, se faz de coitado. Desse jeito, não vai para a frente.
— Por que é tão dura comigo?
— Porque deseja sair desta cidade. E quem quer sair daqui precisa ser forte. Seu irmão Ivan é como seu pai: gosta do mato, da terra. Ele vai se dar muito bem no campo, vai prosperar. Ele tem tino para os negócios.
— Então ele é que deveria ir, não acha?
— Não, porque seu irmão gosta da vida que leva, enquanto você detesta. Então está na hora de mudar e encontrar seu lugar ao sol. E, se se esforçar bastante, poderá ser transferido para a sede da empresa, no Rio de Janeiro.
Os olhos de Heitor brilharam de desejo e cobiça. Puxa! Viver numa metrópole, perto do mar. Suspirava só de pensar em chegar ao Rio de Janeiro, tendo uma nova vida, longe da plantação, da roça.

— O que fazer? Tenho medo.
— Esse medo é maior do que o de terminar seus dias na roça?
Heitor levantou-se agitado.
— Nunca! Enfrento qualquer coisa para sair daqui.
— Então não temos mais o que conversar. Você já decidiu.
Carlota foi até o quarto e voltou com um envelope.
— Aqui está a solicitação de emprego. Preencha o formulário e depois me entregue. Preciso colocar no correio até segunda-feira.
— Clarice já preencheu o dela?
— Já.
— Então está certo. Até mais, dona Carlota.
Ele se despediu. Carlota sentiu uma leve pontada no peito. Não conseguia identificar o que era, mas fora acometida de desagradável sensação.

Heitor chegou em casa e trancou-se no quarto. Preencheu o formulário.
— Tenho de conseguir este emprego. Hei de consegui-lo.
Subitamente, sentiu uma nuvem de inquietação sobre a cabeça. Os pensamentos ferviam-lhe a mente.
— E se tiverem só uma vaga? E se Mariano der preferência a Clarice? Ela é sobrinha de Carlota, está tudo em família. Se tiver de escolher entre nós dois, ela será a preferida. Não posso deixar que a solicitação de emprego dela chegue até Mariano.
Heitor ficou trancado no quarto. Preferiu nem jantar. Passou a noite em claro, pensando em como evitar que o formulário de Clarice chegasse às mãos de Mariano.
— Dona Carlota vai enviar os formulários. O que posso fazer?
Ele pensou. Ficou procurando meios de tentar impedir Carlota de despachar o envelope.
— Hei de encontrar uma maneira de impedir que a proposta de Clarice chegue àquele homem.

Na segunda-feira, para não ter de ir à roça, Heitor fingiu estar indisposto e ficou na cama até tarde. Pouco depois que seu pai e irmão saíram de casa em direção ao trabalho, ele se vestiu e foi até perto da casa de Carlota. Ficou esperando que ela saísse. Meia hora depois, ela abria o portão da chácara e saía com um envelope nas mãos.

Heitor seguiu-a até o correio. Quando ela entregou a carta e saiu, Heitor esperou uns minutos e entrou na agência.

— Bom dia, Clarinha.
— Como vai, Heitor?
— Bem, obrigado.
— O que faz por aqui?
— Queria um envelope tamanho grande. Você tem?
— Só olhando no estoque. Você espera?
— Espero.

Enquanto a menina ia até o estoque, Heitor vasculhou a caixa de correspondência e pegou o envelope de Carlota. Dobrou-o e enfiou-o dentro da calça. Clarinha apareceu com o envelope grande.

— É este?
— Sim. Só que não tenho dinheiro agora.
— Pode levar. Vai mandar uma carta?
— Vou.
— Então, quando for mandá-la, você acerta o valor do envelope.
— Obrigado, Clarinha. Bom dia.
— Bom dia.

Heitor saiu, estugou o passo e correu até sua casa. Abriu o envelope de Carlota e pegou o formulário de Clarice.

— Isto não pode seguir para Belo Horizonte.

Sem pestanejar, rasgou o formulário dela e jogou-o no lixo. Pegou um papel de carta e escreveu:

Mariano,
Quem escreve é Heitor. Primeiro, gostaria de agradecer pela oportunidade. Trabalhar na Paladar é um sonho que tenho desde garoto. Se eu for escolhido, serei-lhe eternamente grato.

Infelizmente, Clarice não preencheu o formulário dela. Sabe como é, mulher de interior, da roça. Ela ficou encabulada. Acha que não vai se dar bem trabalhando numa cidade como Belo Horizonte, e também o pai dela está muito doente. Por favor, nunca comente nada com dona Carlota. Clarice acha que a tia ficaria desapontada, ainda mais agora, que a relação das duas vai bem... Por respeito a Clarice, vamos manter este assunto entre nós. Mais uma vez, obrigado pela oportunidade.

Abraços,
Heitor

Um mês depois, Heitor recebeu carta de Mariano dizendo que a vaga de contínuo na empresa estava garantida. Ele poderia se mudar para a mesma pensão em que moravam alguns funcionários da fábrica. Tinha até desconto para o primeiro mês. O salário não era grande coisa, mas já era um começo. Muitos sonhavam com uma oportunidade como aquela, e Heitor estava recebendo-a de mão beijada; nem teste precisou fazer. Mariano era uma pessoa de bom coração e acreditava na capacidade de Heitor. O chefe de Mariano confiou na indicação.

Clarice ficou chateada por não ter sido chamada. Era um sonho que não se realizava, e suas expectativas foram bem grandes. Chorou um pouco, mas logo procurou esquecer-se daquilo tudo.

— Se não fui chamada, foi porque não era o momento — dizia para si.

Ela vibrou com o novo emprego de Heitor. Achava que ele merecia uma oportunidade como aquela, mas sentia tristeza por não ter sido aceita também.

— Quem sabe, daqui a algum tempo, possa arrumar alguma coisa para mim? — comentou ela com Heitor.

Ele não gostou do que ouviu.

— As coisas são muito difíceis, e eu acho que não terei tempo para procurar emprego para você.

— Não estou pedindo um emprego. É que, estando na cidade grande, talvez seja mais fácil. Você terá amigos, pode ver uma placa aqui ou ali.
— Você é muito infantil, muito ingênua. Acha que numa cidade como Belo Horizonte vão querer lhe dar emprego? Você não tem experiência. Se as pessoas estão ficando desempregadas porque não têm qualificação, imagine uma moça como você, sem instrução suficiente e sem atrat...

Clarice ruborizou.

— Pode continuar. Só porque não tenho atrativos? Acha isso importante? É a falta de alguns dentes que o incomoda?
— Desculpe, não quis ofendê-la.
— E você, tem experiência em quê? É tão roceiro quanto eu.

Heitor irritou-se sobremaneira. Levantou a mão e, se não fosse o grito de Carlota, teria dado um tapa no rosto de Clarice.

— Nem se atreva a fazer uma coisa dessas!

Heitor respirou fundo e baixou o braço, desconcertado.

— Eu não ia bater.
— Quem garante?

Clarice correu até a tia.

— Ele ia me dar um tapa na cara.
— Se ele encostar o dedo em você, num fio de cabelo que seja, sou capaz de... — Carlota fez o sinal da cruz. — Suma daqui, Heitor. Vá atrás de seus sonhos. Deixe-nos em paz.

Heitor nada respondeu. Baixou a cabeça e saiu.

Clarice tremia.

— Ele não serve para mim nem para mulher nenhuma. Ele é grosso, um brutamontes. Será que ficarei sozinha no mundo, tia? Não é o que quero.

Carlota baixou os olhos. Por instantes uma nuvem de tristeza perpassou seu olhar. Ela fez um movimento brusco com a mão pela testa, como se estivesse afastando aquela onda de tristeza.

— Por pior que pareça a situação, não desanime. Há muitos anos eu passei por uma terrível provação e estou aqui, viva. Vamos fazer o seguinte: que tal rezarmos juntas?

— Rezar?

— É. Rezar faz bem, liga-nos a Deus. Vamos pedir que Ele nos dê serenidade e equilíbrio. Vamos pedir para que o melhor aconteça em sua vida. E também vamos agradecer.

— Agradecer? O quê?

— Bem, pelo menos você se livrou de um mau-caráter. Deus tirou de seu caminho um homem que não sabe respeitar uma mulher. Agora você é livre, Clarice. Vamos fechar os olhos e agradecer.

O tempo foi passando, a situação de Heitor melhorou e foi com muita luta que conseguiu uma vaga de auxiliar de escritório na sede da empresa, no Rio de Janeiro.

Ele passou a mão pela testa, como a afastar aquele mar de lembranças. Tomou de um gole só o café. Virou o pulso e consultou o relógio.

— Droga! Perdi a hora. Também, por que fiquei preso a essas reminiscências? Que coisa! Vou trabalhar de estômago vazio.

Foi com muito esforço que conseguira conciliar o sono na madrugada. Quando estava adormecendo, acordava de um salto, com as cenas daquele sonho pavoroso.

Saiu apressado, sobraçando uma surrada pasta de couro. Tomou o elevador e desceu. Cumprimentou o zelador.

— Bom dia, seu Heitor.

— Bom dia. Muito folgado aquele porteiro de ontem à tarde.

— O senhor está falando de Freitas? O que tem ele?

— Esse tal de Freitas é muito folgado. Veio cheio de intimidades.

— Ele é boa gente. Pode confiar. O senhor vai ter de se acostumar. O prazo de experiência dele expirou, e ele foi admitido. Vai trabalhar aqui das seis da tarde até as duas da manhã. O senhor vai ter tempo de mudar a imagem ruim que fez dele.

— Não me envolvo com pessoas dessa laia. Olhe o meu nível.

O zelador, em sua humildade, meneou a cabeça para os lados, pensando:

Coitado. Cheio de ilusões. Ainda vai levar um tombo feio.

Heitor saiu irritado do prédio. Agora só lhe faltava aquela! Até o zelador se tornara mestre em comportamento. Consultou novamente o relógio. Estava atrasado. Estugou o passo e correu até o ponto de ônibus, logo na outra esquina.

Capítulo 2

O tempo correu num piscar de olhos e mais quatro anos se passaram. Durante esse período, Heitor obteve grandes progressos. Trabalhou e estudou sem parar. Mal tivera tempo para aproveitar as delícias que a Cidade Maravilhosa lhe ofertava. Contudo, colhera alguns frutos de tamanha dedicação. Tornou-se assistente de um dos gerentes e, com o aumento de salário, pôde, juntamente com seu colega de escritório Rubinho, alugar um apartamento mais confortável no mesmo prédio, no bairro de Copacabana, na zona sul da cidade. Também conseguiu terminar o segundo grau e planejava ingressar na faculdade.

Heitor entrou na padaria e deparou com Rubinho, praticamente engolindo de uma só vez o pão com manteiga.

— Tudo isso é fome?
— Não. É que estou com um pouco de pressa.
— Onde esteve? Não dormiu em casa de novo.

Concentrado na refeição, Rubinho nem prestou atenção à pergunta. Heitor puxou o jornal de sob o braço do colega.

— Foi assistir a um show gratuito? Que pobreza!

— Você está ficando petulante. O fato de ser grátis não quer dizer que seja ruim. Havia milhares de pessoas que, como eu, foram até lá interessadas em ouvir boa música, interpretada por grandes artistas. Você devia ter ido. Acho que também iria gostar.

— Não tenho tempo para perder em manifestações vulgares desse tipo.

— Agora que virou assistente, ficou todo metido.

— Preciso ter um comportamento apropriado. Imagine o que Percival diria se me visse misturado com o populacho.

— Acha que vale a pena sacrificar-se para manter uma boa imagem?

— É o jogo. Estou aprendendo a ser um bom jogador. Tenho de escolher as pessoas com as quais pretendo fazer amizade.

— Muito obrigado por me incluir em seu círculo de amigos — respondeu Rubinho, em tom de reverência.

— Você é diferente. É um amigo de longa data. Na verdade, eu o considero meu irmão. Tem pastado comigo todos estes anos.

— Pastado, uma vírgula! Não gosto desse seu tom sacrificial. Você é muito negativo e medroso.

— Não sou negativo. É uma questão de realidade. Olhe o mundo ao redor. E também não sou medroso, mas precavido.

Rubinho contestou.

— Medo é uma coisa, precaução é outra.

— No fundo, é tudo a mesma coisa.

— Como você é cabeça-dura, não? O medo é irreal, imaginário. É um estado de proteção alimentado por nossas fantasias. Já a precaução é um estado de vivência e está ligada a nossas experiências vividas. Ao sair de casa e ver nuvens negras no céu, vestimos capas de chuva ou saímos sobraçando um guarda-chuva. Isso é precaução.

— Para mim é tudo a mesma coisa. Você filosofa muito. Não quero falar desses assuntos. Vamos, diga-me: ainda está saindo com aquela pequena do escritório?

Rubinho riu.

— Passei a noite em claro, muito bem acompanhado, obviamente — fez uma pausa e espantou-se com o aspecto de Heitor. — Parece que você também passou a noite em claro.

— Não dormi direito.

— De novo aqueles pesadelos?

— Sim. Parecia uma noite interminável. Desta vez foi pior.

Rubinho sentiu um arrepio percorrer-lhe a espinha e eriçar-lhe os pelos do braço.

— Não estou gostando nada disso. Existe algo estranho aí com você.

— Como assim? — perguntou Heitor com interesse.

— Não sei direito. Estou começando a estudar o mundo invisível. Não tenho propriedade para falar, pois ainda estou aprendendo e experimentando, mas sinto algo desagradável.

— Você e essa sua mania de sentir. Você é uma figura, Rubinho.

O amigo ia replicar, mas Heitor não deu brecha:

— Quer dizer então que dormiu na casa de Heloísa?

Rubinho riu com satisfação.

— Você sabe que estamos saindo há algum tempo. Temos muitas afinidades. E pretendo dormir mais noites na casa dela.

— Isso está ficando sério. Veja lá onde vai se meter, hein?

Rubinho consultou o relógio.

— Estou atrasado.

— Vamos, senão vamos perder a hora.

— Não vou ao escritório. Tirei o dia de folga. Tenho alguns assuntos para tratar. Sabe como é: ir ao banco, fazer umas compras.

Heitor crispou a face.

— Não acredito. Isso é impossível! Percival lhe deu folga? Como?!

— Sei lá. Fui lá, pedi e ele me deu. Sou um excelente funcionário, raramente falto, nunca deixei de cumprir minhas responsabilidades e, ainda por cima, tenho meu valor.

— Pedi para sair mais cedo na semana passada e ele disse "não". Ele não gosta de mim.

— Você e sua implicância com as pessoas. Percival é um bom chefe. Vai ver, você não soube se colocar.

— Ele é um esnobe. Só porque é chefe. Vai ver o dia que eu tomar o lugar dele.

— Sossegue, homem. Que atitude mais infantil! Percival o ajudou muito no escritório.

— É, mas quem vai trabalhar sou eu. Você vai ficar livre.

Rubinho bateu levemente nas costas do amigo.

— Vamos pegar o ônibus juntos. Também preciso ir ao centro da cidade. Depois vou ao mercado. Prometo que lhe farei uma bela carne de panela, com arroz e tudo mais.

Heitor acalmou-se.

— Você é meu único amigo. Obrigado.

Rubinho foi saindo na frente, seguido de Heitor. O português da padaria, conhecido dos rapazes, perguntou:

— Quem vai pagar desta vez? Estão a me dever a quinzena. Quem vai pagar?

Rubinho apressou o passo e gritou:

— Cobre de Heitor. Ele está com dinheiro. Recebeu o ordenado ontem.

Heitor fez gesto irritado e voltou à padaria. Pagou a conta e saiu estugando o passo até o ponto de ônibus.

— Você sempre apronta dessas.

Rubinho balançou os ombros.

— Você gosta de botar banca, não gosta? Então? Fiz isso para aumentar seu conceito com o portuga da padaria.

— Isso não tem graça.

— Já que pagou a conta, tenho um presentinho para você.

— O que é? — perguntou Heitor com interesse.

— Adivinhe.

— Não faço a mínima ideia.

Rubinho tirou um envelope de dentro do paletó.
— Tcharã!
— Que diabos é isso?
— Carta da amiga de longa data. Não reconhece o envelope rosa?
— Não pode ser! Quando chegou? Clarice nunca mais escreveu.
— Esta aqui chegou faz uma semana.
— Como?! Uma semana?
— Calma, Heitor. Lembro-me de como você se irritava a cada carta dela que chegava. Mesmo assim, você tem todo o direito de ficar zangado comigo. Recebi a carta na semana passada e botei no bolso do paletó. Acabei esquecendo.
— Dê isso logo para mim — sentenciou Heitor, arrancando com força o envelope das mãos do amigo.
— Nossa, hoje a fera está nervosa — riu Rubinho, matreiro.
Enquanto o ônibus chacoalhava, Heitor tentava ler o conteúdo. Conforme lia, a expressão em seu rosto foi-se alterando.
Rubinho preocupou-se:
— O que foi? Que cara é essa?
Heitor continuava com expressão grave no semblante. Rubinho perguntou de novo:
— Fale, homem, o que foi? Algo ruim?
— O pai de Clarice morreu.
Rubinho fez o sinal da cruz e comentou:
— E eu segurei a carta por uma semana. Desculpe-me.
— Não há de quê. O pai dela morreu há quatro anos.
— Como assim?! Ela escreveu para dizer que o pai morreu há quatro anos?
O remorso corroía Heitor por dentro. Respirou fundo e disse:
— Agora entendo tudo. Há cerca de uns quatro anos, recebi uma carta de Clarice. Estava tão cansado daquelas cartas, sempre intercedendo a favor de meu pai, que resolvi não ler e joguei-a no lixo. Tenho certeza de que naquela carta ela contava sobre a morte do pai. Ela escreveu dizendo que meu irmão se casou e meu pai está melhor de saúde. O passamento do pai foi só um detalhe.

— Sabia que seu irmão iria se casar?
— Não sabia, nem quis saber. Eu e Ivan somos dois estranhos, vivemos em mundos diferentes.

Rubinho pegou a carta das mãos de Heitor.

— Bonita letra, não?
— Não é a letra dela. No interior, há um senhor que redige as cartas para quem não sabe escrever ou tem uma letra muito ruim. Nós o chamamos de escrevedor.
— Vai responder?
— Não sei. Não temos nada em comum. Ela é do interior. Trocou o emprego na roça por um de doméstica e ainda por cima está feliz. Acha que vou me envolver com uma mulher desse nível? Mudei muito, Rubinho. Quero encontrar uma mulher à altura. E, ademais, só tivemos um namorico. Nada a ver.
— As pessoas mudam. Se você, que era bicho do mato, virou gente, por que ela também não pode?

Heitor baixou os olhos e continuou calado no trajeto até o escritório. Rubinho era o único que sabia de sua origem. Contava com a discrição do amigo. Heitor tinha muita vergonha do passado, e Clarice fazia parte dele. Ele não estava nem um pouco preocupado com a morte de Herculano.

Menos um para encher o saco no mundo. Velho inútil, pensou.

Heitor chegou ao escritório com pequeno atraso. Percival esperava-o impaciente:

— Precisamos fechar o mês com urgência.

Heitor lembrou-se de que Rubinho estava de folga. Em tom irônico, disse:

— Mas todo mês é a mesma coisa. Se todos estivessem aqui trabalhando, seria fácil efetuar o fechamento.

Percival percebeu o tom irônico, mas não replicou. Não sabia por quê, mas tratava Rubinho de um jeito e Heitor de outro. Abriu a porta de sua sala e disse:

— Este mês é diferente. Entre e feche a porta.

O escritório era amplo, espaçoso. Pequenas divisões de um metro e meio dividiam as mesas, colocadas umas em frente às outras. As salas dos chefes eram fechadas com painéis de vidro. Quando havia reunião, desciam as persianas. As da sala de Percival estavam levantadas e ele apontou para o vidro, fazendo sinal para Heitor descê-las.

Heitor voltou-se de costas para o vidro e riu:

— Mas aquela é Mirna. Trata-se de funcionária inofensiva. Não presta atenção em nada.

— Aquela moça é uma formosura — respondeu Percival —, mas o assunto é confidencial.

— Então diga.

— O negócio é o seguinte: precisamos estar com os relatórios prontos na segunda-feira cedo.

Heitor empalideceu:

— Segunda-feira? É praticamente impossível! Por que tanta pressa desta vez?

Percival, mesmo com a sala fechada, baixou o tom de voz.

— Ninguém sabe, mas Maria Helena Brandão regressará dos Estados Unidos no domingo. O conselho vai fazer uma reunião na segunda. Parece que ela vai comandar a presidência ao lado do pai.

Heitor ficou indignado.

— Isso é um absurdo! Então uma estranha, que mal conhece a empresa, só porque ostenta o sobrenome da família, se cansa das férias e resolve assumir a empresa?

Percival olhou-o sério:

— Não fale o que não sabe. Maria Helena é moça estudada. Chegou a fazer estágio aqui na empresa antes mesmo de você ser transferido da matriz. Há quatro anos foi para Belo Horizonte e ficou seis meses estudando maneiras de melhorar a produção na fábrica. Conheceu todos os setores e em seguida foi para os Estados Unidos fazer especialização. Não é uma dondoca que resolveu trabalhar de uma hora para outra. É mulher inteligente, determinada e simpática. Além do mais, é filha do doutor Eugênio Brandão.

Heitor sacudiu os ombros.

— Vamos ver. Tenho boa vontade, Percival, sabe disso. Eu me mato de trabalhar, dou meu sangue pela empresa. Mas terei de sacrificar o sábado e o domingo.

— Receio que sim. Você precisa me ajudar. Prometo que irei liberar o pagamento das horas extras na segunda à tarde.

Heitor olhou o chefe com ironia.

— E por que não chama Rubinho? O protegido foi liberado desse fardo?

— Não é bem assim. Meu protegido virá trabalhar amanhã e domingo, se for necessário.

— Então Rubinho sabia de tudo?

— Sim.

— Ele não me disse nada.

— Pedi para guardar segredo. Não quero que saibam antecipadamente da chegada de Maria Helena Brandão.

Heitor sentiu-se ultrajado. Rubinho não lhe escondia nada. Procurou dissimular:

— Posso chamar Mirna?

— Claro que não! Isso é de sua competência. Deixe a flor trabalhar sozinha — retrucou Percival.

— Ela mal começou a trabalhar na empresa. Só porque é mulher, já está caidinho? — indignou-se Heitor.

— Não é isso — considerou o chefe. — Sou um homem de respeito. Mas ela é tão delicada, tão quieta. Pode ter futuro aqui dentro.

Heitor saiu e foi até sua mesa. Mirna estava de cabeça baixa, fazendo seu serviço. Ele a fitou de través, pensando:

Mal chegou e já conquistou os marmanjões. Que raiva!

Na hora do almoço, resolveu convidá-la para almoçar. Queria saber se era mesmo inofensiva ou uma verdadeira ameaça. Se fosse inofensiva, poderia até cortejá-la. Isso deixaria Percival fulo da vida. Agora, se representasse uma ameaça, ele teria de encontrar meios de tirá-la do caminho. Heitor levantou-se e dirigiu-se até a mesa da colega de trabalho.

— Como vai, Mirna?
Ela respondeu meio tímida, de cabeça baixa:
— Vou bem.
— Muito trabalho?
— É, há muito para fazer. Rodamos a folha de pagamento, e as guias de recolhimento dos impostos devem estar prontas ainda hoje.
— Você prepara as guias?
— Não, só passo do rascunho para a máquina. Fiz um curso de datilografia. É só o que sei fazer.
Mirna baixou o tom de voz. Olhou para os lados para certificar-se de que estavam sós:
— Por isso estou com um pouco de medo.
— Medo de quê?
— De ser demitida. Preciso tanto deste emprego! Não sou muito instruída, ganho pouco...
— É difícil arrumar trabalho nos dias de hoje — suspirou ele.
— Você é assistente, tem instrução.
— Não sabe quanto fiz para chegar até aqui. Lutei muito.
— Eu também lutei muito.
Heitor deu uma risadinha.
Esta é inofensiva. Bobinha, não é páreo para mim.
— Escute — disse ele —, quer almoçar comigo?
— Oh, não. Trouxe um lanchinho. Não posso me dar ao luxo de almoçar fora.
Heitor sentiu pena. Suspirou e colocou sua mão na dela.
— Vamos almoçar, está bem? Fica por minha conta. Deixe seu lanche para mais tarde.
— Está certo, obrigada — respondeu a moça, encabulada.

À noite, em casa, Heitor estava excitado. Não parava um minuto sequer. Rubinho notou a mudança no comportamento do amigo:

— Gostou demais de Mirna para o meu gosto. Desde que chegou, só fala nela e não para um minuto. Sente-se um pouco, ora.

Heitor deixou-se cair pesadamente no sofá. Exalou um pequeno suspiro.

— Ah, Rubinho, ela é tão agradável! Pareceu-me muito tímida. Conversamos pouco. Mas ela tem uns olhos, uma boca! Não vejo a hora de tê-la em meus braços.

— Eta, o bichinho da paixão mordeu você.

— Estou vidrado nela.

— Percival também é caidinho por ela. Você não está fazendo de propósito?

— E eu sou homem de fazer isso?

— É!

Heitor riu da sinceridade do amigo.

— No fundo, sinto uma pontinha de orgulho, sabe? Derrubar Percival de alguma maneira me faz feliz, não sei por quê. Mas, independentemente de qualquer coisa, Mirna é moça para namorar. É isso que mereço, não uma roceira.

— Você ainda pensa em Clarice? Para quem nunca quis compromisso...

— Ela foi a única com quem me relacionei.

— Eu sei. Conheço-o há anos e nunca o vi namorando.

— Nem dá para comparar Clarice com Mirna. Clarice tinha mãos calejadas e, pior...

— O quê?

— Quando pequena, caiu de uma árvore e perdeu muitos dentes. E ainda ganhou uma cicatriz bem aqui — fez um gesto com a mão, apontando para a testa.

— Beleza não conta. Há muito demônio vestido de mulher fatal.

— Está se referindo a Mirna, né? Também implica com ela?

— Não implico com ela. Mal a conheço. Mas energeticamente...

— Lá vem você de novo.

— Há uma energia, alguma coisa estranha em volta de Mirna. Sempre sinto uns arrepios quando passo perto dela.

— Isso é tesão.

— Não! Nem brinque com uma coisa dessas. Ela está com perturbação espiritual.

— Você mal a conhece, Rubinho. Tão espiritualista, e falando mal da menina?

— Não estou falando mal, mas o que sinto. Há algo de estranho. Gostaria de ajudá-la de alguma maneira.

Heitor bateu três vezes na mesinha de centro.

— Vire a boca para lá. Que papo de ignorante! Mirna não tem nada, só beleza.

— Vou sugerir a ela que tome uns passes.

— Está louco? Vai queimar meu filme. Pensa que as pessoas em geral aceitam esses rituais?

— Passe não é ritual. É troca de energia, só isso.

— Você não vale nada, Rubinho.

Heitor pegou uma almofada e arremessou-a contra o amigo. Riram e cada qual foi para seu quarto. Heitor deitou-se na cama sorridente.

Finalmente encontrei uma mulher à minha altura. E também tive uma grata surpresa; atrasada, mas boa. Aquele velho imbecil desceu os sete palmos. Herculano morreu e é menos um na lista dos que fazem parte do meu passado nefasto.

Logo em seguida Heitor adormeceu, caindo em sono profundo. Sonhou que estava caminhando perto de casa, procurando Mirna, quando ao dobrar uma esquina deparou com Herculano.

— Seu Herculano! Veio ao Rio, até que enfim! — fingiu, demonstrando cordialidade.

Herculano nada disse. Estugando o passo, correu até Heitor.

— Não posso mais entrar naquele apartamento. Fui proibido. Mas aqui na rua faço o que bem entender.

Antes de Heitor articular palavra, o velho deu um salto e agarrou-se em seu pescoço.

— Desgraçado, você prometeu ajudar Clarice. Sou capaz de matá-lo se não o fizer!

Heitor sentiu o ar desaparecer dos pulmões. O pânico tomou conta de seu corpo. Ele acordou de um salto, suando frio e ainda sentindo como se as mãos do velho Herculano estivessem em volta do pescoço, sufocando-o.

Ainda ofegante e com os olhos arregalados, gritou:

— Por favor, seu Herculano, não me mate!

Rubinho acendeu a luz do quarto, assustado.

— O que foi? Ouvi o grito do meu quarto. Pesadelo de novo?

— Ah! Que alívio, cara! Parecia tão real. Seu Herculano me agredia sem dó.

Rubinho sentiu uma onda desagradável no ambiente. Procurou dissimular.

— Bobagem! Você está impressionado. Foi só porque ficou sabendo hoje que o velho morreu. Vou buscar um pouco de água com açúcar e vamos nos deitar. Amanhã é dia de batente. Sem fricotes.

Rubinho foi até a cozinha e pegou a água com açúcar. Em seguida, colocou uma das mãos sobre o copo e fez uma pequena oração, solicitando aos amigos espirituais que colocassem algum medicamento naquela água. Foi com o copo até o quarto e entregou-o a Heitor. Ele pegou o copo e bebeu devagar. Sorriu e, meio sem graça, disse ao amigo:

— Devo estar impressionado mesmo. Que besteira! O velho morreu faz anos. Acabou.

Enquanto Heitor adormecia num sono tranquilo em virtude da água fluidificada, um espírito de feições alteradas e olhos ardendo em chispas de ódio bradava entre ranger de dentes, na porta do prédio:

— Mal sabe o inferno que farei de sua vida...

Capítulo 3

A água fluidificada e a sincera prece de Rubinho ajudaram Heitor a ter uma boa noite de sono. Acordou com o barulho do despertador e levantou-se bem-humorado. Sentia-se revigorado. Ao chegar ao banheiro, sentiu cheiro de café. Mudou o percurso e foi até a cozinha.

— Bom dia. Dormiu bem? — perguntou Rubinho.
— Melhor, impossível. Fazia tempo que não dormia tão bem.
— Fico contente. Levei um grande susto ontem.
— Eu me impressiono com facilidade. Tinha de sonhar justamente com aquele velho?
— Por que tem tanta raiva dele? Aliás, toda vez que faz alguma referência sobre seu passado, sinto uma vibração de raiva. Tem motivo?
— Sim. Tenho vergonha de meu passado.
— Só porque vem de uma pequena cidade do interior? Há muita gente nesta cidade que veio do interior, e mesmo de

outros estados. Você vive bem. Deveria sentir-se orgulhoso de ter chegado até aqui.

Heitor fez gesto largo com as mãos. Após bocejar, disse, enfático:

— Não gosto do passado. O passado está morto, por que me lembrar dele? Não tenho saudade de ninguém, de nada. Quando cheguei ao Rio, enterrei aquela vida.

— Não sente saudade de seu Claudionor, de Ivan?

Heitor coçou o queixo e olhou para um ponto indefinido da sala.

— Meu pai nunca me ajudou em nada, não tenho motivos para sentir saudade. Ivan sempre foi matuto. Casou-se com uma garota da redondeza e daqui a pouco estará cheio de filhos. Comprou um sítio, vive de plantação. É o que Clarice escreveu naquela última carta. Não respondi e não vou responder a mais nenhuma carta que venha de lá. Não vejo por que teria de manter contato com eles.

— Não está sendo muito duro? Afinal, trata-se de sua família. Se seu pai não pôde ajudá-lo, tenho certeza de que só não o fez porque não tinha recursos na época.

— Não interessa. Ele foi responsável por ter me dado a vida, certo? Deveria ter pensado antes. Onde já se viu, colocar filhos no mundo sem ter como sustentá-los?

— Você deve agradecer-lhe. Está aí, vivinho da silva. Contribuiu para que você retornasse à Terra, pudesse amadurecer, vivenciar, experimentar, aprender...

Heitor fez um gesto brusco.

— Pare! Não me venha com esse papo de reencarnação de novo. Ainda mais logo pela manhã. Acordei bem e não quero me aborrecer. Vamos mudar de assunto?

Rubinho meneou a cabeça para os lados.

— Está bem, está bem. O senhor é quem manda. Quer ovos mexidos?

— Humm, adoro ovos mexidos. Noto que você também acordou com disposição. O que aconteceu? Sonhou com Heloísa?

— Qual nada! Adoraria ter sonhado com ela, mas hoje terei coisa melhor. Vou dormir lá, de novo.
— Daqui a pouco vai mudar-se para lá.
— Quem sabe? Estamos indo muito bem. Vamos ver se dá para sair os três na semana que vem. Heloísa gostaria de conhecê-lo melhor.
— Pode ser. Vamos ver o que vai acontecer no escritório. Aí poderemos marcar um jantar, está certo?
— Combinado. Agora vá tomar seu banho que não podemos nos atrasar.
— Sim, senhor.

Chegaram ao escritório no horário e mergulharam no trabalho. Antes do fim do expediente, os relatórios estavam prontos. Percival estava contente.
— Vocês são muito competentes. Obrigado.
Heitor respondeu:
— Não se esqueça de que fiz tudo praticamente sozinho. Rubinho só deu uma maquiada.
Rubinho estava acostumado com essas tiradas de Heitor. Baixou a cabeça e voltou para sua mesa.
Percival enervou-se:
— Você é meu funcionário, Heitor. E tem de fazer o que eu peço, entendeu? Se Rubinho não veio ontem, foi porque eu não quis. Se continuar implicando desse jeito, eu o coloco no olho da rua, entendido?
Heitor sentiu as pernas falsearem. Balbuciou:
— Mas... mas eu sempre fico com o trabalho pesado. Você nunca me dá folga.
— E você já foi até minha sala pedir para sair mais cedo ou folgar? Nunca. Sempre mandou bilhetinhos ou pediu por intermédio de Rubinho. Não gosto desse tipo de postura.
— Mas...

— Sem "mas", Heitor. Vamos parar por aqui. Já me tirou do sério. Volte para sua mesa.

Heitor precisou de fôlego para chegar até sua mesa. Sentia-se agredido, envergonhado. Os colegas ouviram tudo. Aquilo tinha sido humilhante! Ele, um funcionário tão dedicado, ser duramente atacado pelo chefe. Aquilo não tinha desculpa. E o que os colegas iriam pensar dele? Claro, iriam pensar que era um pamonha, um trouxa, um bunda-mole. Heitor ficou em estado apoplético. Sentiu o sangue correr pelas veias. Tomou fôlego e voltou até a sala de Percival.

— Entre. O que quer agora?
— Já fiz os relatórios. Posso ir embora?
— Sinta-se à vontade.
— Até logo.

Heitor estugou o passo. Rubinho tentou alcançá-lo.
— Vamos embora juntos.
— Solte-me. Quero ir embora sozinho.
— Puxa, Heitor, o que foi que fiz?
— Nada, Rubinho, nada.

Heitor desprendeu-se do amigo e saiu em disparada. Chegou ofegante ao ponto de ônibus, mas não queria voltar para casa, não naquele estado. Rubinho chegaria logo atrás e ele estava sentindo muita raiva. Rubinho era o protegido de Percival. Ele, um funcionário exemplar, dedicado, e o chefe sempre ralhava com ele. Isso não era justo. Atravessou a rua e resolveu dar uma volta pelo centro da cidade. Andou para um lado e para outro, meio sem rumo.

A noite chegou e Heitor se deu conta de que havia andado muito. Tinha cruzado a Cinelândia e já estava esbarrando pelos arcos da Lapa quando viu um rosto conhecido. Disse para si:

— Será que é ela? Não é possível!

Ele andou rápido e chegou bem perto. Ela não o notou chegar.

— Como vai, Mirna?

Ela deu um salto e respondeu surpresa:

— Heitor?! O que... O que faz por estas bandas?
— Saí irritado do trabalho e fui andando sem destino.

Ela procurou recuperar-se do susto, fazendo pergunta atrás de pergunta. Precisava raciocinar logo e arrumar uma desculpa antes que ele quisesse saber por que ela estava por aquelas bandas.

— Mas o escritório fica muito longe daqui.
— Perdi a noção do tempo.
— Por que saiu de lá irritado?
— Por nada.
— Ora, Heitor, não confia em mim? Sou sua amiga.

Pronto. Isso era tudo de que ele precisava. Surpreendeu-se e arrepiou-se por inteiro.

— Jura que é minha amiga?
— Claro. Você é o único que conversa comigo naquele escritório. Gosto muito de você.
— Verdade, Mirna? Puxa, não sabe como é bom ouvir isso.
— Você é tão bonito, educado, trabalhador...
— Esse é o meu mal.
— Qual?
— Trabalhador. Parece que ninguém me dá valor lá dentro.
— Não diga isso. Você é um bom funcionário. Seu Percival tem um tesouro nas mãos.

A irritação e o nervosismo de Heitor sumiram num instante. Aquele banho de consideração, ainda mais vindo de Mirna, deixou-o desnorteado.

— Você é uma mulher de classe. Merece todo o respeito do mundo.

Mirna corou.

— E o que faz por aqui? — disparou ele.

A moça baixou os olhos envergonhada. Mas já havia ganhado tempo suficiente para uma boa desculpa.

— Eu... Eu... moro aqui perto.
— Neste lugar horr... — Heitor calou-se.
— É isso mesmo, horrível. Mas o que posso fazer? Sou de família pobre e meus pais moram no Espírito Santo. Não tenho

parentes na cidade e aluguei um quarto na casa de uma senhora conhecida de mamãe, aqui perto.

— Pelo menos economiza na passagem — respondeu ele, sem nada desconfiar. — Mesmo assim, é muito perigoso andar pelos lados de cá. O mundo de hoje é muito cruel. Se não ficarmos atentos, a desgraça vem e nos pega de surpresa.

— Concordo com você.

— Gostaria de tomar um suco ou mesmo um chopinho? Sei que o tempo não está tão quente, mas gostaria de me fazer companhia?

— Adoraria. Mas aqui não há nada que preste. O nível é muito baixo.

— Oh, Mirna! Desculpe-me. Fui tão grosseiro. Você é uma dama e eu a convido para um drinque neste inferninho. Mil perdões!

Heitor pensou um instante e ordenou:

— Venha comigo. Vamos atravessar a rua e pegar um táxi.

— Um táxi?! Para onde?

— Vamos para Copacabana.

— Lá é tudo muito caro. Não tenho dinheiro para isso.

— Fique tranquila, eu pago. Estou convidando.

— Você conhece Copacabana?

Heitor respondeu com ar de superioridade:

— Eu moro lá.

Ela estava confusa e receosa. Sabia que não podia circular livremente pelas ruas, mas estava com vontade de fazer algo diferente naquele começo de noite. Pensou:

É muito cedo. Acho que não vou encontrar conhecidos. Vou arriscar.

Confiante e decidida, deixou-se levar. Heitor fez sinal, pegaram o táxi e foram para a zona sul.

Uma garoa fina começou a cair. Rubinho estugou o passo. O porteiro cumprimentou-o:

— Como vai, senhor Rubens?
— Muito bem.
— Dona Heloísa o aguarda. Pode subir.
— Obrigado.

Rubinho pegou o elevador e logo estava no oitavo andar. Abriu a porta do elevador e foi caminhando lentamente pelo corredor. Não pôde deixar de notar o mármore do hall e a beleza do lustre.

Era um prédio composto de dois apartamentos por andar, divididos por extenso corredor. Heloísa morava em elegante edifício estilo art-déco. Tratava-se de um dos prédios mais sofisticados e elegantes de Copacabana. Por intermédio de um tio, Heloísa conseguira alugar aquele apartamento. Mesmo o doutor Brandão, ao saber o endereço de Heloísa, ficara admirado, e teria dito, segundo ela, que nem mesmo ele tinha influência suficiente para locar um apartamento naquele edifício.

Heloísa pertencia a tradicional família de classe média. Filha de uma professora primária e de um político considerado de esquerda, visto que era contra a ditadura, passara a infância e a adolescência peregrinando pelo país. As perseguições do governo a seu pai foram diminuindo e, com o enfraquecimento do regime militar, a família fixou residência no bairro da Tijuca, zona norte do Rio.

Os pais, espiritualistas, atentos ao comportamento da filha, perceberam que Heloísa era dotada de extrema sensibilidade desde pequena. Ao completar treze anos de idade, Emiliano e Eunice levaram-na a um centro espírita perto de casa, a fim de que ela pudesse educar-se e aprender a tirar melhor proveito de sua mediunidade.

Heloísa estava perto de completar vinte anos quando resolveu morar sozinha. Havia conseguido emprego numa agência de publicidade e queria ser independente. Seus pais lhe deram total apoio. Foi com alegria que Emiliano e Eunice saíram à procura de um apartamento na zona sul, enquanto Heloísa trabalhava.

Uma noite, após o jantar, enquanto decidiam animados entre dois pequenos apartamentos localizados na praia do Flamengo, ouviram a campainha.

Emiliano foi quem atendeu:

— Gustavo? Aconteceu alguma coisa?

Ele cumprimentou Emiliano e Eunice, que vinha logo atrás. Antes de responder, foi agarrado por Heloísa.

— Tio Gustavo, quanta saudade!

— Eu também estava com saudade. Mas tenho me envolvido em tantos projetos que mal tenho tempo de fazer um passeio.

Emiliano abraçou-se ao irmão e conduziu-o até a sala.

— Estávamos todos com saudade.

— Mas estamos sempre nos falando pelo telefone.

— Sabe que é diferente. Em carne e osso é melhor. Você está bem, como sempre.

— Obrigado, meu irmão.

Eunice chamou a empregada.

— Por gentileza, prepare-nos um café bem gostoso.

Gustavo acomodou-se. Todos queriam falar ao mesmo tempo. Heloísa quase se sentou no colo do tio.

— Chegou em boa hora. Vou me mudar. O senhor, com seus poderes especiais, poderia nos ajudar a escolher o melhor lugar.

Todos caíram na risada. Eunice interveio:

— Toda vez que vem até nossa casa, é porque tem algo a nos dizer. O que foi desta vez, Gustavo? Algum pressentimento?

Ele balançou a cabeça, em sinal positivo.

— Vim pedir para deixarem Heloísa morar comigo.

Os demais olharam-se com espanto. Emiliano estava estupefato.

— Heloísa?! Morar em sua casa? Como soube que ela está para se mudar?

Antes de Gustavo responder, Heloísa ajuntou:

— Ah, pai. Tio Gustavo sempre sabe de tudo. Ele é assim com o astral — fez ela, juntando e esfregando os dedos indicadores.

— É verdade. Minha sensibilidade me surpreende a cada dia. Sabia, havia muito tempo, que isso iria se concretizar.

Eunice surpreendeu-se:

— Você sempre foi independente, nunca quis saber de se casar ou de ter filhos. É um homem maduro, bem resolvido financeiramente. Por que levar Heloísa para sua casa? Como fica sua liberdade?

— Ora, minha cunhada, isso não é nada. Sempre fui muito ligado a Heloísa. Sabe que sempre nos demos bem e ela é minha sobrinha preferida.

Heloísa beijou o tio.

— O senhor também é meu tio preferido.

— Heloísa tem estudado bastante sobre o mundo espiritual e educou a sensibilidade. Está na hora de dividir minhas experiências com ela.

— Mas, Gustavo, nossa filha está indo muito bem no centro. Se essa for a questão...

— Não se trata disso. Heloísa tem capacidade de assimilar muito mais.

— Mas seu grupo de estudos é fechado, restrito.

— Heloísa será bem-vinda. O grupo já sabia disso havia anos. Ela tem muito a realizar. Está na hora de adquirir novos conhecimentos, conhecer outras filosofias.

— O senhor diz, ter acesso a outros tipos de conhecimento espiritual? — perguntou Heloísa com interesse.

— Sim. Os amigos espirituais me avisaram há algum tempo. Por isso estou aqui — e, virando-se para Heloísa: — Vai fazer as malas agora, ou devo esperar mais um pouco?

Todos exultaram de alegria. Heloísa subiu as escadas feito um avião e Eunice correu logo atrás. Emiliano ficou feliz com o convite do irmão.

— Ah, Gustavo. Eu sou liberal, quero que meus filhos cresçam e vivam suas vidas, sem ficarem presos a nós. Mas estava um pouco receoso de ver Heloísa, tão nova, morando sozinha. Graças a Deus você apareceu. Eu lhe serei eternamente grato.

Gustavo abraçou o irmão com carinho.

— Eu é que sou grato a você e Eunice. Heloísa é um dos presentes que eu já sabia que iria ganhar.

Naquele fim de semana Heloísa mudou-se para o casarão de Gustavo. Ela se sentia muito à vontade ao lado do tio. Sempre dizia:

— Parece que nos conhecemos há vidas.

Por influência do tio, Heloísa estudou línguas, amadureceu emocional e espiritualmente, prosperou. E agora, aos vinte e seis anos, estava muito bem empregada e no auge da beleza. Os cabelos castanho-claros deslizavam suavemente sobre os ombros. A pele, sempre bronzeada, tornava os olhos verdes mais brilhantes, mais vivos. De corpo bem-feito, estilo violão, chamava a atenção por onde passava.

Rubinho, ou, por extenso, Rubens Gouveia do Amaral, também era muito bonito. Além dos olhos esverdeados, era alto e bem-feito de corpo. À primeira vista parecia um homem comum, mas, reparando atentamente ao conjunto, ele se tornava atraente e irresistível.

De família humilde, batalhara muito. Mas sua trajetória, embora com percalços parecidos com o do amigo Heitor, era marcada pelo otimismo, pela facilidade e pela crença de que tudo na vida era fácil. Espirituoso e brincalhão, era admirado por sua inteligência e vivacidade. Tinha uma maneira peculiar de encarar as experiências boas ou más que atraía em sua vida.

Alguns amigos se espantavam com essa maneira diferenciada de perceber a vida. Para a grande maioria, a vida é que determinava a rota que deveríamos seguir. Para Rubinho, nós é que estávamos no leme e conduzíamos a vida, de acordo com nossa mentalidade.

Rubinho achava que tinha tirado a sorte grande ao conhecer Heloísa. Tocou a campainha pensando nisso.

Ela abriu a porta com delicadeza. Estava linda! Os cabelos, recém-lavados, adquiriram coloração um pouco mais escura e contrastavam com os olhos verdes e a pele acetinada e bronzeada. Rubens não resistiu e atirou-se em seus braços, beijando-a com amor.

— Sabe que adoro você?
Ela respondeu do mesmo jeito, imitando-o:
— Jura? Mesmo? Sabe que adoro você?
Riram e beijaram-se novamente. Heloísa trancou a porta.
— Daqui o senhor não sai.
Rubinho beijou-a levemente na boca.
— Eu é que vou preparar o jantar. Não quero que faça esforço. Precisa estar com as mãos lindas para anotar os recados do chefão. Minha namorada não pode chegar ao aeroporto e recepcionar a nova chefe com as unhas arranhadas.
Heloísa beijou-o novamente. Rubinho era o tipo de homem que toda mulher sonhara na vida. Era másculo, de aspecto viril. Os cabelos negros e a barba escura davam-lhe um ar de virilidade que as mulheres apreciavam naqueles tempos. E, além de possuir belo corpo, era carinhoso, bem-humorado e... cozinhava! Heloísa mal sabia fritar um ovo. Sempre dizia que nascera para morar numa casa e nunca para cuidar dela.
— Dulce preparou alguns pratos. Estão na geladeira. É só esquentar, meu querido.
— Tem verdura?
— Sim.
— Vou fazer uma salada maravilhosa. Aquela que você adora.
— Vou acompanhá-lo no preparo. Quer uma cerveja?
— Sim, quero.
Heloísa pegou duas canecas no armário. Encheu-as e entregou uma a Rubinho.
— Um brinde a nós.
Ele a beijou novamente, depois disse:
— Nunca pensei que fosse me apaixonar assim.
— Nas primeiras vezes que você entrou no escritório, eu dava umas olhadinhas, de vez em quando. Sempre o desejei.
Rubinho admirou-se:
— Mas eu é quem a desejava. Todos os caras no escritório falavam de você e, meu Deus, como você era sisuda!

— Só havia uns bobos lá. Você me conquistou desde o primeiro olhar. Com tanto homem bonito nesta cidade e eu fui me apaixonar por você. E olhe que faz pouco tempo.

— Faz pouco, mas parece que a conheço há muito tempo. Não sei dizer, mas sinto isso.

— Eu também — Heloísa tomou um gole de cerveja e continuou: — Estamos indo muito bem.

— Estamos sendo discretos, embora o pessoal já saiba. Logo, logo, o doutor Brandão vai ficar sabendo de nossa relação.

— E qual é o problema?

— Lembra-se daquele caso do Peixoto com Ana? O doutor Brandão ficou fulo da vida e os mandou para o olho da rua.

— Eles tiveram o merecido. Deixavam o serviço acumulando sobre as mesas e saíam mais cedo, para namorar. Nós somos responsáveis, sabemos separar o trabalho de nossa relação íntima. E o doutor Eugênio Brandão sabe disso. Ele não é bobo e já me deu umas indiretas. Eu é que não quis dar muita trela.

— Então já sabe que a secretária dele está comprometida?

Heloísa riu.

— Com certeza. E agora, como vou fazer para conquistar o velho?

Rubinho fez uma careta e abraçou-se a Heloísa.

— Meu chefe, Percival, disse-me que estou trabalhando com mais entusiasmo. Torce por nós.

— Gosto muito de Percival. É um bom homem.

Rubinho apertou-a contra o peito e beijou delicadamente seus cabelos.

— Está vendo? O namoro está fazendo bem a nós dois.

Beijaram-se novamente.

— Ei, vamos parar com isso que preciso preparar o jantar. Trabalhei até tarde e não almocei.

— Correu tudo bem no escritório?

— Sim.

Heloísa foi até o hall e pegou uma escova sobre a cômoda. Penteando delicadamente os cabelos, voltou à cozinha:

— Pensei que Heitor viesse junto.

— Nem me fale. Saiu do escritório batendo as tamancas. Levou um pito de Percival e sentiu-se humilhado.

Heloísa deu de ombros.

— Não conheço muito bem seu amigo, mas ele está sempre com aquela cara de pobre-coitado. Não acha que ele tem cara de cachorro sem dono?

Rubinho caiu na risada.

— Só você mesmo, Heloísa. Às vezes, é mais espirituosa que eu.

— Mas estou falando sério, não estou brincando. Heitor parece perdido.

— Perdido ele anda por Mirna. Acredita nisso?

— Por Mirna? Aquela dos arrepios?

— A própria. Está se derretendo todo para o lado dela.

— Gostaria de me aproximar dela e sugerir-lhe uns passes.

— Eu também. Mas o que fazer? Comentei sobre os arrepios com Heitor. Sabe que ele não liga a mínima para a espiritualidade.

Heloísa falou com tom de voz diferenciado, sem perceber:

— Um dia ele vai ter de encarar a verdade.

Rubinho sentiu um arrepio percorrer-lhe a espinha.

— Lá vem você de novo com essas frases de efeito.

— Senti um aperto no peito. Mirna sofre de perturbação espiritual e, caso se ligue a Heitor...

— O que pode acontecer?

— Com o tipo de crenças que ele cultiva, só poderá agravar o estado dela.

Rubinho não percebeu a modulação de voz alterada da namorada e retrucou:

— Eles são adultos e sabem o que fazem.

— Sim, mas não custa nada dar uma força. Podemos vibrar por eles. Toda vez que a imagem de ambos nos vier à mente, vamos lhes enviar ondas de paz e equilíbrio.

— Concordo com você, querida. Vou vibrar positivamente por eles.

Heloísa foi enfática:

— Quanto menos nos metermos na vida deles, melhor. Cada um é responsável por si.

Capítulo 4

Heitor e Mirna estavam confortavelmente sentados na mesa de um bar-restaurante. Ele queria uma mesa ao ar livre, no calçadão, mas a garoa fininha obrigou-os a desistir e entrar. Alguns drinques depois, ele perguntou:
— O que acha da empresa?
— Como assim?
— De seu trabalho. Gosta do que faz?
Mirna esboçou pequeno sorriso.
— É um trabalho decente. Pelo pouco que estudei na vida, até que pagam razoavelmente bem.
— Estudou até que ano?
— Terminei a quinta série.
— Por que não conclui? Pode se matricular numa escola pública.
— Ah, não. Levaria muito tempo para concluir. Estou com vinte e quatro anos de idade. Se voltar a estudar, vou completar

o segundo grau lá pelos trinta. É muito tempo. E, ademais, de que adianta tanto empenho? Nós, mulheres, sempre teremos dificuldade de arranjar um bom emprego.

— Para mim, desde que a mulher saiba ler e escrever, já está bom. Por qual razão deveria mesmo se empenhar?

Mirna admirou-se.

— Não faz questão de ter a seu lado uma mulher letrada, independente?

— Não. Quero uma mulher que cuide de mim, de meus filhos, do lar. Sabendo preencher cheque para pagar as contas, já está de bom grado.

Ela não gostou do jeito como ele falou. Procurou dissimular:

— Isso é verdade — mentiu. — Eu tinha um primo muito bem casado. De uma hora para outra, logo que os filhos entraram na adolescência, a mulher voltou a estudar.

Heitor meneou a cabeça para os lados.

— Para quê?

— Ela disse que já havia criado os filhos e cuidado da casa e a partir de então iria estudar, fazer faculdade e trabalhar fora. Meu primo quase enlouqueceu. E o resultado foi o divórcio.

— Meu Deus! Este mundo está virado de cabeça para baixo. Coitado do seu primo.

— Ele até hoje não se recuperou do baque. Anda triste, cabisbaixo.

— E a mal-agradecida da ex-mulher?

— Dizem que ela anda para cima e para baixo de carro último tipo, roupas da moda. Comprou apartamento, leva a vida na boa. E sabe da maior?

— Fale.

— Os filhos ficaram do lado dela.

— Isso é uma vergonha! Que filhos ingratos! Seu primo não merece uma coisa dessas. Está vendo por que o estudo só atrapalha o relacionamento entre o homem e a mulher? Nós, homens, nascemos para o trabalho, para sustentar a família, ser os mantenedores do lar. Nós é que temos de estudar e crescer.

Mirna não concordava com aquela posição machista, mas se conteve, afinal eram pontos de vista, passíveis de mudança. Estava mais interessada na maneira como Heitor a tratava. Na verdade, era a primeira vez que um homem a tratava com respeito na cidade. Sentia falta disso.

Heitor pousou sua mão na de Mirna.

— Gostei de você desde o primeiro dia que a vi.

Ela ruborizou. Sentiu as faces arderem.

— Oh, Heitor, não sei o que dizer...

Heitor inclinou o tronco e pousou delicado beijo nos lábios dela.

— Você é linda, a mulher que todo homem sempre sonhou ter.

Ela exalou delicado suspiro. Ele deu uma piscada e continuou:

— Bem, vamos nos alimentar. Depois conversaremos melhor. O que deseja comer?

— Não sei, não tenho dinheiro.

— Você é minha convidada. Não quero saber se tem dinheiro ou não — ele fez um gesto ao garçom: — Traga o cardápio, por favor.

Quando o garçom se afastou, ele sentenciou:

— Escolha o prato enquanto vou ao banheiro. Fique à vontade.

— Está bem.

Heitor levantou-se e foi ao banheiro. Mirna suspirou:

Graças a Deus! Uma pausa. Ufa! Preciso me recompor. É melhor evitar essas saídas. De mais a mais, não posso ficar muito exposta. Ela riu. *Quando iria imaginar que um dia um homem pudesse me tratar com tamanha deferência? Heitor é um pouco machista, tem ideias ultrapassadas sobre casamento, mas me trata bem. E isso faz toda a diferença.*

Ela voltou a atenção ao cardápio e escolheu um prato bem em conta, afinal não queria abusar. Estava entretida na escolha da bebida quando ouviu alguém sussurrar em seu ouvido:

— Como vai, Carol?

Mirna estremeceu, chegando a sentir um nó no estômago. Virou-se lentamente para o lado, pálida. O homem, com jeitão de malandro, continuou:

— Ora, ora, o gato comeu sua língua? Justamente essa língua da qual tenho saudade?

— Bem... bem... não vê que estou com um cliente? — mentiu. — Agora não posso conversar.

— Cliente?! Está trabalhando na zona sul? Quem lhe deu autorização?

— Ele insistiu e eu vim — disse ela, atrapalhada. — E, ademais, ele disse que pagaria o dobro.

— Então quero setenta por cento desta vez.

Mirna arregalou os olhos:

— Setenta por cento? É impossível. Não tenho esse dinheiro!

— Ué, o cidadão não vai pagar em dobro? Vou ficar na porta da tua casa. Quero dois mil cruzeiros, tá ligada?

Mirna mexeu-se nervosamente na cadeira.

— Não tenho como lhe dar agora. Preciso pagar o aluguel do quarto a dona Arlete. Vou receber salário semana que vem e então lhe pago.

O gigolô passou delicadamente a mão no rosto de Mirna.

— Tá ficando muito esperta. Vou ter uma conversa de intimidade com dona Arlete. Se continuar colocando as asinhas de fora...

— Oh! Não fale com dona Arlete. Já arrumei muita encrenca com ela. Preciso do quarto. Sabe que gastei todo o meu dinheiro com aquele...

— Com aquele açougueiro, né? Também, tu não te cuida. Nessa profissão é fácil engravidar.

Mirna olhava para o banheiro. Se Heitor saísse e a visse conversando com Benê, estaria frita. O suor escorria-lhe na fronte.

— Perdi muito sangue... gastei além da conta. Devo dinheiro a dona Arlete. Sabe que não posso falhar com ela. Até emprego tive de arrumar para saldar minhas dívidas. Por favor, vá embora antes que meu cliente apareça.

— Está certo — respondeu Benê, sorrindo maliciosamente e deixando entrever uma e outra obturação de ouro. — Mas não quero mais te ver por estas bandas. Você só pode rodar na Cinelândia. Se eu te pegar na zona sul de novo, parto a tua cara e ainda faço escândalo na empresa.

— Por favor, escândalo não!

Ele ameaçou dar-lhe um tapa na cara, mas Mirna colocou as mãos no rosto para se defender. Benê nada fez e retirou-se. Logo em seguida, Heitor voltou do banheiro. Notou que Mirna estava pálida e tremia muito.

— Aconteceu alguma coisa?

— Não... nada. Senti um pouco de enjoo. Vou ao banheiro.

— Já escolheu o prato?

Mirna não respondeu e correu até o banheiro. Heitor pediu mais um drinque e ficou à espera. Ao chegar ao banheiro, Mirna não conteve o pranto.

— Senhor! Eu não queria ter este tipo de vida. Mas, quando se passa fome, somos capazes de tanta coisa! Eu até poderia tentar outra atividade, mas esta foi a maneira mais fácil. Por favor, Deus, me ajude! Quero me livrar deste tipo de vida, desta gente que me rodeia e só me causa mal-estar...

As lágrimas escorriam insopitáveis. Ela se debruçou na pia, abriu a torneira e, com as mãos ainda trêmulas, passou um pouco de água no rosto. Enxugou-se e procurou se recompor. Ao chegar à mesa, não se sentou. Olhando para Heitor, disse, enfática:

— Vou para casa.

— Algum problema?

— Estou um pouco enjoada. Prefiro jantar outra noite.

— Não, tudo bem, eu a levo, está garoando ainda.

— Pode deixar. Preciso ir. Outra hora saímos. Boa noite.

— Mirna, volte aqui. O que é isso?

Tudo em vão. Mirna saiu em disparada e logo Heitor a perdeu de vista.

Será que ela ficou chateada de eu ter avançado o sinal? Puxa, preciso me controlar. Não fui nada cavalheiro. Pobre moça. Eu me comportei como um urubu pronto para devorar a carniça. Se

eu soubesse onde ela mora, iria pedir desculpas. Mas segunda-
-feira vou me retratar. Mirna merece todo o meu respeito. Ela é
do tipo para casar.

Ele coçou o queixo e bateu com a mão no ar. Rodou nos calcanhares e voltou para o restaurante. Terminou seu drinque e fez sinal para o garçom. Sentiu uma ponta de remorso por tê-la deixado partir. Estava começando a se perturbar e a sentir pena da garota quando o garçom se aproximou perguntando se ele já tinha escolhido o prato. Por um instante, Heitor esqueceu-se de Mirna. Imediatamente voltou a atenção para o estômago e sentiu fome. Com um gesto largo, afastou os pensamentos.

Bem, segunda-feira, com certeza, terei uma séria conversa com ela.

Heloísa acordou mais cedo do que o costume. Havia marcado de encontrar-se com o doutor Brandão às oito horas em ponto na frente do portão de desembarque internacional. Eram seis horas da manhã. Ela se revirou gostosamente na cama. Rubinho dormia em silêncio.

Ela procurou não fazer barulho. Levantou-se e, na ponta dos pés, dirigiu-se ao banheiro. Tomou uma ducha reconfortante e entrou no quarto contíguo. Já havia deixado a roupa separada na noite anterior. Heloísa era mulher prática. Em instantes, arrumou-se com apuro e se maquiou. Pegou a bolsa e beijou delicadamente o rosto de Rubinho.

— Humm, que perfume! Já acordada?

— Já, meu querido. Continue na cama. Vou tomar café no aeroporto.

— De jeito algum. Eu faço café num segundo.

Heloísa empurrou-o delicadamente para trás.

— Pode continuar deitado. Ainda é muito cedo. Durma mais um pouco e depois faça um programa com Heitor. Não sei a que horas estarei livre.

— Vou preparar uma bela refeição. Não importa a hora que chegue, eu a esquentarei e a servirei, minha princesa.

Heloísa beijou-o na face.

— Não há necessidade, meu amor. E lembre-se de que temos reunião na casa de tio Gustavo hoje à noite. Será sua estreia no grupo. Estou tão feliz!

— Vou adorar ir à casa de seu tio. É impressionante: toda vez que leio sobre mediunidade ou discutimos temas de cunho espiritual, sinto-me tão à vontade. É como se...

— Como se já soubesse do assunto?

— Isso mesmo.

— Sei como se sente. Mais um motivo para estar bem-disposto. Sabe quantas ideias novas absorveremos desses encontros. Agora preciso ir — Heloísa pigarreou. — Precisamos conversar depois.

Rubinho arregalou os olhos.

— Conversar? Sobre o quê?

— Quando eu voltar. Agora, não. Fique sossegado. Aproveite o dia.

Heloísa beijou Rubinho e saiu. Ele ficou pensando na conversa. Quando Heloísa dizia que precisavam conversar, ele estremecia. Mas, com seu jeito bem-humorado, logo afastou os pensamentos inquietantes com as mãos.

Bem, agora não é momento para pensar em nada. Eu é que me impressiono de vez em quando. Não tenho com o que me preocupar. Gosto de Heloísa e ela de mim. Vou me levantar, tomar um banho e convidar Heitor para um café e um divertido passeio.

Em pouco mais de meia hora, Rubinho já estava dobrando a esquina de seu prédio. De fato, Heloísa morava bem perto de seu apartamento. Entrou no edifício, pegou o elevador. Abriu a porta bem devagar, para não fazer barulho, mas qual não foi sua surpresa ao ver Heitor tomando café.

— Bom dia!

Rubinho replicou bem-humorado:

— Pensei que ainda estivesse bravo comigo.

— Ah, deixe isso para lá. Estou bem melhor. Fazia muito tempo que não dormia tão bem. Não tive pesadelos.

— Isso é bom sinal. Mas está com um brilho diferente nos olhos. O que aconteceu depois do expediente?

Heitor riu malicioso.

— Saí com Mirna.

— E então?

— Você precisa conhecê-la melhor. Trata-se de mulher sensível.

— E como foi?

— Levei-a para jantar. Mas ela estava um pouco enjoada e resolveu voltar para casa.

— Assim, sem mais nem menos?

— Sim. Por quê?

Rubinho sentiu leve tontura. Bocejou um pouco. Respondeu:

— Há algo estranho, meu amigo. Vá por mim. As aparências enganam. Mirna sofre de algum tipo de perturbação.

— De novo esse papo?

— Conversei com Heloísa e gostaríamos de ajudar Mirna. Você se importaria se falássemos com ela a respeito? Ela parece jogar em nosso time.

Heitor sentiu uma ponta de ciúme.

— Que time?

Rubinho respondeu imitando uma voz cavernosa:

— O dos que acreditam no invisível.

— Já falei que não gosto desse tipo de assunto. Não pode me respeitar? Não acredito em nada disso e ponto final.

— Não precisa se irritar. Eu só disse o que sinto, nada mais. Não tenho nada a ver com sua vida. O que faz dela é problema seu. Cada um é responsável por aquilo que atrai.

— Não penso dessa forma.

Rubinho havia dormido na casa de Heloísa, e Heitor ficara sozinho. Sem a vibração energética positiva de Rubinho, que mantinha o apartamento livre de interferências negativas, foi fácil para Herculano, acompanhado de dois espíritos que encontrara na rua, entrar e se instalar no apartamento. O velho instigava:

— É isso mesmo, você já está sofrendo. Sofrendo de amor por aquela moça, Mirna. Ela é a moça que você tem de desposar. Rubinho está com inveja. Ele quer vê-lo infeliz. Cuidado!

Herculano gritava e exalava uma vibração de ódio tão forte que Rubinho a captava na forma de uma tontura cada vez mais intensa, acompanhada agora de pequena taquicardia. Imediatamente, ao sentir as energias pesadas, Rubinho procurou manter-se em equilíbrio. Concentrou-se, conectou-se com seus amigos espirituais e solicitou ajuda. De seu peito começou a sair uma luz violeta, inundando o ambiente. Os espíritos que estavam com Herculano saíram em disparada.

— Ele é filho do capeta! Vamos sair daqui.

Herculano rangia os dentes de ódio.

— Vou embora. A energia aqui está ficando pesada para mim. Mas voltarei, Heitor. Aguarde, porque voltarei. Você prejudicou a pobre Clarice, e agora vou dar-lhe o troco.

Heitor sentiu a irritação diminuir, mas ainda estava influenciado pelos pensamentos de Herculano.

— Você é amigo da onça, Rubinho.

— O quê?

— Não adianta fazer cara de bobo. Sempre foi assim, desde o começo. Você sempre competiu comigo.

— De onde tirou essa ideia? Entre amigos não há competição. Gosto muito de você.

Mesmo com raiva, Heitor cedeu. Algo lá no fundo lhe dizia que Rubinho estava sendo sincero. Abraçou-se a ele com força.

— Tenho medo de perder sua amizade. Sabe que não dou confiança às pessoas. Você é o único que me entende e em quem posso confiar. Desculpe meu nervosismo.

— Você anda muito cansado. Por que desta vez não tira umas férias?

— Agora não é o momento apropriado. Estou economizando, guardando dinheiro para ingressar na faculdade e ter folga para as primeiras mensalidades, para o material etc.

— Por que não tenta uma universidade pública?

— Está louco? Não tenho nível para isso.

— Faça um cursinho preparatório, ora.

— Mais um ano estudando? Cursinho custa muito caro. E se não der certo, o que faço? Dinheiro não cai do céu.

— Que pessimismo! Precisa mudar um pouco sua maneira de encarar a vida. Parece que ainda é aquele mesmo menino acanhado do interior de Minas.

Heitor levantou-se indignado.

— Como assim? Que negócio é esse? Mudei muito de lá para cá. Progredi bastante.

Rubinho procurou contemporizar.

— Você está certo. Mudou muito, esforçou-se, está pensando em aprimorar os estudos e ingressar numa faculdade, mas se enche de limites.

— A vida é assim. Quem não tem limites?

— Eu, por exemplo, estou reformulando meus conceitos. Começo a entender e perceber que somos ilimitados.

— Ah, quer dizer que não temos limites?

— Não. Nós é que temos o poder de nos limitar. Somos ilimitados, pois somos nós, com atitudes erradas, que nos impomos limites.

— De onde tirou essa ideia? Ah, nem me responda. Já era meio esquisito quando o conheci e ficou mais esquisito ainda desde o namoro com Heloísa. É ela quem enche sua cabeça, não é?

— Heloísa é uma mulher lúcida, inteligente. Acredita, como eu, que somos responsáveis por tudo que nos acontece e por isso ela também tem mudado a maneira de pensar.

— De onde tiraram tal conclusão? Desses programas baratos na televisão?

Rubinho balançou a cabeça para os lados. Reconhecia que, embora dramático, Heitor tinha umas tiradas engraçadas.

— Nós participamos de reuniões na casa de um tio de Heloísa. Trata-se de um grupo de livres-pensadores, de espiritualistas independentes, pessoas que procuram entender como funciona a vida e suas leis.

Heitor soltou uma gargalhada.

— A vida agora tem leis, é? Essa é boa.

Rubinho continuou:

— A vida é regida por leis sábias, que atuam no universo e, consequentemente, sobre nós. Se entendermos como elas funcionam, ficará mais fácil viver e crescer.

— Muito fácil!

— Como? Não entendi.

— Muito fácil, Rubinho. É só estudar um ou outro livro e pronto. E esse mundo que anda de pernas para o ar? De que adianta filosofar e tentar enxergar um mundo cor-de-rosa, se a realidade é dura e cruel?

— A realidade deixa de ser dura e cruel a partir do momento em que você se deixa conduzir na vida pelas suas vivências, e não pelos valores dos outros.

— Profundo. Mas isso não vai tirar o sacrifício, a luta que travo dia após dia para me manter vivo. Nada cai do céu.

Rubinho riu alto.

— Nada cai do céu, a não ser avião e cocô de passarinho ou de pomba.

— Você não me leva a sério.

— É seu lado dramático que acordou atiçado — disse Rubinho em tom engraçado. — Concordo que nada cai do céu, mas, para que nos tornemos plenos, realizados, é necessário muito estudo e muito empenho. Precisamos reavaliar nossos valores, nossas crenças. É um longo trabalho.

— Não sei como mudar. Nasci assim. O que posso fazer?

— Essa desculpa é muito boa! Nasci assim, então Deus me fez assado e ponto final. Isso é cômodo. Papo de acomodado, de quem não quer mudar, não quer enxergar a verdade.

— Olha lá como fala. Não precisa ofender.

Rubinho meneou a cabeça para os lados. Sorriu e abraçou o amigo pelas costas.

— Adoro você, cara. É meu melhor amigo. Enxergo muito potencial em você, mas às vezes apresenta um comportamento infantil e mesquinho que põe tudo a perder. Você poderia conquistar muito mais coisas, e de uma maneira muito mais fácil.

— A vida não me sorriu. Sempre precisei me sacrificar para conseguir o que queria. E, no mundo, quem não se sacrifica nada consegue. Olhe para esta cidade e veja o monte de favelas em cada morro. Se eu não lutasse, não matasse um leão por dia, talvez estivesse vivendo como esses desventurados que não têm culpa de nada.

— Ah, isso é discurso de vítima.

— E não somos vítimas do destino?

— Não, Heitor, no mundo não há vítimas nem injustiçados, mas sim o que cada um faz com seu poder de escolha. Para ser próspero, é preciso muito mais do que trabalho, é preciso acreditar verdadeiramente que se pode ter.

— Talvez eu precise mudar meu jeito de ser.

— Não precisa mudar seu jeito de ser. Precisa mudar o jeito como você enxerga as coisas, só isso.

Heitor levantou-se e abraçou o amigo.

— Obrigado. Gosto muito de você. É como um irmão para mim.

Capítulo 5

O aeroporto estava calmo naquela manhã de domingo. Heloísa desceu rápido do táxi e apressou o passo até o local combinado com o patrão. Chegou na hora aprazada. Eugênio Brandão e a mulher já aguardavam próximo à área de desembarque. Heloísa levou um choque. Ela havia falado ao telefone um bocado de vezes com a esposa de Brandão, mas não imaginava que se tratasse de uma mulher tão envelhecida. Leocádia era uma mulher de meia-idade, com feições e comportamento de uma mulher muito mais velha. E, ao lado do marido, homem conservado para a idade, elegante e bem-vestido, Leocádia aparentava muitos anos a mais. Com o cabelo grisalho em forma de coque e um xale de tricô sobre um vestido preto de golas altas, Leocádia era tudo que se podia imaginar, menos que fosse mulher de Brandão.

Procurando afastar a onda de pensamentos, Heloísa tornou educada:

— Bom dia, doutor Brandão.
— Como vai, Heloísa? Dormiu bem?
— Sim, senhor. Por quê? Estou com a cara ruim?
— Imagine, absolutamente. Precisaria de mil noites sem dormir para que apagasse um pouco seu viço e sua beleza.

Heloísa riu. Leocádia cutucou o marido com o cotovelo. Brandão fez a apresentação formal.

— Conversou muito com minha mulher ao telefone. Agora a está conhecendo pessoalmente. Esta é Leocádia.

Heloísa estendeu-lhe a mão.

— Como vai, senhora?
— Bem, obrigada — limitou-se Leocádia.

Como o silêncio reinava entre os três, Heloísa procurou puxar conversa.

— E seu filho Mário? Faz tempo que não o vejo.
— Mário está sempre viajando. Fica mais na fábrica em Belo Horizonte. Vive à caça de novas plantas e ervas. Está sempre atrás de novos sabores para produzirmos. Vive se embrenhando pelas matas deste rico país à procura de uma nova planta comestível, uma nova folha que se transforme em excelente tempero.

— E onde está?
— Encontra-se nos arredores de Manaus. Mas a qualquer momento aparece com alguma novidade. Esse é meu filho!

Leocádia nada dizia. Ficava de cabeça baixa, esfregando as mãos, como se fosse um tormento estar naquele lugar. Heloísa ficou observando-a de soslaio por instantes. Ela parecia tão fria ao lado do marido. Mal se tocavam. Era muito estranho. Mas, como ela nada tinha a ver com a vida do patrão, procurou desviar a atenção para as poucas lembranças que tinha de Maria Helena.

Logo que entrara na empresa, como recepcionista ainda, Heloísa já tinha ouvido falar bastante da filha de Brandão. Tratava-se de moça dedicada, que havia estagiado em toda a fábrica de Belo Horizonte e depois trabalhara uns tempos no escritório do Rio. Na memória de Heloísa, Maria Helena não era muito atraente. Possuía olhos muito grandes, óculos também grandes, cabelos sempre escorridos e com aparência de malcuidados. O que ela tinha de lembrança da filha de Eugênio Brandão era uma mulher um tanto relaxada na aparência, embora muito competente.

Leocádia continuava alheia a tudo. Num movimento brusco, soltou um grito abafado, como se enfim o tormento de estar naquele aeroporto fosse acabar:

— Veja, Maria Helena está chegando.

Brandão e Heloísa olharam pela porta do desembarque. Nem o pai nem a secretária reconheciam a moça, diante de pequena multidão que saía.

— Onde está nossa filha?

— Logo ali — respondeu Leocádia, em tom ríspido. — É sua preferida, e não se lembra mais de seu rosto? Que pai é você?

Antes que Brandão tivesse tempo de esboçar uma reação, Maria Helena largou o carrinho com as malas e correu até o pai.

— Papai! Quanta saudade!

— Filha! Como é duro ficar longe de você!

— Não quero mais ficar tão distante assim do senhor. Foi muito bom estudar e aprender lá fora. Mas, a partir de agora, não quero permanecer longe de você.

Maria Helena abraçou o pai com mais força, enchendo-o de sonoros beijos nas faces. Heloísa estava admirada, pois nunca havia visto o patrão em tamanho estado de descontração.

— Minha menina! O que fizeram com você? Se passasse na rua, eu não a reconheceria. Talvez até lhe desse uma cantada — brincou. — Está linda, magnífica!

— Ora, papai. O tempo tem sido precioso remédio. Os ares americanos muito me ajudaram. Mudei muito.

— Mudou demais. Está tão bonita! Linda desse jeito, já deve ter arrumado namorado.

— Isso não, papai. Tive um ou outro namoradinho, mas nada sério. Falta um pouco de sensualidade no americano, coisa que aqui no Brasil os homens têm de sobra.

Ele a abraçou com ternura e continuou:

— Veja, filha, recorda-se de Heloísa? Foi com ela que conversou nos últimos dias. É minha, e, por que não dizer, nossa secretária, de hoje em diante.

Maria Helena cumprimentou-a com delicadeza.

— Como vai?

— Bem, obrigada. E você? Está cansada de tantas horas de voo?

— Nem um pouco. Estava louca de vontade de pisar neste chão.

Nesse momento os olhos de Maria Helena cruzaram com os de Leocádia. Ela cumprimentou a mãe com dois beijos no rosto.

— Como vai, mamãe? Não a esperava aqui.

— Obrigações de mãe. Cumpro meu papel, se é que ainda se lembra de que tem uma mãe.

Maria Helena exalou profundo suspiro.

— Agora me lembrei. Vamos manter uma relação saudável?

Leocádia nada respondeu e Brandão arregalou os olhos. Em outros tempos, Maria Helena teria dado respostas atravessadas à mãe e a briga estaria correndo solta. Mas não! A filha mantivera outra postura. Sua filha, pensou, além de bonita estava diferente. Ele meneou a cabeça para os lados. Heloísa interveio:

— Não está mesmo cansada? Vim para marcar as reuniões, para providenciar alguma coisa. Podemos organizar tudo mais tarde.

— Qual nada! Tire seu dia de folga, afinal hoje é domingo. Descanse, Heloísa, pois amanhã será um dia corrido. Está bom nos encontrarmos às sete e meia? Gosto de começar a trabalhar logo cedo.

— Para mim está ótimo.

— É fácil para você chegar até nossa casa, nas Laranjeiras?

— Sim, sem problemas.

— Ótimo. Espero-a às sete e trinta em ponto.

Eugênio interrompeu:

— Em casa? Por quê? A diretoria e os demais gerentes a esperam logo cedo.

— Não, senhor. Estou chegando e preciso organizar as coisas. Sei que todos querem me cumprimentar, trazer ideias, soluções e até mesmo problemas. Mas agora não é momento para isso. O país atravessa uma situação delicada e preciso preparar nossas empresas para as turbulências. Necessito de sossego e vou incumbir Heloísa de muitas tarefas. Ela será a intermediária entre mim e a diretoria nesta primeira semana.

— Mas, Maria Helena, e o pessoal que veio de Belo Horizonte?

— Não, papai. Já decidi — e, voltando-se para Heloísa: — Amanhã às sete e meia em casa, certo?

— Sim, tudo bem.

Despediram-se. Eugênio, voz alteada, ia conversando animadamente com a filha. O motorista ia levando o carrinho de malas, e Leocádia, logo atrás, foi seguindo-os de cabeça baixa e sem participar da conversa.

Heloísa estava admirada com Maria Helena. Ela em nada se parecia com a moça de dois anos atrás, feia e malvestida. Na verdade, Maria Helena passou a cuidar mais da aparência. Tratou dos cabelos castanhos e cortou-os à moda, trocou os óculos por lentes de contato, passou a usar roupas elegantes. Havia perdido peso e mostrava um corpo bem torneado, a pele acetinada, bem cuidada. Os olhos, antes grandes e desproporcionais, encaixavam-se com perfeição ao novo rosto emoldurado pelo elegante corte de cabelo. Maria Helena havia se transformado numa linda mulher.

Heloísa saiu contente do aeroporto. Pensou que ia ter de ficar todo o dia ao lado do patrão, mas estava livre. Pegou o carro e foi direto para casa. Lá chegando, não encontrou Rubinho. Olhou ao redor e sorriu com gosto. A cama estava arrumada, a cozinha estava limpa, tudo em ordem. Rubinho era mesmo o companheiro ideal. Estava um pouco receosa de expor seus sentimentos, mas achava que valia a pena. Logo mais à noite, após a reunião na casa de Gustavo, iria dizer-lhe tudo que ia em seu coração.

Tirou os sapatos de salto e sentiu-se confortável, andando descalça pela casa.

Ele deve estar com Heitor. Vou ligar.
Rubinho atendeu:
— Que surpresa! Vou correndo. Como? Pode ser. Um beijo.
— Era Heloísa? — perguntou Heitor.
— Sim. Já chegou. E convidou-o para almoçar conosco.
— Vou atrapalhar. Aproveitem.
— Que atrapalhar, que nada! Acho até bom, porque ela vive dizendo que gostaria de sair mais com você. E olhe que nem ciúme sinto!
Heitor atirou uma almofada no amigo.
— Bobo! No momento meus olhos só estão voltados para Mirna.
— Então, vamos?
— Vou me trocar.
Saíram e logo estavam no apartamento de Heloísa. Era a primeira vez que Heitor punha os pés lá. Sentiu uma pontinha de inveja. Por que ele tinha de morar num apartamento apertado e ela se dava ao luxo de morar tão melhor? Ao entrar no elevador, comentou com Rubinho:
— Ela mora tão pertinho da gente, e olhe que diferença! — dizia, enquanto olhava para o interior do elevador, todo revestido de madeira nobre e detalhes em metais dourados.
— É um prédio de luxo, Heitor. Aqui só mora grã-fino, gente com muita grana.
— Heloísa não é milionária.
— Está chegando lá. É próspera. Valoriza e observa com interesse tudo que é belo. Acaba atraindo para si coisas belas.
— Deus me livre morar num lugar assim! Deve ser um nojo, com tanta gente metida. Rico não é humilde.
— Tem preconceito em relação aos ricos?
— Tenho. Todo rico é petulante. As pessoas humildes é que são legais, amigas, preocupam-se com a gente. E, em determinadas situações, chegam a dar o pouco que têm para quem não tem nada. Eu valorizo esse tipo de pessoa.
— Cuidado com o que valoriza. Pode acabar como essas pessoas.

— Quero um dia poder comprar um apartamento financiado...

— Quero um apartamento bem espaçoso e de frente para o mar. Meu espírito já traz prosperidade e acredita na fartura, na abundância.

— Dinheiro não dá em árvore.

— Eu faço dar — disse Rubinho, rindo.

Tocaram a campainha. Heloísa acabara de sair do banho. Vestia um conjunto de malha, bem despojado, e os cabelos presos em rabo de cavalo, dando-lhe um ar sedutor e juvenil. Rubinho entrou e já beijou-a nos lábios.

— Que saudade! Legal nosso patrão, hein?

— Como vai, Heloísa?

— Bem, Heitor, e você?

— Vou levando. Sabe que sempre quis conhecê-la melhor? Mas fica tão difícil conversar na empresa.

— Meu cargo exige que fique muito tempo presa com o doutor Brandão. Mal saio de minha sala. Quando o faço, ou estou na sala dele ou no banheiro.

Rubinho interveio:

— Esta minha gata toma muito líquido, por isso tem essa pele de bebê.

— Tem um rosto muito bonito, Heloísa — concordou Heitor.

— Obrigada. Eu me cuido. Faz bem.

— O que achou de Maria Helena? — perguntou Rubinho com interesse.

Heloísa abriu largo sorriso.

— Vocês nem imaginam! A mulher é muito educada, finíssima, voz doce. Não sei, coisas de mulher, talvez, mas adorei Maria Helena.

— Deve ser uma metida a besta, um coronel de saias, isso sim — replicou Heitor.

— Como pode julgá-la se mal a conhece?

— Heloísa tem razão, Heitor. Por que a birra?

— Não sei. Mas sabe como é: moça rica, das Laranjeiras, estudou fora do país. Deve ser chata e feia.

Heloísa riu maliciosa.

— Engano seu. Maria Helena não me pareceu chata e é linda.
— Então você mentiu — interveio Rubinho. — Você me disse que se lembrava sempre de uma mulher malvestida, desleixada, boca grande, olhos grandes, tudo desproporcional.
— Não menti. Ela era assim mesmo. Acho que tenho uma foto lá dentro, no quarto. Foi uma recepção de fim de ano no escritório, creio que uns dois anos atrás, pouco antes de Maria Helena partir para os Estados Unidos. Vou lá procurar.
— Essa mulher vai dar dor de cabeça.
— Por que diz isso, Heitor? Acho o contrário. Ela é jovem como nós, deve ter a mente aberta. Sinto que temos muito a ganhar com essa moça. Quando Heloísa fala nela, sinto algo positivo.
— Não sinto nada. Devo ter algum defeito.
— Por quê?
— Ora, não sinto, não percebo, não capto nenhuma energia. Por isso acho absurdas certas coisas que me diz.
— É só dar mais atenção a seu sexto sentido. Precisa pensar menos e parar para se sentir.
— Esse papo, não. Meu sexto sentido deve estar desligado, ou, como você fala, nesta "encarnação" ele veio com defeito. É assim que fala? En-car-na-ção?
— Isso mesmo — respondeu Rubinho sorrindo. — Mas não precisa separar as sílabas. Ainda vai se interessar pelo mundo invisível.
— Eu vivo neste mundo aqui. Não quero saber do mundo dos espíritos. Isso é balela, historinha para assustar criança na hora de dormir. Por que vou me interessar por um mundo em cuja existência não acredito?
— Engano seu. Este mundo aqui é apenas de passagem. O mundo dos espíritos é nosso verdadeiro lar.
Heitor fez um gesto brusco com as mãos.
— Bobagens e mais bobagens.
Heloísa chegou com uma foto na mão.
— Olhem, é a que está do meu lado esquerdo — apontou.
Rubinho olhou com interesse.

— Esteticamente não tem atrativos. Desengonçada, né?
Passou a foto para Heitor. Ele deu de ombros.
— Faz o estilo general, não disse?
— Quero ver o que vai me dizer quando encontrá-la no escritório — tornou Heloísa.
— Ela virou Cinderela?
— Está muito diferente, Heitor. Não usa mais óculos, os cabelos estão com corte moderno. Parece outra pessoa.
— Não está sendo amável só porque vão trabalhar juntas?
— Não, de jeito algum. Vocês vão ver. Ela é linda mesmo. Esperem.
— Amanhã cedo vou levar os relatórios com Percival, só para chegar mais perto — declarou Rubinho.
— Pode tirar o cavalinho da chuva, querido. Amanhã a reunião será no escritório da casa dela.
— Não falei que ela deve ser cheia de não me toques?
— Nada disso, Heitor. Aguarde e, depois que a conhecer, vai me dizer o contrário.
— Como tem certeza disso?
— Intuição.
— Heloísa é meio bruxinha — declarou Rubinho.
Os três caíram na risada. Heloísa continuou:
— Como vai Mirna?
Heitor engoliu a risada em seco. Lançou um olhar reprovador ao amigo. Rubens se defendeu:
— Entre nós não há segredos. Só comentei com Heloísa que vocês trocaram umas palavras no escritório outro dia, nem contei ainda que saíram para jantar!
Heitor beliscou o amigo.
— E tinha de falar? Isso é assunto de homem, ora.
Heloísa sentou-se próximo de Heitor.
— As aparências enganam. Veja, não é que eu não goste de Mirna, afinal nem a conheço. Até que a acho bonitinha e ela transmite confiança. Embora você não acredite, essa moça está perturbada.
— Ora essa! Como sabe disso? Você mal a conhece, Heloísa. Não estará julgando a pobre garota?

— Às vezes, no escritório, sinto que ela está rodeada de sombras escuras, energias densas.

Heitor levantou-se de um salto.

— Essa é boa! Como pode saber? A única energia que nos rodeia é a elétrica.

— Não acredita que somos influenciados pelas energias, emitidas tanto por nós quanto pelos que já se foram?

— Não.

— Gostaria de ir conosco até a casa de tio Gustavo? Hoje vai haver reunião.

— Obrigado, Heloísa, mas tenho mais o que fazer. Achei você uma moça legal, combina com Rubinho. Mas não acredito em nada que esteja ligado à espiritualidade.

— Você é quem sabe. Vamos almoçar? — perguntou Rubinho, encerrando o assunto.

— Boa ideia! — respondeu Heloísa.

Heitor foi se despedindo enquanto falava.

— Aproveitem o dia. Quero ficar só. Vou dar uma volta e depois descansar. Sairemos juntos outro dia.

Despediu-se e saiu. Heloísa fechou a porta e sentou-se ao lado de Rubinho.

— Gosto de Heitor, mas ele é muito revoltado. Possui uma energia autodestrutiva que me deixou até zonza.

— Eu também às vezes fico assim. Mas parece que me acostumei com a presença dele. Heitor é um cabeça-dura, mas é boa gente. No fundo, tem um bom coração.

— Acha que está apaixonado por Mirna?

— No começo achei que era pura competição.

— Como assim? O que sabe e não me falou? — perguntou ela, maliciosa.

— Percival sempre demonstrou simpatia por ela. Isso não é novidade no escritório.

— Pois para mim é. Percival nunca teve ninguém. Nas festas de confraternização, está sempre sozinho.

— Ele se interessou por ela. Mas sabe como é: ele tem um cargo de confiança, responsabilidade. É muito correto, um homem que não mistura as coisas. Heitor percebeu isso e no começo acho que até deu em cima de Mirna para provocar Percival.

— Acha que ele a está usando, brincando com os sentimentos dela?

— No começo, achei, mas Heitor é carente, não se relaciona bem com as pessoas. Acredito que esteja gostando de Mirna.

— Bem, cada um sabe o que é melhor para si. Vou esperar e ver como as coisas ficarão no escritório com a presença de Maria Helena. Quando tudo voltar à normalidade, procurarei me aproximar de Mirna.

— Boa ideia. Ninguém conversa com ela no escritório.

— Isso é a energia dela. Mesmo aqueles que não estudam o mundo energético a repelem por instinto.

Rubinho estava apreensivo. Heloísa perguntou:

— Que cara é essa? Estava bem até há pouco. O que foi?

— Estou preocupado. Você disse que queria conversar logo mais à noite. Não gostaria de antecipar o assunto?

Heloísa caiu na risada.

— Ué, não confia na vida?

— Confio, mas às vezes me sinto vulnerável. O que posso fazer?

— Mas está com medo do que tenho para lhe falar.

— Às vezes eu me assusto com você. Eu a amo, sabe disso.

— Ah, ama?

— Sim. Você sabe muito bem, Heloísa, que estou apaixonado.

— É sobre este assunto que quero falar.

Rubinho levantou-se preocupado. Foi até a janela. Aspirou o ar e fitou o mar. De costas para Heloísa, disse:

— Pode falar.

— Acho bom você estar apaixonado, porque eu também estou. No começo pensei tratar-se de envolvimento passageiro, mas logo depois percebi que havia muita coisa para trocarmos. Somos almas afins. Percebi, com o tempo, que você é companheiro, amigo, bom amante, é perfeito em tudo para mim. Feito na medida certa — finalizou, rindo.

Rubinho continuava de costas debruçado na janela. Ela continuou:

— Tive outros envolvimentos, mas é a primeira vez que amo alguém de verdade. Gostaria de saber se você quer morar aqui comigo.

Rubinho segurou a respiração por instantes. Mal podia acreditar no que ouvia. Virou-se lentamente para Heloísa.

— Você está propondo morarmos juntos?

— Sim. Este apartamento é grande o suficiente para começarmos uma vida a dois.

— Mas assim, de uma hora para outra? Quer que eu me mude quando?

— Quanto antes. Não quero ficar um minuto longe de você.

Rubinho estava boquiaberto.

— Então era essa a conversa?

— Por quê?

— Fiquei preocupado. Até comentei com Heitor. Eu também nunca me apaixonei por ninguém antes. No início também senti algo estranho, diferente. Acho que me apaixonei no primeiro instante. Tinha medo de dizer-lhe isso, logo de cara.

Heloísa levantou-se do sofá, abraçou Rubinho e pousou delicado beijo em seu lábio.

— E por que o medo?

— Não sei. Hoje em dia ninguém quer saber de nada sério. Estamos vivendo numa época em que se apaixonar e casar está fora de moda.

— Então sou a mulher mais fora de moda do mundo.

Beijaram-se com ardor.

— Oh, Heloísa, eu a amo tanto! Quer ser minha companheira?

— Já sou, não precisa pedir.

— Mas eu a quero de papel passado e tudo.

— Esses são detalhes. Veremos depois. Primeiro quero que se mude. Há algum problema em deixar o apartamento que divide com Heitor?

— Nenhum. Tempos atrás teríamos problemas. Mas nós dois estamos ganhando bem. Ele tem como arcar com as despesas sozinho. Por ser um pouco mesquinho, pode se chatear.

— Acha possível?

— Qualquer coisa que ele coloque no apartamento, já vai mostrando a nota fiscal ou o recibo. Sei que temos responsabilidades quando moramos juntos, mas há coisas que fazemos de coração.

— Isso é verdade, meu amor. Quando damos algo de coração, recebemos dez vezes mais. Heitor logo vai ter alguém com quem dividir as despesas.

— Por que diz isso?

— Aguarde.

Uma cena abriu-se na mente de Heloísa. Ela desenvolvera bastante a vidência com Gustavo. Era inevitável, e ela sabia que aquilo ia acontecer, mas nada podia fazer. Já havia visto aquela cena outra vez no escritório. Procurou contemporizar:

— Heitor tem muito a fazer. Não se importará com sua partida.

— Somos amigos, dividimos há alguns anos o mesmo teto. Ele vai entender a situação, ainda mais agora que está caidinho por Mirna.

— Então vamos nos preocupar conosco, por ora. Dou-lhe o prazo de um mês para se mudar. O que acha?

— Tanto tempo assim? Ah, não! Quero vir para cá o mais rápido possível.

— Assim espero.

Beijaram-se novamente.

Foi com satisfação que o casal chegou à casa de Gustavo, logo mais à noite. Ele estava na porta recepcionando os convidados.

— Fico feliz que tenham vindo. E percebo que vocês realmente se amam — disse ele após beijar Heloísa e abraçar Rubinho.

Ambos o olharam espantados.

— Como sabe? — perguntou ela, visivelmente surpresa.

— Não esqueça de que tenho facilidade em captar os pensamentos. E as auras de vocês estão muito iluminadas. Parecem uma só, tamanha a harmonia. Por favor, entrem.

Ambos entraram e acomodaram-se no confortável salão. Chegaram alguns minutos antes do início da reunião e ficaram em silêncio aguardando os outros.

Gustavo era um quarentão muito bem conservado. Possuía corpo esbelto, rosto expressivo. Seus olhos amendoados harmonizavam-se com os cabelos negros naturalmente ondulados. Possuía gestos elegantes. Após todos acomodarem-se em confortáveis poltronas, foi proferida ligeira prece e deram-se por abertos os trabalhos da noite.

O tio de Heloísa morava num belo casarão na Gávea. Quando perguntavam sua religião, dizia ser um espiritualista independente. Aos poucos, foi criando um círculo de amigos que queriam estudar as leis da vida, a espiritualidade, o mundo das energias.

Havia criado um grupo sólido e assíduo. Encontravam-se todas as terças-feiras, pontualmente às oito da noite, e uma vez por mês reuniam-se aos domingos para trabalhos extras, nos quais, às vezes, havia manifestações dos espíritos. Heloísa passou a fazer parte do grupo quando se mudara para a casa do tio, mas os compromissos no escritório a impediam de frequentar assiduamente as sessões.

Era a primeira vez que Rubinho participava da reunião. Ao chegar à cidade foi peregrinando de centro em centro, mas não encontrou nada que pudesse preenchê-lo. E agora estava emocionado. Parecia que finalmente havia encontrado o que tanto procurava. Na verdade, Rubinho tinha a nítida sensação de já conhecer aquele grupo de pessoas.

Ao redor da mesa, Gustavo e mais três jovens deram-se as mãos. Concentraram-se e a cabeça de um deles tombou na mesa. Gustavo e mais um moço ficaram de olhos semiabertos, em vibração, enquanto uma outra moça falava, com modulação de voz alterada:

— Foi muito proveitoso nosso trabalho de hoje. Gostaria que Heloísa frequentasse com assiduidade os trabalhos do grupo e que o jovem que a acompanha também pudesse vir. Ele possui sensibilidade e está querendo aprender. Além do mais, ele faz parte de nossa equipe espiritual. Precisamos de bons médiuns para o crescimento do grupo — fez pequena pausa e continuou: — Vamos fazer uma vibração para um amigo que muito precisará de nosso auxílio.

Após pigarrear por um instante, a jovem, incorporada, chamou:

— Rubinho, venha cá e sente-se à mesa.

O rapaz sentiu um arrepio percorrer-lhe a espinha. Levantou-se e sentou-se à mesa. Outro jovem veio por trás e manteve as mãos sobre sua cabeça. A médium que estava falando continuou:

— Concentre-se em seu amigo Heitor.

Rubinho empalideceu. Por que iriam falar de Heitor? O espírito continuou:

— Nada de perguntas. Concentre-se nele. Imagine que ele está sentado aí à sua frente, feliz e sorridente. Consegue fazer isso?

— Sim.

— Então feche os olhos. Os outros presentes visualizem uma luz violeta. Imaginem que raios de cor violeta saem de suas cabeças e chegam até o peito de Rubinho.

Os demais, sentados, ajeitaram-se nas poltronas e fizeram o que fora pedido. Em instantes, Rubinho estava envolto numa forte corrente iluminada. A médium continuou:

— Vamos pedir aos nossos amigos do astral que possam dar a assistência de que Heitor tanto precisa. Vamos rogar para que ele desperte para sua mudança interior. Vamos rogar para que ele possa acreditar mais em si.

Após alguns minutos, a médium agradeceu e novamente sua cabeça quedou. Gustavo e os demais fizeram pequena prece e encerraram os trabalhos. Acenderam as luzes e distribuíram um copinho com água fluidificada pelos espíritos.

Rubinho abriu os olhos. Sentia ainda um leve torpor. Gustavo aproximou-se:

— Sente-se bem?

— Sim. Um pouco tonto, mas estou bem.

— A vibração foi muito forte. Seu amigo sofre de forte perturbação espiritual e precisa de auxílio.

— Confesso que já percebi umas ondas estranhas em volta dele. Mas não pensei que fossem tão graves.

— Não se trata disso. Heitor precisa de auxílio para despertar para as verdades da vida. Na hora certa, terá de aceitar a espiritualidade. Não podemos forçá-lo a aceitar nada, mas podemos vibrar. E isso não deixaremos de fazer.

— Fiquei abismado. É a primeira vez que venho à reunião e ninguém teve tempo de me conhecer. Não fui apresentado aos demais.

— E qual é o espanto? — perguntou Gustavo, com leve sorriso nos lábios.

— O espírito falou em Heitor e me chamou pelo nome. Isso é fantástico!

— É uma prova de que não estamos perdendo tempo. A espiritualidade não faz isso toda hora. Os espíritos têm muito respeito por nós. Disseram o nome de Heitor para que você se certificasse da verdade e também para fortificar sua crença na espiritualidade. Parece que contarão muito com você, Rubinho. E precisamos estar em equilíbrio para trabalhar com os amigos espirituais. De nada adianta estarmos em desarmonia. Isso só atrapalha nossa relação com o mundo astral.

— Será que Heitor corre perigo?

— Ele atrai o que precisa. Tudo é regido por afinidades, e ele atrai para si pessoas e situações iguais a ele. Mas vamos aguardar e serenar. Acho bom você sair daquele apartamento e viver ao lado de Heloísa. Ao lado dela, vai crescer e será muito feliz.

Rubinho ficou estupefato. Passaram o dia todo juntos e não houve tempo hábil para que Heloísa tivesse contado ao tio a decisão que tomaram. Rubinho percebeu como é fácil captar os pensamentos das pessoas. Ficou admirado.

Heloísa abraçou-o e beijou-o.

— Parece que titio sabia de nosso segredo de estado.

— É, nada dá para esconder dele.

— Há um outro pedido a ser feito — solicitou Gustavo.

— O que é, tio? — perguntou Heloísa.

— Aquela moça que trabalha no escritório e está perturbada, sabe?

— Mirna? Como sabe?

— Heloísa...

— Estou acostumada com o senhor, mas às vezes fico espantada. Penso em me aproximar e ajudar.

— Aguarde o momento certo. Logo poderemos ajudá-la. Primeiro, devemos vibrar positivamente para Heitor. Agora vamos, o lanche já está servido.

Rubinho cutucou Heloísa. Estava impressionado. Quisera ele ter a mesma capacidade de Gustavo, pensou.

— É uma questão de treino, vinte e quatro horas por dia — respondeu Gustavo.

Rubinho riu-se.

— Gustavo, terei muito a aprender. Gostei muito de você e de sua casa, dos outros médiuns.

— Também gostei de você.

Chegaram à copa e sentaram-se com o restante do grupo, mantendo agradável conversa. Naquela mesma hora, Heitor já estava dormindo. Seu espírito recebeu as vibrações emanadas pelo grupo e teve uma tranquila noite de sono, como havia tempos não tinha.

Capítulo 6

A segunda-feira amanheceu nublada e com pequena ventania, como típica manhã de outono. Heloísa chegou às sete e meia à casa do doutor Brandão. Foi recepcionada por Lisete, uma simpática empregada.

— A senhorita pode ir direto ao gabinete. A senhorita Maria Helena já está à sua espera.

Heloísa deixou que Lisete apanhasse seu casaco e com a pasta sob os braços bateu na porta.

— Entre.
— Bom dia, Maria Helena.
— Bom dia, Heloísa. Você já ganhou pontos comigo.
— Eu?! Por quê?
— Chegou na hora aprazada. Os brasileiros possuem o detestável hábito de chegar atrasados, como se isso tivesse algum glamour.

— Comigo é assim mesmo. Procuro chegar na hora certa, a não ser que aconteça algum imprevisto. Mas o trânsito de Copacabana até aqui fluiu agradável.

— Que bom! Aceita um café?

— Adoraria.

— Pegue ali naquela mesinha. Lisete acabou de trazer.

— Obrigada. Muito simpática ela.

— Está conosco há muitos anos. Acho que desde que Mário nasceu. É uma boa pessoa.

— Ela nos transmite isso.

— Indo direto ao assunto — cortou Maria Helena —, papai me disse que você trabalha com ele há três anos.

— Sim. Comecei como recepcionista e depois substituí dona Consuelo. Ela se aposentou.

— Ah, Consuelo... Parece que trabalhou com papai por cem anos.

Ambas riram. Maria Helena continuou:

— Desde pequena eu via Consuelo sempre zelando pelos horários, por tudo. Até os presentes de mamãe ela é quem comprava.

— Também faço isso para seu pai. O doutor Eugênio parece ser bom nos negócios, mas é péssimo para presentes.

— É verdade. Outra coisa: você é casada?

— Não.

— Namora firme?

Heloísa achou estranha a pergunta. E agora? Falaria a verdade? Seria prudente dizer que namorava um funcionário da mesma empresa? Isso às vezes não era bem-visto pelos patrões. Procurou ser sincera. Era melhor ser verdadeira do que se atolar num mar de mentiras.

— Olhe, Maria Helena, eu namoro, sim. E é um rapaz do escritório.

— E por que respondeu tão nervosa?

— É que as pessoas têm uma noção errada sobre relacionamentos que surgem no trabalho. Mas sou uma mulher lúcida e sei separar bem as coisas.

— Então não há com o que me preocupar. Mas fiz a pergunta porque quero saber se pode viajar. Não estou bisbilhotando à toa.

Heloísa riu descontraída.

— Desculpe, fiquei um pouco nervosa. Não há problemas, posso viajar.

— Não teria problemas com o namorado? — perguntou Maria Helena, em tom de brincadeira.

— Não. Somos maduros e nos entendemos muito bem. Se eu precisar me afastar, não haverá inconvenientes. Mas espere um pouco... Eu não posso viajar!

— Por que não?

— Seu pai precisa de mim no escritório.

— Fique tranquila. Já conversei com papai ontem à noite. Está tudo resolvido.

— E o que foi resolvido?

— Você passará a ser minha secretária a partir de hoje.

Heloísa encarou-a com espanto.

— Mas nós mal nos conhecemos.

— Já havia simpatizado com você pelo telefone, nas vezes em que ligava para o escritório e pedia alguma informação. Ontem, ao vê-la, tive certeza de que nos daríamos muito bem. São coisas que não sei explicar.

— Maria Helena, sinto-me comovida. Também gostei muito de você. Simpatizei-me com você logo que a vi. Fico muito feliz com sua decisão.

— Então está tudo certo — Maria Helena levantou-se, deu uma pequena volta ao redor da escrivaninha e, pousando os olhos nos de Heloísa, foi direta: — Pois bem, prepare-se para viajarmos amanhã.

— Amanhã?

— Sim. Algum inconveniente?

— De maneira alguma. É que está sendo tudo tão rápido!

— Foi por esta razão que perguntei se o namoro interfere no trabalho. Preciso de gente que esteja disponível para viagens, a qualquer momento. Sem problemas?

— Por mim, tudo bem.

— Providencie duas passagens para Belo Horizonte e um quarto duplo de hotel. Importa-se de ficarmos hospedadas no mesmo quarto?

— De modo algum. Será um prazer.

— Certo. Temos de ir à fábrica. Quero mudanças — fez sinal apontando para a cabeça — e preciso colocá-las em prática.

— Mas muitos diretores já chegaram ao Rio.

— De qualquer maneira, eles vão participar de um seminário organizado por um grupo de executivos vindos de São Paulo. Não vão perder a viagem. Só lamentarão não me ver — disse rindo. — Preciso primeiro mexer nos meios de produção, colocar a mão na massa, como se diz. Depois, voltamos ao Rio e me estabeleço em definitivo no escritório. Vai ficar mais fácil comandar a empresa.

— Posso providenciar as passagens para hoje mesmo, se quiser.

— Gostaria de partir hoje, mas tenho de resolver assuntos particulares. Providencie tudo para amanhã cedo. Quero que agora vá até o escritório, limpe suas gavetas, deixe sua mesa limpa. Acho que vamos ter outra secretária logo.

— Já contrataram?

— Ainda não. Mas, como papai não perde tempo, você ainda terá algum trabalho para fazer para ele.

— E o que seria?

— Papai conversou com o pessoal do departamento de Recursos Humanos aqui e parece que não há funcionária que preencha os requisitos para o cargo de secretária. Sabe que temos como política o aproveitamento de funcionários da própria empresa.

— Isso eu sei. Foi assim que passei do cargo de recepcionista para o de secretária da presidência — tornou Heloísa, agradecida.

— Só quando não há gente qualificada é que contratamos empresas especializadas. Mas ocorreu-me a ideia de aproveitar alguma funcionária da fábrica.

— Da fábrica? Por quê?

— Não sei, Heloísa. Talvez, se eu desse chance para uma garota que esteja na Paladar há algum tempo, que conheça as rotinas de produção...

— Alguém que conheça todos os procedimentos? Isso é bom, facilita bastante. Sei que há gerentes e assistentes na fábrica, pois converso muito com eles. Mas há alguma mulher em vista? Não conheço nenhuma em cargo de chefia lá.

— Conhece Mariano?

— O gerente de Recursos Humanos em Belo Horizonte? E como! Converso muito com ele. É uma simpatia, um rapaz agradável.

— Papai também gosta muito dele. Trocaram informações, e parece que ele tem uma secretária muito dedicada por lá. Gostei da ideia de aproveitar uma funcionária nossa, dando-lhe oportunidade de crescimento profissional. Se Mariano indicou, é porque já temos meio caminho andado. Mas quero que você a entreviste.

— Eu?! — perguntou Heloísa, surpresa.

— Claro. O cargo que ela vai ocupar será o seu. Nada melhor do que você para avaliar se ela tem competência ou não — Maria Helena voltou a sentar-se na mesa. — E mais uma coisa: não exija muito da moça.

— O que quer dizer com isso?

— Essa moça de quem Mariano falou trabalha há alguns anos na fábrica. Sabe como é: garota de interior, mas muito esforçada. É só o que sei. Depois, você vai conversar com Mariano, tirar outras informações. Ele geralmente indica a pessoa certa. Nunca o vi falhar. Ele tem faro para indicar as pessoas certas para os cargos certos.

— Temos um funcionário, Heitor, que veio transferido da matriz. Foi por intermédio de Mariano.

— Está vendo? Quem sabe vamos resolver tudo rapidamente, não é mesmo? Porque, se essa moça levar jeito e se encaixar no cargo, vamos trazê-la para o Rio. E isso será responsabilidade sua. Por favor, marque nossa volta... — Maria

Helena ficou pensativa. — Não, acho melhor deixar em aberto. Ficaremos o tempo que for preciso. Tudo vai depender de meu entrosamento com o pessoal da produção. Agora tenho de resolver alguns assuntos particulares. Pode ir.

Heloísa levantou-se rapidamente. Estendeu o braço para Maria Helena.

— Até logo. Vou providenciar tudo. Ligo mais tarde para passar a hora do voo.

— Papai vai se ausentar por uns dias também. Não se preocupe, ele não vai necessitar de seus trabalhos por ora.

Despediram-se, e foi com imensa alegria que Heloísa saiu da casa da família Brandão. Sentia-se diferente, valorizada, e estava pronta para encarar os desafios que viriam pela frente.

Pegou o carro, correu até o escritório e fez as reservas do voo. Rubinho estava sentado na mesa de Percival e notou a diferença na rotina de trabalho da namorada. Cautelosamente, dirigiu-se até ela.

— Está tudo bem?

— Sim, querido.

— E a todo-poderosa? Não vem? Estamos todos ansiosos para conhecê-la.

— Vai ter de segurar a ansiedade mais um tempo. Ela não vem.

— Não vem?!

— Não. Venha comigo até a copa, preciso lhe confidenciar algo.

Heloísa saiu rápido e Rubinho foi logo atrás.

— O que foi, querida?

— Viajarei amanhã com Maria Helena para Belo Horizonte.

— Amanhã? Tão de repente?

— Sou a nova secretária dela.

— Saiu das garras do doutor Eugênio?

— Não fale assim. Ele é um excelente patrão.

Rubinho riu.

— Sei, mas prefiro que trabalhe com Maria Helena. Corro menos riscos.

Heloísa fez uma careta.

— Falei hoje cedo com Dulce e com o zelador. Você já pode começar a providenciar sua mudança. Quando voltar, quero encontrá-lo instalado em casa.

— Vai demorar tanto assim? — perguntou Rubinho, voz desapontada.

— Não fique chateado, amorzinho. De uma semana a quinze dias, não sei ao certo. Tudo vai depender das mudanças que Maria Helena quiser fazer na linha de produção.

— Humm...

— Sem beicinhos. Agora voltemos ao trabalho. À noite conversaremos.

Ela beijou-lhe levemente os lábios e voltou para seus afazeres.

Rubinho retornou à sua sala, sentando-se ao lado de Heitor.

— Vai ter de controlar sua ansiedade. A chefona não vem.

Heitor fez ar de mofa.

— Eu não estava nem aí para ela. Acho até bom não encontrá-la. Estou cansado dessas dondocas que botam banca.

— Nunca vi tanta antipatia gratuita.

— E quando teremos o desprazer de conhecê-la?

— Não sei ao certo. Heloísa viaja com ela amanhã e retornam dentro de uma ou duas semanas.

— E você vai deixá-la viajar?

— Que quer dizer com isso?

— Vai deixar Heloísa solta por aí, numa cidade como Belo Horizonte?

— Não acredito que você esteja falando isso para mim, Heitor. Que machismo descabido é esse?

— Sei lá. Eu não deixaria minha namorada por aí, dando sopa. Sou um cara de respeito.

— E eu não sou?! O que está querendo dizer com isso?

Heitor baixou os olhos, envergonhado.

— Desculpe, não quis ofendê-lo. Mas num namoro sério a gente tem de ficar de olho bem aberto. Não pode deixar solto.

— Olha quem fala! Pelo que sei, você largou a pobre...

— Clarice.

NUNCA ESTAMOS SÓS 95

— Isso mesmo, até esqueci o nome. Você deixou a moça e foi para Belo Horizonte.

— É diferente. Ela mais parecia uma irmã. Não foi namoro sério.

— Tem certeza?

— Sim. Prefiro mulheres como Mirna.

— Ah, lá vem você de novo com essa história.

— E qual é o problema? Agora que o senhor resolveu mudar e me largar, estou pensando...

Rubinho cortou Heitor na mesma hora:

— Não vai me dizer que vai colocar Mirna para morar em nosso apartamento.

— Nosso, não. Agora é o meu apartamento. Posso arcar com as despesas sozinho, mas, se puder ter alguém que ajude a dividir...

— Não precisa dessa desculpa. Você ganha bem. Leva aquele apartamento nas costas.

— Preciso fazer poupança. Não sei o dia de amanhã. Sou precavido.

Rubinho suspirou. Heitor continuou:

— Você não vai tirar tudo até o fim da semana? Então, faço do apartamento o que bem entender. Você não veio me consultar se podia namorar ou mesmo morar com Heloísa. Por que eu deveria fazer o mesmo com Mirna?

— Não se trata disso, homem. Mas não queira comparar Heloísa com Mirna. Você mal conhece a moça. Heloísa trabalha aqui na empresa há alguns anos, e Mirna mal entrou. Namore um pouco mais, conheça-a melhor. Depois, se tudo estiver correndo bem, leve-a para o apartamento. Mas não tome atitudes precipitadas.

— Vocês implicaram com a pobre moça.

— Não é implicância, mas precaução. Eu não namoro Heloísa há um mês. Faz algum tempo.

Heitor levantou-se de um salto. Parecia ser outra pessoa.

— Eu sei o que é melhor para mim. Não se meta na minha vida.

Saiu e deixou Rubinho estupefato, olhando para o amigo com pesar. Naquele momento, Rubinho sentiu um pequeno aperto no peito. Lembrou-se da reunião na noite anterior. Exalou profundo suspiro e por fim disse:
— Que Deus o proteja!

Maria Helena sentia-se feliz. Estava com saudade de casa, mais precisamente do pai. Nunca tivera uma relação harmônica com a mãe. Adorava o irmão Mário. Ao pensar nele, sentiu saudade.
— Ah, meu irmão, estou com tanta saudade! Volte logo.
— Falando sozinha?
— Ah, mãe. Estava pensando em Mário.
Uma lágrima escorreu pelo rosto de Leocádia.
— Mário nunca para em casa. Sinto muita falta dele. Ele precisa parar com essas viagens e ficar mais tempo comi... quer dizer, conosco.
— Ele faz o que gosta, mãe. É feliz assim.
— Mas não precisava viajar tanto.
— Dê graças a Deus que ele ainda mora aqui. Logo estará se casando e tendo sua própria vida.
— Isso não!
Leocádia falou num tom tão contundente que Maria Helena se assustou.
— Como não, mãe? Ele é homem feito, tem quase trinta anos. Fico admirada de não estar casado.
— Posso admitir tudo, menos perder Mário. Ele é meu tesouro.
— Ah, que horror! Ainda pensa nele como se tivesse dez anos de idade. Por que não se dedica ao casamento? Papai precisa mais de você do que Mário.
Leocádia fechou o cenho.

— Eu e você sempre tivemos nossas diferenças, mas não admito que fale assim comigo. Entre mim e seu pai a coisa é diferente.
— Por que é diferente? Mãe, diga-me uma coisa...
— O quê?
— Você ama o papai?
Leocádia estremeceu.
— Eu... eu...
Maria Helena dirigiu-se até a mãe. Abraçou-a como havia muito tempo não fazia.
— Quando me tornei adulta, percebi quanto você e papai são distantes. Acho que nunca se amaram. Ou houve algum momento no passado em que isso ocorreu?
— Eu me apaixonei por Eugênio, fiquei sem chão. Era tão nova, ingênua, boba mesmo. Seu pai era tão lindo! As meninas suspiravam por ele, e acho que cismei que iria ser mais que elas, sei lá. Fiz tudo que foi possível para ficar ao lado dele e...
— E?
Leocádia deixou as lágrimas banharem-lhe o rosto.
— Você é mulher, entende dessas coisas. Até engravidei para forçar o casamento — Leocádia fez pequena pausa e continuou: — Nunca conversei sobre este assunto por vergonha. Mas, logo depois que Mário nasceu, foi como se eu fosse atirada à realidade. Olhava seu pai e via-o como um estranho. Foi uma sensação pavorosa. Estava casada, com um filho. Como iria me separar? Mulher desquitada era malvista.
— Mas o tempo passou e temos o divórcio. A sociedade mudou.
— Só se for para sua geração. As pessoas de minha idade ainda são preconceituosas. Tenho medo.
— E vai continuar se martirizando? Não acha que pode ser feliz?
— Passei da idade.
— Que preconceito bobo, mamãe!
— Sei que seu pai também não me ama. Acho que, se ele não tomar uma decisão, ficaremos assim até que um dos dois morra.

— Vire essa boca para lá! Você terá muito tempo de vida. Gosta tanto de crianças! Imagine esta casa cheia delas.

— Ah, esta casa! Como eu adoro o meu lar. Só saio daqui morta. Mas você não leva jeito para ser mãe.

— Em compensação, Mário leva jeito para ser pai.

Um brilho passou pelos olhos de Leocádia.

— Isso é o que me preocupa. Sabe que nora sempre é problema. Tenho tanto medo de que ele sofra.

— Mário sabe escolher. Pode ter certeza de que, se um dia ele trouxer uma moça para apresentar à senhora, é porque o negócio é sério.

— Temo por esse dia. Afinal, ele vai se casar e partir.

— Quem garante? Mário também é fascinado pela senhora e por este casarão. Ele gosta das Laranjeiras. Nunca pensou na possibilidade de morar com ele e com sua futura nora?

— Quantas vezes! Mas isso nunca dá certo. Veja Isaurinha.

Maria Helena desgrudou-se da mãe.

— Isaurinha não conta. Ela é neurótica ao extremo, manipula os filhos. A senhora pensa que a nora não percebe os jogos que Isaurinha faz para atirá-la contra o filho? A competição que existe naquela casa é acirrada. E Isaurinha é osso duro de roer. Não sei aonde ela vai parar, não tem respeito por nada e ninguém.

— Eu a conheço há muitos anos. Ela é dama respeitada em nossa sociedade.

— Mas não presta. E ainda por cima se mete em terreiros. Ela se associa a gente sem escrúpulos, não hesita em pagar por trabalhos espirituais que prejudiquem os outros. A senhora não tem frequentado esses lugares, tem?

Leocádia bateu três vezes sobre a mesa.

— Ela sempre convida, mas eu me borro de medo. Não gosto dessas coisas.

— Então fique na sua. Não se meta com o que não conhece. Isaurinha é uma desvairada.

— Está certo.

— Sente-se mais calma?

— Acho que sim.
— Por que não vai a um salão, tinge os cabelos, troca de guarda-roupa?
— Eu?!
Maria Helena passou a mão delicadamente sobre os cabelos grisalhos de Leocádia.
— Ainda está bonita, só precisa de um pouco mais de cuidados. Quando eu voltar de Belo Horizonte, iremos juntas ao salão. Quer?
Leocádia agradeceu à filha, emocionada.
— Quero, sim.
Maria Helena despediu-se da mãe.
Leocádia estava pasma. Nunca se entendera com Maria Helena e agora até havia contado seus segredos mais íntimos. Olhou para o alto e agradeceu a Deus. Pelo menos agora tinha uma amiga de verdade. Isaurinha era chata e tentava manipulá-la. Mas ela tencionava dar um jeito naquela amizade em breve.

Já havia algum tempo que, depois do expediente, Heitor saía com Mirna para um passeio nos arredores do escritório. Nesta noite, porém, ele arriscou:
— Vamos até a praia?
— Não... não sei se devo — hesitou ela.
— Ora, por que não?
— Fica longe e estou cansada. Um outro dia, talvez.
— Mas você nunca está disponível nos fins de semana. Sempre há uma velhinha para cuidar.
— Elas tomam meu tempo. O que posso fazer?
— Mas você sempre sai assim, à noite, de madrugada?
— E existe horário pior do que esse para gente de idade avançada passar mal? Uma pessoa idosa sempre precisa de mais cuidados à noite — mentiu.

Heitor insistiu.

— Uma voltinha só, então. Sem praias. Vou levá-la para jantar.

— Não. Fica para outra hora.

Heitor insistiu.

— Vamos. Você sempre inventa uma desculpa. Hoje não escapa.

Sem saber o que fazer, Mirna assentiu. Tomaram o ônibus.

— Você já namorou alguma vez, Heitor?

— Nossa! Até que enfim você faz alguma pergunta. Pensei que não se interessasse pela minha vida.

— Não é isso. Faz pouco tempo que estamos saindo juntos.

— E daí? Trabalhamos na mesma empresa. Não acha isso bom?

— Sim, mas você é assistente, e eu sou uma simples datilógrafa.

— Com calma você pode conseguir subir lá dentro. Eu comecei como contínuo, na fábrica, em Belo Horizonte, e olhe onde estou hoje — disse orgulhoso.

— Você não respondeu à minha pergunta.

Heitor soltou uma gargalhada.

— Quer saber se tenho alguém?

— Sim.

— Eu tinha uma namoradinha no interior. Mas não tem nada a ver. Foi namoro de adolescência. Nunca me envolvi seriamente com outra garota aqui no Rio.

Mirna corou. Ele continuou:

— Você é a primeira mulher com quem saio mais de três vezes. Gosto de você.

— Não sei se deveríamos...

Heitor não a deixou terminar. Tomou-a nos braços e beijou-lhe os lábios, deixando Mirna atordoada.

— Não devia ter feito isso.

— Por que não? Estava morrendo de vontade. Faz tempo que queria fazer isso.

Ele se debruçou sobre ela e então Mirna deixou-se envolver. Correspondeu ao beijo.

— Quer me namorar? — disparou Heitor.
— Hã?!
— Isso mesmo. Quer me namorar?
— Não.
— Por que não?
— Agora não posso.
— Tem alguém?
— Claro que não.
— Então?
— Vamos com calma, Heitor.

Ela fechou o cenho e ficou fitando o movimento das ruas, olhando pela janela do ônibus. Heitor pensava:

Ela está no papo. Adoro garotas difíceis. Ela é toda recatada. Logo, logo, vai estar na minha.

Os pensamentos ferviam a cabeça de Mirna.

Preciso parar com a vida dupla. Também estou interessada em Heitor, mas preciso resolver meus problemas. Preciso arrumar um jeito de saldar minha dívida com Benê. Esta vida fácil parece cigarro: é ruim, mas vicia. Sempre fui uma mulher correta, e quero ter uma boa vida, um bom cargo, casar.

Heitor cutucou-a.

— Está pensando em quê?

Ela dissimulou:

— Em nada especial — procurou dar novo rumo à conversa. Não queria deixar transparecer suas preocupações. — E essa namorada do interior? Não sobrou nenhum vínculo?

Heitor deu de ombros.

— Nunca houve nada de importante entre mim e Clarice. Para dizer a verdade, nunca a amei. Foi namoro bobo. E, de mais a mais, ela mora no interior de Minas, trabalha como doméstica. Acha que eu combino com uma mulher assim?

Mirna não gostou do tom.

— Dá mais valor ao status do que ao sentimento?

— Digamos que dou valor ao conjunto. Mas, neste mundo cão em que vivemos, o status abre portas.

— O sentimento é algo que vem da alma. O status está ligado às aparências.
— E todos vivemos de aparências.
— Não concordo — disse Mirna.
Heitor irritou-se.
— E você tem de concordar? Sua opinião não conta.
Ela se aborreceu.
— Como pode falar assim comigo?
— Desculpe, mas não gosto de ser contrariado. Perco o controle, saio dos eixos.
— Cuidado, isso pode levá-lo ao esgotamento nervoso.
Heitor pousou suas mãos na dela.
— Você e sua beleza é que podem me levar a um esgotamento nervoso. Perdoe-me, Mirna, não quis ofendê-la.
Ela esboçou leve sorriso. Entregaram-se novamente ao beijo. Heitor puxou a cordinha do ônibus. Desceram.
— Aonde vamos? — perguntou Mirna.
— Para minha casa.
— E Rubinho?
— Esqueci de lhe contar. Ele praticamente se mudou para o apartamento de Heloísa. Acho que até a semana que vem ele terá saído em definitivo. Venha, não há o que temer.
Mirna teve uma sensação desagradável, mas não conseguiu identificar o que era. E, com medo e excitação ao mesmo tempo, deixou-se conduzir ao apartamento de Heitor.

Capítulo 7

Clarice sentiu-se aliviada com a partida de Heitor. Às vezes, a cena em que ele avançava sobre ela, ameaçando bater-lhe, provocava arrepios em seu corpo. Ela sempre desconfiara do temperamento alterado do rapaz, mas nunca pensou que ele pudesse chegar a um ponto daqueles.

Claudionor e Ivan não sabiam ler, tampouco escrever. Como Heitor partira e não mandara mais notícias, o pai preocupou-se e pediu encarecidamente que Clarice escrevesse ao filho. Ela não queria mais saber de nada relacionado a Heitor, queria enterrá-lo em sua vida, mas a humildade de Claudionor a comoveu.

Não custa nada fazer o bem. Escrevo, conto umas novidades e pronto. De nada vai adiantar eu ficar com esta mágoa dentro de mim. Tenho mais é que desejar tudo de bom na vida de Heitor. Não quero ficar presa a nada de ruim.

Foi assim que ela mandou uma, duas cartas, e nada de resposta. Quando Claudionor ficou seriamente enfermo, Ivan pediu que ela mandasse uma carta pedindo ajuda financeira a Heitor. Ivan estava com três crianças pequenas, sua mulher esperava pelo quarto filho, e o dinheiro andava curto. Clarice mais uma vez escreveu e não obteve resposta.

Numa tarde em que folgara no trabalho, ela foi até a casa da tia Carlota. Considerava aquela mulher como sua mãe, já que nunca conhecera a mãe biológica. E, desde que Carlota se mudara para perto dela, tornaram-se muito amigas. A morte de Herculano aproximou-as ainda mais.

Carlota cumprimentou-a com a amabilidade e doçura de sempre.

— Estava com saudade. Você pouco vem até aqui.

— Tenho trabalhado muito, tia. Não é fácil cuidar de um casarão daquele tamanho.

— Você não nasceu para isso, Clarice. Empregada doméstica? Isso é o fim.

— Eu sei, mas o que fazer? Tive de largar os estudos há muito tempo. Infelizmente, não tive a mesma sorte que Heitor. Imagino que ele esteja muito bem.

— Será que está vivo? Nunca respondeu a uma carta que fosse.

Clarice riu.

— Não seja dramática, tia. Heitor deve estar muito bem. Não se lembra de que Mariano o encontrou numa reunião ano passado?

— É mesmo. E o danado do Heitor fez cara de tonto e fingiu não conhecer Mariano, não é?

— Foi. Mariano não ligou. Fez o que achava melhor. Tem um bom coração.

— Mas Heitor não tem. Se não fosse Mariano, ele estaria até hoje na roça. É um mal-agradecido, isso sim.

— Heitor, pela vergonha que sente de suas origens, teme aqueles que sabem de seu passado. Não acredito que ele tenha ignorado Mariano à toa. Ele deve ter ficado com medo.

Carlota admirou-se.

— Clarice, você está mudada. Está com vocabulário mais refinado. O que tem feito?

A garota riu.

— O trabalho na casa de dona Eustáquia é pesado. Tenho de dar conta do casarão todo, mas gosto muito do ambiente de lá. Ela tem me ajudado muito, e sabe de uma coisa? — Clarice baixou o tom de voz. — Ela é espírita.

— Isso é muito bom. Eustáquia sempre foi mulher esclarecida e à frente de seu tempo. É inteligente e lúcida.

— Não liga para isso, tia?

— De jeito algum. Sempre tive simpatia pelo espiritismo, pelos temas que abordam outras dimensões de vida.

— Não pensei que a senhora gostasse desse tipo de assunto.

— Não é para admirar-se. Posso ser simples, mas sempre tive sede de conhecimento. Sempre questionei a vida, o porquê de determinadas situações. Bom saber que Eustáquia também deve pensar assim.

— Ela muito me ajudou desde que cheguei. No começo, eu estava meio tímida, mas a simpatia foi imediata. Foi como se eu a conhecesse de longa data, sabe? Não sei explicar, mas foi uma sensação muito agradável. Aos poucos fomos nos aproximando até que ela disse ser vidente e foi me dando uma explicação aqui, um livrinho ali. Toda segunda-feira, pontualmente às seis da tarde, nós nos reunimos para leituras edificantes. Confesso que tenho sentido uma paz enorme e que minha mente tem se alargado com os livros que ela tem me emprestado.

— Oh, Clarice, fico tão feliz! Embora eu não seja conhecedora profunda desse assunto, respeito muito os espíritas.

— Graças aos livros que dona Eustáquia me emprestou, pude realmente entender a vida após a morte. Tenho lido muito sobre reencarnação e então percebo quanto a vida é sábia e bela. Está tudo certo.

— Sabe que sonhei com seu pai ontem?

— Com papai? Faz tempo que não sonho com ele. Espero que esteja bem. Às vezes, quando penso nele, sinto uns calafrios.

Então parece que uma voz aqui dentro da cabeça diz: "Acenda uma vela para ele. Ele vai se acalmar".

— Cruz-credo! Será que seu pai virou uma alma penada?

Clarice riu sonoramente.

— Não sei, tia. Depende do estado emocional de como desencarnou. Ele foi um bom pai, deu o melhor de si para me criar. Sempre se preocupou com meu futuro, temia que eu ficasse desamparada.

— Herculano sempre teve essa preocupação. Você não imagina o desgosto que esse homem teve quando Mariano chamou só Heitor para trabalhar na Paladar.

— Nunca soube disso.

— Mas é a pura verdade. Seu pai tinha tanta esperança, achava que você levava jeito para trabalhar num escritório. Ele lamentou profundamente.

— Mas a vida sempre nos leva para o melhor. Se não fui contratada, era porque tinha de conhecer dona Eustáquia. E sabe que estou feliz, morando lá com ela?

— Esse emprego lhe caiu do céu.

— Ué... Primeiro você me diz que isso não é para mim, e agora abençoa?

— É que me sinto segura com você sob a proteção de Eustáquia. Ela é muito temida e respeitada na cidade. Ninguém bate de frente com ela, nem os filhos.

— Eu sei, tia. Ela tem um gênio forte, mas sempre me tratou com respeito e carinho. Eu apenas cuido da casa, mas na verdade me sinto parte da família. Por tudo isso, quando surgiu a possibilidade de trabalhar na casa dela, nem hesitei. Papai tinha morrido havia pouco tempo e a senhora não tinha obrigação de me acolher.

— Mas faria isso de coração. Gosto muito de você e seria um prazer tê-la comigo.

— Sim, mas a senhora é do tipo que gosta de ficar sozinha.

— Engano seu. Adoraria ter uma família.

— E por que não se casou? Duvido que não tenham aparecido pretendentes.

Carlota entristeceu-se. Lembrou-se de anos atrás, quando se apaixonara perdidamente, entregara-se a seu grande amor e perdera-o para outra. Até hoje não conseguia entender direito o que ocorrera, mas o destino quis assim. Era melhor ficar sozinha do que ter outra desilusão amorosa. Não queria mais sofrer.

Clarice remexeu-se na cadeira. Colocou os cotovelos na mesa enquanto Carlota coava o café.

— A senhora é tão bonita! Pelo menos tem a boca perfeita.

— Não ligue para isso. Ainda vamos conseguir-lhe uma prótese. Você também é bonita, Clarice. Um tratamento dentário adequado, corte de cabelo e roupas da moda vão torná-la uma mulher atraente.

— Não sonhe alto, tia.

— Por que não? Sonhar é de graça e não arranca pedaço.

Ambas riram. Continuaram a conversa até que Mariano chegou fazendo alarde.

— Madrinha, por que não me disse que Clarice vinha?

Foi falando e abraçando a moça. Clarice gostava muito dele.

— Mariano! Quanto tempo!

— Faz bastante tempo, mesmo. Tenho trabalhado tanto. E gostaria de pedir-lhe desculpas por não comparecer ao funeral de seu pai.

— Tudo bem. Foi tudo rápido e simples. Não era prudente você se deslocar de Belo Horizonte até aqui só para isso. Seu telegrama me deu muito mais forças do que os pêsames de muita gente. Valeu sua intenção.

— Gostava de seu Herculano. E você, conte-me o que anda fazendo.

— Ah, estou trabalhando de doméstica na casa de dona Eustáquia.

— A poderosa aqui da cidade? Que bom! Ela é firme, mas muito generosa.

— Estou muito feliz.

Carlota interveio:

— Ela está bem lá, mas não nasceu para isso.
— Tia, isso foi o melhor que pude ter. Na hora certa, aparecerá outra oportunidade. Vai saber o que o futuro me reserva! Quem sabe até sair daqui, não é?

Mariano admirou-se.

— Sair daqui? Tem essa vontade?

— E por que a admiração? Tenho vontade de crescer, progredir, melhorar de vida. Você não tem ideia de como foi triste não ter sido admitida na Paladar.

— Sempre achei que você poderia dar certo lá. Mas trocou o emprego para se dedicar a seu pai. E Heitor...

— O que tem Heitor?

Mariano coçou a cabeça. Carlota conhecia bem o afilhado.

— Que cara é essa?

— Faz tempo já, mas é o seguinte: na época em que mandei o formulário de emprego para você e Heitor, tinha certeza de que ambos seriam admitidos. Eu havia conversado com meu chefe e ele sempre gostou de mim. E na Paladar a indicação conta muito. Foi quando recebi o formulário de emprego de Heitor acompanhado de uma carta.

Carlota espantou-se.

— Não é possível! Eu enviei a você os dois formulários, o dele e o de Clarice. Não havia carta alguma.

— Olhe, madrinha, posso jurar que recebi só o formulário de Heitor. De Clarice não veio nada, e ele escreveu uma carta, dizendo que Clarice não se sentia preparada para esse tipo de vida. Acho que ainda tenho a carta em casa.

Clarice olhou para a tia com indignação.

— Eu me nego a acreditar que Heitor tenha aprontado alguma coisa.

Mariano estava sem nada entender.

— O que foi? Será que posso saber o que se passa?

— Eu não posso acreditar! — respondeu Clarice, indignada.
— Preenchi o formulário com carinho, caprichei na letra. Tia Carlota foi até o correio e despachou o envelope.

— Sinto muito, mas, se a madrinha despachou o envelope, aconteceu alguma coisa no trajeto. Pode ter sido extraviado.

— Não acho. Aí há o dedinho maldoso de Heitor — disse Carlota, nervosa.

— Calma, tia. De nada vai adiantar. Também estou chateada, mas o que fazer? Faz anos que tudo aconteceu, e não vou me rebaixar e ir atrás de Heitor para saber a verdade. Deixo isso nas mãos de Deus.

— Você não vai fazer nada? Nem tirar satisfações?

— Não. Acredito que toda intenção que temos sempre volta em dobro em nossa vida. Se Heitor teve a intenção de me prejudicar, é problema dele. Sabe, tia, o que é da gente ninguém tira. Pode demorar, mas ninguém tira.

Mariano vibrou.

— É isso mesmo, garota. Gostei de sua atitude. Puxa, Clarice, não sabia que era tão esclarecida.

— Mudei muito depois que fui morar na casa de dona Eustáquia.

Mariano ficou encarando Clarice de alto a baixo. Depois de pensar bastante, teve uma ideia.

— O que acha de trabalhar num escritório?

— Acho tão chique trabalhar em escritório — suspirou Clarice.

— E por que não tenta? — perguntou Mariano.

— Como assim? Eu mal terminei o primário — atual Ensino Fundamental I. — E olhe para minha aparência. Não é das melhores.

— Eu discordo — sentenciou Mariano. — Sua aparência não é das melhores, mas também não é das piores. A primeira providência é ajeitar essa boca. Precisa de um corte de cabelo, uma roupinha social e um creminho para hidratar a pele castigada pelo sol. Pronto: vai parecer moça de cidade grande.

Clarice levantou-se de um salto.

— Acha mesmo possível? Não está brincando comigo?

— De jeito algum.

Carlota sentiu gostosa sensação no peito.

— Mariano está sendo verdadeiro.

— Vamos, menina. Quem sabe sua chance não chegou agora? Estou precisando de gente na produção. Tudo acontece na hora certa — rebateu Mariano. — Você vai conseguir muita coisa ainda em sua vida.

Clarice mordeu os lábios.

— Estou bem em meu trabalho. Dona Eustáquia me ajudou muito. Ela vive só, e eu não poderia deixá-la de uma hora para outra. Seria uma injustiça.

Mariano atiçou-a com seu bom humor.

— Fui promovido e trabalho como auxiliar de Departamento Pessoal. Sei das vagas disponíveis e, como eu trabalho lá — fez pequeno gesto malicioso com os lábios —, posso dar uma mãozinha. Sinto que você tem competência.

— Sei que posso progredir, sempre sonhei com isso. Mas abandonar dona Eustáquia?

— Quanto você ganha?

— Um salário mínimo. Em compensação, tenho casa, comida, um belo quarto. E ela me assegurou que em breve vai pagar meu tratamento dentário.

— Muito pouco. Assim você não terá meios de progredir. Que tal algo perto de cinco salários mínimos?

Clarice colocou a mão no peito.

— O que disse?! Cinco salários? Tem certeza?

— Absoluta. A empresa paga muito bem aos funcionários. Nada fora da realidade, mas é um dos salários mais altos do mercado. É por isso que chove de gente na porta da fábrica pedindo emprego. E quem entra dificilmente sai. Trabalhar na Paladar é um sonho.

— Quisera eu ter essa oportunidade.

— Posso conseguir um teste, se você quiser.

— Não sei. Não considero o momento apropriado para deixar dona Eustáquia.

Mariano salientou:

— Converse com ela. Não tenha vergonha. Acho que você tem muitas qualidades a serem exploradas. Você é inteligente e, com um pouco mais de instrução, vai além das expectativas. Mas precisa tentar.

Carlota interveio:

— Nada é por acaso. Você mal tem tempo livre para vir até aqui. Mariano também não. Acho que chegou sua hora, minha sobrinha. E tenho certeza de que Eustáquia vai concordar e até ajudá-la.

— Acredita mesmo nisso, tia?

— Sim. Converse com ela, Clarice. Seja sincera, abra seu coração. Primeiro, veja se é isso mesmo o que quer. Caso positivo, vá atrás. Não deixe que a oportunidade escape de suas mãos desta vez.

Clarice saiu da casa da tia com o coração saltando pela boca. Sentia um misto de ansiedade, medo e alegria. Mas, segundo os livros que lera, aquele era o momento de pôr em prática tudo que aprendera e absorvera das leituras.

No caminho até a casa de Eustáquia, foi meditando sobre tudo que conversara com Mariano e com a tia. Antes de entrar, porém, fez sentida prece pedindo auxílio aos amigos espirituais.

Ao chegar em casa, tomou um banho e foi para o quarto. Estava se preparando para dormir quando Eustáquia a chamou.

— Alguma coisa, senhora?

— Não, Clarice. Queria saber se está tudo bem.

— Sim, está. Por que pergunta?

— Porque sei que algo não vai bem. O que a aflige, menina?

— Está tão na cara assim?

Eustáquia sorriu.

— Na cara, não. Mas a cor de sua aura me diz tudo. Não se esqueça de que sou vidente. Venha, coloque seu penhoar e vamos para a cozinha. Prepare aquele chá de camomila, sua especialidade. Vou subir e já volto.

Clarice arrumou-se e foi até a cozinha. Precisava falar com a patroa mais cedo ou mais tarde. Sabia que tudo tinha hora certa, mas qual seria essa hora? A dúvida consumia-lhe os neurônios. Fez o chá e, quando estava servindo a mesa, Eustáquia chegou, sobraçando alguns livros.

— Trouxe isto para você.

— Sente-se, dona Eustáquia. O chá está pronto. Vou servir.

O silêncio reinava na casa. Eustáquia morava sozinha, numa casa-grande de fazenda, confortável e muito bem mobiliada, como aquelas do século dezenove. Vinda de uma família de plantadores de cana-de-açúcar, tinha herdado muitas propriedades. Casara-se cedo e tivera cinco filhos. Todos já estavam crescidos e casados, espalhados mundo afora. Os filhos insistiam para que ela vendesse a fazenda e fosse viver com um deles, mas Eustáquia se sentia bem sozinha. Já tinha cumprido o papel de mãe: educara os filhos e preparara-os para o mundo. Ficara viúva e agora queria ter uma vida tranquila, sem crianças correndo pela casa. Gostava do silêncio. E simpatizara com Clarice desde o primeiro dia.

Quando sua antiga empregada faleceu, Eustáquia sabia que Clarice seria sua futura dama de companhia.

Aos poucos foi se apegando à menina e ensinando-lhe boas maneiras, corrigindo seu vocabulário, enfim, foi educando Clarice como uma fina moça de sociedade. Achava que ela precisava cuidar da aparência e levou-a até o consultório de um amigo dentista, nos arredores da cidade.

Eustáquia esparramou os livros sobre a mesa.

— São seus. Quero que os leia.

— Mas a senhora já me deu muita coisa. Eu tenho o *Evangelho*, *O Livro dos Espíritos*, alguns livros científicos...

Eustáquia cortou-a.

— Isso lhe trouxe o despertar da consciência para a realidade espiritual. *O Evangelho* lhe traz conforto espiritual. *O Livro dos Espíritos* traz, por meio de perguntas e respostas, um panorama da espiritualidade. Mas estes livros aqui — apontou — são diferentes. Não são espíritas, mas de cunho espiritual.

Clarice pegou aqueles volumes ricamente encadernados. Podia-se notar que eram bem antigos.

— Nossa, dona Eustáquia. Que lindos!

— O conteúdo é mais importante. Você amadureceu, Clarice. Está na hora de aprender novos valores, de se dar mais força.

Se quer melhorar e crescer, precisa aprender a decidir o que é melhor para si, e mais rápido. Já está crescida o suficiente para fazer suas escolhas com lucidez.

— Fico muito agradecida. A senhora tem sido como a mãe que nunca tive.

Eustáquia passou as mãos pelos cabelos de Clarice.

— Tive cinco filhos, todos homens. Sempre quis ter uma menina. Você apareceu, aos poucos foi me cativando e hoje sinto como se você fosse uma filha de verdade. Sei que algo aconteceu e precisa fazer uma escolha. Você tem livre-arbítrio.

— Sei disso. A cada dia procuro me dar mais força.

Eustáquia sorriu.

— Só me dê um tempo para arrumar outra assistente do lar.

Clarice surpreendeu-se.

— Mas eu nada lhe disse. Nem sei o que decidir.

Eustáquia levantou-se, terminou seu chá e, antes de deixar a cozinha, pousou seus olhos nos de Clarice.

— Querida, quase sempre os olhos falam. Não precisamos de palavras para nos comunicar. E você já fez sua escolha.

— Fiz?!

— Já. E eu a abençoo. Agora é que sua vida começa, para valer.

Saiu da cozinha deixando Clarice boquiaberta. A garota deixou que uma lágrima escapasse pelo canto do olho e orou comovida, agradecendo a compreensão daquela senhora e o momento mágico que a vida lhe ofertava para mudar e crescer.

Clarice fez o teste, tratou dos dentes e, dois meses depois, conseguiu a vaga na fábrica da Paladar. Mariano a ajudou muito nessa fase de adaptação. Pouco tempo depois, ela estava morando em uma pensão para moças de fino trato no centro de Belo Horizonte. Fazia as refeições na fábrica, pagava um valor pequeno pelo aluguel do quarto e ainda sobrava dinheiro razoável.

Algum tempo depois, Mariano começou a namorar Antônia. Ela simpatizou desde o início com Clarice e, como era a única filha ainda solteira, Antônia convidou a nova amiga para morar em sua casa. Com o dinheiro que economizou no aluguel, Clarice passou a investir em sua aparência.

Aos poucos, Clarice retomou os estudos e logo concluiu o supletivo. Os tempos com Eustáquia haviam sido preciosos. Mesmo na fábrica os colegas achavam que ela pertencia a alguma família de nível, em razão de seus modos finos e recatados. Andava com delicadeza e graça. Aprendera a vestir-se com apuro. Logo Clarice começou a chamar a atenção dos rapazes. Foi por meio de um namoradinho que veio a sugestão: por que não estudar secretariado?

Clarice nunca havia pensado nisso. Mas, se ela queria trabalhar num escritório, por que não fazia o curso?

Ela se encheu de coragem e se matriculou. Nos fins de semana, já sem tempo para namorar, inscreveu-se num curso de datilografia. E não parou por aí. Foi promovida a chefe de seção e continuou investindo na carreira. Deixou a casa de Antônia, foi para uma casinha não distante do trabalho e matriculou-se num curso de inglês.

Foi com dor e pesar que ela recebera a notícia da morte de Eustáquia. Amara aquela mulher como se fosse a própria mãe. Pediu licença na fábrica e foi ao enterro.

Clarice chorou muito. No velório, pegou com carinho as mãos geladas de Eustáquia.

— Estarei sempre em sintonia com a senhora. Nunca esquecerei o que fez por mim. E também nunca deixarei de amá-la.

Um dos filhos de Eustáquia chegou perto de Clarice.

— Mamãe gostava muito de você. Não sabe como seremos eternamente gratos por ter-lhe feito companhia estes anos todos.

Clarice admirou-se.

— Eu é que devo agradecer-lhes. Dona Eustáquia foi uma mãe para mim. Ela muito me ajudou.

— Sabemos disso. Amanhã, no fim da tarde, gostaríamos que fosse até a casa-grande. Mamãe deixou algo para você.

Clarice assentiu com a cabeça.

Ela vai deixar os livros para mim, pensou alegre.

No dia seguinte, quando Clarice saiu da casa-grande, mal se segurava em pé. Sua boca secara e ela ainda se sentia zonza. Foi com dificuldade que chegou até a casa de Carlota.

— Tia, por favor prepare um chá de cidreira para mim.

Carlota preocupou-se.

— Querida, está tão abatida! O que os filhos de Eustáquia queriam? Não ia ficar com os livros dela?

— E fiquei, tia. Mas são tantos que Gerson, o filho mais velho, vai mandar entregar via transportadora em Belo Horizonte. Mas estou espantada é com isto — Clarice abriu a bolsa, retirou um envelope e ordenou à tia: — Abra.

Carlota pegou o envelope e abriu.

— O que é isto?

— Um cheque. Pode abrir. Nunca tive segredos com a senhora.

Carlota apoiou-se numa cadeira próxima, sentindo o coração descompassado.

— Esse monte de zeros é de verdade?

Clarice levantou-se da mesa e abraçou-se à tia, emocionada.

— É, tia. Ela deixou tudo isso para mim. Depois de todas as coisas que fez por mim em vida, ainda me deixou essa pequena herança. Não sei o que dizer. Estou feliz demais.

Carlota abraçou-a e chorou.

— Deus seja louvado!

Clarice descontou o cheque, deu uma boa quantia para Carlota e regressou feliz e cheia de planos a Belo Horizonte. Comprou um pequeno apartamento e continuou a fazer o que mais gostava nos últimos anos: estudar. Matriculou-se num curso de italiano, com aulas nos fins de semana, e prestou vestibular para Ciência da Computação, curso ainda pouco procurado naquela época.

Aproveitou e utilizou uma parte da quantia que recebera nos cuidados com o corpo. Fez uma cirurgia plástica na testa e eliminou a cicatriz. Também fez implantes nas arcadas superiores, deixando as maçãs do rosto mais salientes. Emagreceu e tornou-se uma mulher mais atraente.

Era raro o domingo em que Clarice não ia almoçar na casa de Antônia. Ela e Mariano haviam se casado e moravam num sobrado bonito, ladeado por um lindo jardim e quintal amplo. Clarice chegava cedo, ajudava a preparar o almoço e ficava até o anoitecer. Conversavam muito. Ela e Antônia tinham muitos pontos em comum e a amiga também simpatizava com as ideias espiritualistas de Clarice.

Foi durante um desses almoços de domingo que Clarice soube da vaga. Mariano procurou dar um tom sério à conversa.

— Agora que sou gerente...

Antônia cutucou Clarice por debaixo da mesa.

— Esqueci de lhe contar que Departamento Pessoal é coisa do passado. Agora Mariano é gerente de Recursos Humanos.

As duas deram sonoras risadas. Mariano também riu e disse, em tom confidencial:

— Sei de todas as vagas abertas na Paladar.

Clarice sorriu. O trabalho em sua boca fora de primeira. Os implantes lhe caíram com naturalidade. Só mesmo um especialista poderia atestar que aqueles dentes não eram verdadeiros.

— E quais são as vagas?

Primeiro ele olhou e piscou para Antônia, que já sabia de tudo. Depois encarou a amiga:

— A Paladar está à procura de...

Clarice pousou delicadamente os talheres sobre o prato.

— Está fazendo muito mistério. O que esses olhinhos matreiros estão querendo me dizer?

— Estão à procura de uma secretária com disponibilidade para morar no Rio de Janeiro. Pronto, falei!

Clarice levou a mão ao peito.

— Não brinque comigo, Mariano.

— Não estou brincando. O próprio Eugênio Brandão ligou e me pediu.

— E por que não procurou uma profissional no Rio?

— O doutor Brandão sempre prefere dar chance para quem trabalha na empresa. Ele queria saber se aquela garota da produção que adorava estudar era apta para o cargo.

— Ele sabia de mim? Como?!

Antônia riu.

— Mariano sempre fez propaganda sua para o doutor Brandão, não é de hoje. E, convenhamos, você se encaixa perfeitamente nesse cargo.

— Fale-me mais, Mariano.

— Lembra-se da filha dele?

— Maria Helena? E como não poderia? Ela passava vinte e quatro horas na fábrica, analisando, observando, sempre procurando uma maneira de otimizar a produção. Uma mulher muito dedicada.

— Pois bem, essa mulher dedicada, que foi estudar fora do país, parece que está cheia de ideias. Simpatizou de cara com a secretária do pai e agora o doutor Brandão precisa de outra.

— Posso mostrar a ele que sou capaz, Mariano. Estudei, estou na faculdade, posso transferir o curso para o Rio. Não há nada que me impeça de ir.

— Também acho. Você é ideal para o cargo.

— O que tenho de fazer? Ir ao Rio, fazer algum teste?

— Não. Maria Helena Brandão virá para cá com a secretária. Elas vão entrevistá-la. Eu só a indiquei.

— Como assim? Já indicou meu nome?

— Sim.

Clarice deu um salto da cadeira e abraçou-se a Mariano. Beijou-o repetidas vezes no rosto.

— Você é mais que um irmão, mais que um pai. Você sempre me ajudou. Nunca me esquecerei do que tem feito por mim nesses anos todos.

Mariano emocionou-se. Ele gostava muito de Clarice e, desde que soubera das traquinagens de Heitor, passando-a para trás, resolveu que tudo faria para ajudá-la. Antônia levantou-se e abraçou a amiga.

— Eu sabia que você iria longe. É uma mulher que terá o mundo a seus pés, querida. Sempre estarei vibrando por você.

Foi emocionada que Clarice partiu da casa dos amigos. Chegou até seu apartamento e não teve dúvidas: ligou para Carlota.

— Estava com saudade, menina — disse a tia, emocionada, ao ouvir a voz da sobrinha. Que felicidade é essa que estou sentindo?

— Oh, titia! Estou tão feliz! Fui indicada para uma vaga de secretária, para trabalhar no Rio de Janeiro.

— Você merece...

Carlota ficou em silêncio. Clarice, do outro lado da linha, preocupou-se:

— O que foi, tia? Não gostou?

— Não é isso, querida. Eu adorei. Mas me lembrei de quando Heitor não mandou sua ficha para Mariano. Só o tempo mesmo para nos certificar de que está tudo certo.

— Com certeza. Naquela época, fiquei muito triste com Heitor. Mas, conforme fui progredindo, estudando e entendendo melhor a espiritualidade, compreendi a atitude dele e sei que também fui responsável por aquela situação. Eu ainda não estava preparada para aquele tipo de vida. Precisei conhecer dona Eustáquia e, bem, a senhora sabe o que se seguiu depois.

— Sim. Eustáquia foi uma grande pessoa. Ajudou-a em tudo, transformou você em uma mulher de classe.

— Então, tia, não tenho por que guardar rancor. E Heitor não faz mais parte de minha vida há anos, e do meu pensamento há muito tempo também.

— Sabe que, se for admitida, não vai ter jeito: você vai encontrá-lo.

— Isso não é problema meu. Estou com a consciência tranquila. Heitor, se agiu de má-fé, vai se sentir incomodado. Não tenho nada a temer.

Capítulo 8

Heloísa e Maria Helena desembarcaram animadas no aeroporto da Pampulha, em Belo Horizonte. Falando sem parar, tomaram um táxi em direção ao hotel. Deixaram as malas, descansaram um pouco e, logo após o almoço, dirigiram-se à fábrica da Paladar. No trajeto, Maria Helena ia observando a paisagem.

— Quanto tempo! — suspirou.
— Você gosta daqui, não?
— Muito. Passei a infância em Belo Horizonte. Eu e Mário brincávamos descalços, estávamos sempre sujos de terra. Mamãe ficava irritada, corria atrás da gente com a vassoura ou com o chinelo. Mas era tão bom!
— Não pensa em voltar para cá?
— Não. Depois, já adulta, vim estagiar na fábrica. Tudo estava diferente, mudado. Eu fico bem em qualquer lugar, não fico presa a nada. Mas adoro o mar, e infelizmente esta

cidade não pode me oferecer isso. Pretendo ficar em definitivo no Rio. É lá que quero me casar.

Heloísa admirou-se:

— Você pensa nisso?

— E por que o espanto? Sou uma mulher comum. Não vivo só na empresa, embora as pessoas ao redor me enxerguem como uma viciada em trabalho.

— E, quanto à produção, o que pretende fazer?

— Não entendo de produção, entendo de lucro. Quero trazer a tecnologia da computação para a fábrica. Com o tempo, iremos administrá-la todinha do Rio, só por botões.

— Acha isso possível? — perguntou Heloísa, interessada.

— Sim. Aprendi muito sobre a administração da produção a distância. Claro que envolve novos conceitos, informatização, mudanças em geral. Quero colocar a teoria em prática. E vai dar certo.

— Você é determinada, Maria Helena. Somos parecidas. Mas...

— Mas o quê?

— Não é de minha conta. Desculpe.

— Ora, Heloísa, pergunte o que quiser. Qual é a curiosidade?

— Acho você tão bonita, tão inteligente... Como pode estar sem namorado?

Maria Helena soltou uma gargalhada deliciosa. Heloísa corou.

— Desculpe, Maria Helena. Eu disse que não era assunto meu.

— Imagine, Heloísa. Não ligo para esse tipo de pergunta. Papai me perguntou o mesmo ontem. Foi uma das primeiras perguntas que me fez.

— Você não deixou nenhum namorado nos Estados Unidos?

— Não quero saber desses rapazes de hoje. São muito imaturos emocionalmente.

— Rubens é diferente disso tudo. É jovem, bonito, inteligente e muito sensível.

— Aí é que está. Ele é sensível. E a grande maioria dos rapazes acha frescura ser sensível. Confundem as coisas. Não sabem que a alma se exprime por meio de nossa sensibilidade.

Heloísa admirou-se. Maria Helena continuou:

— Eu não mudei à toa. Tive de olhar para mim, admitir que tinha pontos fracos a serem trabalhados. E percebi que o processo é contínuo e eterno. Melhorar nossos padrões de pensamento, mudar nossas crenças são tarefas às vezes nada fáceis. Isso devo muito aos americanos.

— Interessante essa sua maneira de pensar.

— Sim, aprendi muita coisa na Califórnia. E os homens aqui são muito limitados e carentes. Você teve sorte de atrair alguém na mesma sintonia. Eu quero um homem maduro, mais velho.

— Verdade?

— Sim. Sempre me senti atraída por homens mais velhos, desde menina. A maioria dos disponíveis na praça é formada por homens que estão se divorciando e procurando mulheres como nós, mas infelizmente estão com a cabeça muito poluída, cheios de crenças e pensamentos errados em relação ao matrimônio.

— Já se interessou pela mediunidade? — arriscou Heloísa.

— Sim. Sempre escondido, é claro. Mamãe foi criada num ambiente católico. Aos poucos ela tem mudado seus conceitos. Ela tem uma amiga da alta sociedade que está sempre metida em terreiros. E isso confunde muito a cabeça de minha mãe.

— É, há muita gente que confunde as coisas.

— Infelizmente são os charlatães que arranham a espiritualidade e confundem a mente das pessoas. Já disse à minha mãe que mediunidade nada tem a ver com esses lugares que Isaurinha vive frequentando.

— Isaurinha? Você diz Isaurinha Ferreira Millon? Ela é uma personalidade!

— E mandingueira de mão-cheia! Está sempre pagando para fazerem coisas que até Deus duvida.

— Não acha melhor que sua mãe se afaste de uma pessoa assim? Não é uma má influência para dona Leocádia?

— Não acredito. Mamãe às vezes balança, mas dá muito ouvido ao que Mário lhe diz. Meu irmão também é médium.

Heloísa estava estupefata.

— Mário? Médium? Não posso acreditar.

Maria Helena riu.

— É um dos motivos por que ele adora se embrenhar pelas matas. Ele tem a capacidade de enxergar as entidades, conversar com elas. Há o espírito de um médico que o acompanha e lhe aponta uma ou outra erva.

— É mesmo?

— É. E Mário pega as ervas indicadas e as leva até os laboratórios. E, no fim das contas, não é que as ervas são comestíveis?

— Impressionante.

— Sem ajuda espiritual não somos nada neste mundo. Precisamos contar com nossa força, melhorar, evoluir sempre, mas não podemos nos esquecer de que nunca estamos sós no mundo.

— Estou impressionada com suas palavras. Você pensa como eu.

— Parece que sim. Mal cheguei ao Brasil e estou louquinha de vontade de voltar a estudar as leis espirituais. Mas o centro que eu frequentava antes de viajar aos Estados Unidos fechou. Não sei se há algum lugar assim no Rio.

— Assim como?

— Um lugar onde eu possa desenvolver e aperfeiçoar minhas qualidades espirituais.

Heloísa deu uma risadinha.

— Você vai gostar de frequentar o grupo de meu tio Gustavo.

— Que grupo?

— Formamos um grupo de espiritualistas independentes, todas as terças-feiras e um domingo por mês.

— Vocês estudam mediunidade, transenergética, essas coisas?

— Isso e muito mais. Sinta-se à vontade. Você acabou de chegar, mas, quando quiser ir, é só me falar. Tenho certeza de que será recebida com alegria.

— Muito obrigada, Heloísa. Quero conhecer esse grupo.

Logo chegaram à fábrica. Passaram pelos portões e o motorista estacionou próximo ao galpão. Maria Helena desceu rápido do carro.

— Os diretores devem estar ansiosos com minha chegada. Após a reunião, quero que entreviste a garota para a vaga de secretária.

— Não quer que eu fique a seu lado depois do encontro com a diretoria, anotando?

— Não. Após a reunião, eu e eles iremos andar pela fábrica. Quero lhes mostrar algumas ideias sobre melhora na produção. Sua presença não será necessária agora. Faça a entrevista e nos encontraremos no começo da noite, no hotel.

— Se quiser, posso esperá-la aqui e poderemos ir juntas.

— Fique à vontade. Não sei quanto irei demorar e, depois, quero dar uma volta sozinha. Procure Mariano. Ele está com a ficha da moça. Siga em frente — Maria Helena fez sinal com os dedos — e no fim do corredor vire à esquerda. Lá fica o departamento de Recursos Humanos.

— Está certo. Nós nos encontramos mais tarde.

Maria Helena reuniu-se com os gerentes e diretores. Enquanto ela dava início à reunião, Heloísa dirigiu-se até a sala de Mariano.

— Gostaria de falar com o senhor Mariano, sim?

Um rapaz em pé no canto da sala virou-se e tornou, educado:

— Eu sou Mariano. Muito prazer. Você deve ser Heloísa, certo?

— Sim. Agora posso associar a voz à pessoa. Nós nos falamos tanto pelo telefone!

— É mesmo. Os funcionários da filial precisam vir mais até aqui.

— Como gerente de Recursos Humanos, pode começar a criar este intercâmbio.

— Boa ideia.

Mariano e Heloísa deram-se muito bem. Depois de conversarem amenidades, ele disse:

— Estava esperando ansioso sua chegada.

— Por causa da entrevista com a candidata à vaga de secretária?

— É. Trata-se de funcionária exemplar, que trabalha há anos conosco. É jovem, determinada, relaciona-se muito bem com os colegas de trabalho e com os superiores.

— Parece que querem dar uma chance a ela.

— Você verá. Ela merece. Quanto ao nível escolar, ela preenche os requisitos.

— Ela possui curso superior e fala línguas, certo?

— Isso mesmo. Aqui está a ficha de admissão dela. Dentro estão as cópias de todos os cursos que fez.

Heloísa sentiu uma ponta de decepção.

— Desculpe, Mariano, mas ela tem esta aparência?

Mariano riu descontraído.

— Não atualizamos as fichas. Essa foto é antiga, foi tirada na época da admissão. Garanto que hoje ela não tem mais nada a ver com essa foto.

— Se está falando, eu acredito. Agora quem está ansiosa sou eu.

— Venha comigo. Vou levá-la até ela.

Caminharam por entre um amplo corredor até chegarem a uma pequena sala. Mariano bateu levemente na porta.

— Clarice, sou eu.

— Entre, por favor.

Entraram. Heloísa não pôde conter a admiração. Olhava para a foto na ficha e para Clarice.

— Não pode ser! É a mesma pessoa?

Clarice estendeu-lhe a mão.

— Prazer. Sou eu mesma.

— Mas você é muito bonita!

— Você também — devolveu Clarice, num sorriso franco.

— Clarice está um pouco ansiosa e nervosa — tornou Mariano.

— E ela tem motivos para isso. Não é sempre que aparece uma chance como esta.

— Estou um pouco nervosa, o que é natural. Antes de começar, gostaria de um chá, um café?

— Um café — pediu Heloísa.
— E você, Mariano, quer um também?
— Não, obrigado. Eu estava aguardando a chegada de Heloísa para trazê-la até você. Preciso me juntar aos outros gerentes e diretores e participar da reunião com dona Maria Helena. Fiquem à vontade.

Mariano saiu e fechou a porta. Clarice serviu o café a Heloísa e sentou-se.

— Engraçado, eu sempre quis ser secretária da presidência, e agora me sinto tão nervosa!
— É natural. Eu fiquei do mesmo jeito quando fui entrevistada por dona Consuelo, que ocupava meu cargo.
— Aconteceu o mesmo com você?
— Sim, estava trabalhando no escritório do doutor Eugênio, na Contabilidade, embora tenha iniciado lá como recepcionista. Sempre fui muito organizada e fazia meu serviço com prazer. Acredito que dona Consuelo deva ter notado isso, mas sei que ela foi com a minha cara. Até hoje nos falamos.
— Ela não trabalha mais lá?
— Não. Ela se aposentou. E fiquei três anos nesse cargo. Agora serei secretária de Maria Helena.
— Parece ser uma mulher determinada, de pulso firme.
— E é. Simpatizei com ela desde o início. Tenho certeza de que vou aprender muito com ela. E você, por que quer ser secretária da presidência?

Clarice ajeitou-se na cadeira. Exalou profundo suspiro e jogou os cabelos para o lado, num jeito gracioso. Começou a contar sua história, desde a época em que um antigo namoradinho havia impedido que sua carta de emprego chegasse à empresa até os dias atuais, resumidamente e sem grandes doses emocionais, tudo relatado de forma até divertida.

Heloísa encantou-se. Clarice falava com segurança, sabia usar bem as palavras e tinha uma característica que ela admirava nas pessoas: não houve um momento na conversa em que Clarice baixou os olhos. Manteve-os sempre na direção dos de Heloísa. Isso demonstrava firmeza.

Clarice concluiu:

— E então estou aqui, trabalhando na empresa em que sempre sonhei trabalhar. Cresci muito, aprendi como as coisas se processam aqui. Estou muito feliz por fazer parte da Paladar e mais feliz por ter a chance de poder mostrar o melhor de mim num outro cargo.

Heloísa fez algumas perguntas técnicas, pertinentes à função. Ficou satisfeitíssima. E encantada.

— Você é muito simpática. Gostei de você.

— Obrigada. O mesmo digo em relação a você.

Heloísa consultou o relógio.

— Meu Deus! Já é hora do almoço! Como a conversa fluiu agradável!

— Também não percebi o tempo passar. Pensei que eu iria ficar nervosa, mas me senti muito tranquila ao seu lado.

— Você é uma boa pessoa. Sou sensível o suficiente para perceber isso. A primeira exigência para o cargo é a pessoa possuir qualificações para tal. Mas isso realmente só o tempo poderá mostrar. Às vezes aparecem pessoas cheias de diplomas embaixo do braço, mas não sabem trabalhar, não possuem disciplina, ou não sabem lidar com os outros. Tudo é relativo. Você parece ser muito boa no que faz, passou-me segurança. Se dependesse de mim, a vaga seria sua, mas terá de passar pelo crivo de Maria Helena.

— Obrigada, Heloísa. Fico muito contente.

Ouviram batidas na porta. Clarice disse educadamente:

— Entre.

Mariano entrou acompanhado.

— Clarice, quero apresentar-lhe Maria Helena Brandão.

— Prazer.

Heloísa procurou desculpar-se.

— Fiquei de encontrá-la para almoçar, mas a conversa fluiu agradável.

Maria Helena sorriu.

— Sabia que estava tudo bem — e, dirigindo-se a Clarice: — Como vai?

— Muito bem, senhora. Prazer.

— Prazer, mas por favor deixe o tratamento de lado. Temos praticamente a mesma idade.

Clarice corou. Heloísa ajuntou:

— Bem, a reunião já acabou?

— Sim. Está tudo em ordem. Amanhã começo a passar o novo modelo de células de produção aos gerentes e funcionários. Agora estou com fome. Vamos almoçar?

Clarice levantou-se e saiu com Mariano.

— À tarde conversaremos mais — disse Heloísa.

Ao saírem, Maria Helena foi direta:

— Então?

— Ela é perfeita para o cargo.

— Nossa! Teve uma impressão tão rápida e positiva assim?

— De cara. Ela é muito agradável, determinada e graciosa. Tenho certeza de que seu pai vai adorá-la.

— Acho que até demais. Não imaginei que fosse tão bonita. E, confesso, estava preocupada. A secretária do presidente não precisa ser bonita, basta ter aparência agradável. Estava com medo de que fosse uma moça sem atrativo algum. Mas estava completamente enganada.

— Estávamos enganadas. Eu também pensava a mesma coisa. E fiquei espantada com a beleza dessa moça. Clarice vai deixar muito marmanjo babando no Rio. Quando quer entrevistá-la?

— Eu? Não vou entrevistá-la. Se você gostou e acha que ela serve para trabalhar com papai, está resolvido.

— Mas nem ao menos...

— Nem ao menos nada. Confio em você, Heloísa. Se está me dizendo que ela serve para o cargo, tem meu aval. Também simpatizei com ela. Agora vamos almoçar. Estou morrendo de fome.

Saíram animadas e foram conversando até o refeitório.

Capítulo 9

Percival estava muito nervoso. Eram raras as vezes em que chamava um funcionário aos berros. Isso só acontecia quando as coisas passavam do limite, e fazia anos que ninguém lhe dava motivos para tal. Mas naquela tarde o nome de Heitor ecoou por aquele escritório como nunca acontecera antes.

Heitor correu até a sala.

— O que foi?! Nunca gritou meu nome desse jeito.

— Você ainda me pergunta o que foi?! Olhe para a droga de relatório que me fez.

Heitor pegou o calhamaço de papel.

— Fiz o que tinha de fazer. O que está errado?

— Está incompleto. Está um lixo. O que está acontecendo com você, Heitor? Nunca o vi tão desleixado.

— Eu fiz o que tinha de fazer.

— Refaça.

— Como?!

— Isso mesmo: refaça. Maria Helena Brandão estará de volta na próxima semana e quero tudo em ordem. Preciso destes relatórios completos.

— Estou cheio de serviço, não darei conta sozinho.

— Vire-se. Não quero saber. E, se não fizer direito, vai para o olho da rua. Estou farto de você!

Heitor sentiu o sangue subir-lhe nas faces. Como aquele velho imbecil podia tratá-lo daquela maneira? Quem era ele para humilhá-lo daquele jeito? A porta ficara aberta e os colegas ouviam tudo. Antes mesmo de deixar a sala, ouviram-se mais gritos de Percival:

— Rubens! Rubens! Venha até minha sala, agora!

Enquanto Heitor saía, cabisbaixo e mordendo os lábios de raiva, Rubinho entrou. Percival esperou que Heitor saísse e fez sinal para que Rubinho fechasse a porta.

— Sente-se.

— O que está acontecendo?

— Eu é que pergunto, ora! Heitor não é amigo seu de longa data?

— É, mas desde que me mudei do apartamento que dividíamos ele está diferente. Não sei o que acontece.

— Ele não está fazendo nada direito, anda disperso.

— Posso ajudá-lo a refazer o relatório.

— Não! Você sempre o ajudou. Agora que está fazendo um monte de trabalho para mim, ele vai ter de se virar, ou mostra competência, ou vai para a rua. Não quero mais que você fique encobrindo as falhas de seu colega.

Rubinho franziu o cenho. A situação estava começando a ficar brava para o lado de Heitor. Na verdade, ele sempre revia os relatórios e apontava os pequenos erros, dando segurança ao amigo. Mas, dessa vez, com tanto serviço, não pôde ajudá-lo. E ele sabia da insegurança do amigo.

— Olhe, Percival, dê um tempo a ele. Sabe quanto Heitor é inseguro.

— Por isso não vai a lugar nenhum. Até Mirna, que chegou aqui faz pouco tempo, está mostrando que leva mais jeito para as coisas.

— É mesmo?

— Sim. Sousa, o chefe dela, disse-me que ela é muito competente e organizada. Afirmou que Mirna tem muito futuro aqui dentro. E ele já pretende promovê-la.

— Acha que é uma boa funcionária?

— Tenho observado um bocado. Sei que Sousa também arrasta uma asinha para cima dela, mas me parece muito competente, além de bonitinha.

— Nunca o vi interessado em ninguém esses anos todos. Desde que Mirna entrou na Paladar, você dá umas olhadinhas de vez em quando.

Percival riu malicioso.

— Essa Mirna tem alguma coisa de bom. Aparentemente parece confusa, perdida, precisando de direção. A hora que tiver um braço firme a seu lado, toma o rumo e se acerta. Há mulher que precisa disso, meu amigo.

— Nunca pensei que pudesse se interessar por uma funcionária do escritório, ainda mais por Mirna, tão misteriosa.

— Gosto das misteriosas. Geralmente encobrem vergonhas terríveis, o que aguça mais nossa curiosidade.

— Calma lá, que Heitor anda apaixonado por ela.

— Esse banana não é o homem certo para ela. Não gosto de vê-lo ao lado dela.

Rubinho meneou a cabeça para os lados. Era a primeira vez que via o chefe com ar humano, falando como um amigo de trabalho, rompendo com a hierarquia.

— Você não me chamou para falar de Mirna, foi?

— Não, absolutamente. Vim para falar de seu futuro.

— Meu futuro?

— Sim. Estou sabendo que você está morando com Heloísa.

— É verdade, estamos juntos. Não é segredo aqui na empresa. Nós nos amamos. Mas isso não está interferindo em meu trabalho e, afinal...

Percival fez gestos largos com as mãos.

— Calma, calma. Não precisa justificar-se. Não tenho nada contra. Adoro Heloísa e acho que formam um lindo casal.

— Obrigado.
— É verdade! E todos aqui na empresa ficaram felizes com a união. Acho que deveriam promover uma festa, um evento que fosse, e nos convidar a todos.
— Acha mesmo? Estamos em experiência. Se passarmos pelo prazo, quero um casamento com tudo a que tenho direito. Preciso guardar dinheiro para bancar uma festa à altura.
— Mas o aumento de salário pode gerar um extra, não?
— Esses aumentos de salário garantidos por lei mal cobrem o que a inflação corroeu.
— Não estou falando de dissídio coletivo, mas sim de um aumento real.
Rubinho não entendeu:
— Como assim?
— Promoção. Já ouviu falar nisso?
— Sim, mas...
Percival estava com os olhos brilhantes e sorriso malicioso. Rubinho deu um salto:
— Você está dizendo que vai me promover?
— Vou, não. Você já foi promovido. Vai ocupar o meu lugar.
— Como assim, o seu lugar. E você?
— Maria Helena acha que a empresa deve ter um conselho, e o velho Brandão gostou da ideia. Ele me convidou para fazer parte. Estou quase me aposentando, e ser membro do conselho vai me trazer sossego e me deixar com tempo para algumas realizações pessoais. Você é perfeito para o cargo, Rubinho.
— Quer dizer que serei o gerente de toda esta área?
— Sim, senhor. A partir de segunda-feira próxima.
Rubinho exultou de alegria. Agarrou-se ao pescoço do chefe e beijou-o na face.
— Você me fez o profissional mais feliz e realizado do mundo, Percival. Sempre sonhei com um cargo parecido, mas nunca com o seu, é claro.
— Por isso agora esse cargo é seu. Você sempre quis crescer, nunca quis tomar o lugar de ninguém. Você é uma

boa pessoa. Tem um coração nobre. E quem faz tudo de coração só pode ser recompensado com coisas boas na vida.

Rubinho emocionou-se.

— É o meu jeito.

— Sim, e que o mantenha por toda a vida. Por ser assim, atraiu Heloísa, uma mulher que o fará muito feliz. E agora está crescendo profissionalmente. Será muito útil à Paladar.

Uma pequena sombra se fez na fronte de Rubinho. O chefe percebeu e perguntou:

— O que foi?

— Heitor. Não sei como ele suportará esta notícia. Ele sempre sonhou com seu cargo, Percival.

— Sei disso. Mas ele não possui estrutura emocional para o cargo. Ele é muito negativo, queixa-se demais. Um bom profissional não age dessa maneira.

— Ele vai ficar chateado.

— Então ele não é um bom amigo. Um verdadeiro amigo exulta de alegria quando subimos um degrau em nossa vida profissional. Os amigos sempre torcem pelo nosso bem. Se Heitor chatear-se, e infelizmente acho que vai, não serve para fazer parte de seu círculo de amigos.

— Gosto dele.

— Sei disso, também. Mas Heitor é muito diferente de você, Rubinho. Ele não se dá valor, por esse motivo nunca terá sucesso na vida. Já você, que pensa de forma próspera, vai ter sucesso na vida sempre. Pode acreditar.

Rubinho estava muito feliz. Abraçou Percival novamente.

— Quando me casar, quero você a meu lado no altar.

Percival emocionou-se e sentiu os olhos marejados.

— Será uma honra.

Heitor havia saído da sala de Percival sentindo as faces arderem. Estava com muita raiva. Os colegas meneavam a cabeça e baixavam os olhos para suas mesas. Alguns davam risadinhas abafadas, pois não gostavam da maneira com que Heitor os tratava. Mirna levantou-se da cadeira e dirigiu-se até ele.

— Vamos para a copa.
— Não quero.
— Vamos. Uma água, pelo menos. Você não está bem, Heitor. Seu rosto está vermelho.
— Estou morrendo de raiva. Acho que iria explodir se continuasse naquela sala. Aquele homem é um crápula.
— Não acho Percival má pessoa.

Heitor estava fora de si. Levantou o braço e deu um tapa na cara de Mirna.

— Ainda o defende? Como pode ficar do lado dele, sua ordinária?

Mirna levou as mãos ao rosto, baixou a cabeça e começou a chorar.

— Como pôde ser capaz de uma coisa dessas? Perdeu a razão?

Heitor abraçou-a e beijou-a repetidas vezes.

— Mil perdões. Desculpe-me. Eu não quis...

Mirna desprendeu-se e correu até o banheiro. Estava assustada com aquela reação bruta do namorado.

Oh, meu Deus! Agora que tudo estava melhorando... Parece que meu chefe está gostando de meu serviço, e foi ótimo eu ter me mudado para o apartamento de Heitor. Não preciso mais daquela vida fácil e não deixei pistas. Benê nunca vai me encontrar. Mas essa atitude de Heitor me deixou sem chão. Será que minha sina é viver sempre ao lado de homens agressivos? O que me faz atrair homens tão violentos em minha vida?

Caiu em pranto convulsivo. Sentou-se no vaso sanitário e chorou muito. Foi com tristeza que se lembrou de sua vida, marcada desde a infância pelos abusos cometidos pelo padrasto, pelas surras que levava da mãe, sempre lhe dizendo que o padrasto era um bom homem e ela era uma filha ordinária. E, agora, Heitor a chamava de ordinária! O que faria de sua vida? Mirna sentia-se extremamente perturbada.

Ainda na copa, Heitor recompôs-se. Sabia que tinha um temperamento explosivo e precisava se acalmar. Mas era algo que às vezes não conseguia controlar.

Preciso pedir perdão a Mirna. Ela não merece isso. Mas agora não adianta, ela não vai me escutar. Vou para minha mesa. Na saída do serviço, conversarei com ela.

Heitor saiu da copa e foi até sua mesa. Viu um pequeno alvoroço ao redor da mesa de Rubinho. A princípio, ficou preocupado. Mas, conforme ia se aproximando, via a expressão de felicidade estampada na face dos colegas.

— O que se passa?

Um dos rapazes, que não simpatizava com ele, foi direto:

— Você tem sorte. Agora seu amiguinho virou chefe. Não vai mais precisar se borrar com as falhas nos relatórios.

Outro sussurrou:

— Não precisa mais encobrir sua incompetência, contudo, não se esqueça: os chefes mudam...

Heitor colocou as mãos nos ouvidos. Estava apalermado. Olhou para Rubinho com estupor:

— O que estão dizendo? O que aconteceu?

— Fui promovido.

— Hã?!

— Isso mesmo. Não vai me abraçar? Fui promovido, cara!

Heitor sentiu novamente o sangue subir-lhe nas faces. Olhou para trás e vislumbrou a figura de Percival.

— Desgraçado! Maldito. Tomara que escorregue numa casca de banana, bata a cabeça e morra. Não, melhor: espero que escorregue e fique paralítico.

— Que jeito é esse de falar, homem? Por que tanto ódio?

— É isso mesmo. Ele sempre pegou no meu pé, sempre teve gosto em acabar comigo na frente de todo mundo e, ainda por cima, dá a promoção para você? Não falei que era seu protegido? Vai ver, ele está interessado em você. Sempre desconfiei de Percival.

— Que ideia mais disparatada, Heitor! Como pode ter uma mente tão suja?

— Percival é estranho, mesmo. Nunca o vi paquerando uma mulher que fosse, nem lá fora nem aqui no escritório.

— Vou fazer de conta que não ouvi.

— Ingratidão, isso sim. Eu dei duro, trabalhei feito um cão, dei meu sangue por esta empresa e sou apunhalado pelas costas. Você sabe que sempre sonhei com o cargo de Percival. Não é justo.

— Eu nunca sonhei com o cargo de Percival, mas com uma posição parecida com a dele. Nunca almejei o cargo de ninguém. Talvez esteja na hora de rever seus valores.

— É fácil falar. Agora entendo tudo. Não foi à toa que começou a namorar e viver com Heloísa. Ficou mais perto do presidente, do dono. Você soube jogar direitinho. Eu é que sou um panaca.

— Você está me desrespeitando, Heitor. Não julgue o que sinto por Heloísa. Não tem nada a ver. Sou seu amigo.

— Amigo da onça, isso sim. Você é igual a todos eles. Sempre trabalhou menos, fez menos, e olhe o resultado. Você agora é meu chefe — Heitor soltou uma gargalhada descontrolada. — É! Você é meu chefe! Agora vai mandar em mim. Você, que sempre foi menos, vai mandar em mim!

Rubinho tentou impedir, mas Heitor saiu em disparada. Deixou o escritório repetindo aquelas palavras. Estava alheio, os olhos esbugalhados, um pouco de saliva escorrendo pelos lábios. O amigo tentou correr, mas Percival o impediu.

— Cada um merece o que tem. Deixe-o, por ora. Amanhã estará com a cabeça fresca. Aí vocês poderão conversar melhor.

Capítulo 10

Leocádia estava sentada na beira da cama, olhando o álbum de casamento. As lágrimas corriam insopitáveis. Após assoar o nariz, disse em voz alta:

— Por que fui cometer essa besteira?
— Engano seu.

Leocádia estremeceu. Não percebera a presença do marido.

— Eugênio, o que faz aqui?

Brandão deu a volta pela cama e sentou-se ao lado da mulher.

— Cheguei mais cedo. Recebi um telefonema de Mário. Ele chega hoje.
— Hoje? E por que não me avisou?
— Ele disse que ligou para cá, mas você estava incomunicável, não queria falar com ninguém.
— É meu filho. Meu filho precioso.

— Precioso porque saiu de dentro de você, ou porque foi o trunfo que arrumou para afastar-me de meu grande amor?

Leocádia estancou o choro. Fechou o álbum de fotos e atirou-o ao canto da cama.

— Como pode falar comigo nesse tom?

— Nunca conversamos abertamente. Não acha que está na hora?

— Na hora de quê? Sou sua mulher, estamos casados há trinta anos e...

— Nunca nos amamos.

Era como se uma ferida voltasse a sangrar em seu peito. Leocádia não queria, mas era forçada a lembrar-se do passado.

Muitos anos atrás, jovem e bonita, fazia parte de família tradicional de Minas Gerais. Quando conheceu Eugênio, apaixonara-se à primeira vista. Brandão também se interessara por ela, mas eram arroubos da juventude. Na verdade, ele estava perdidamente apaixonado por uma garota pobre, da roça.

A família, a princípio, chocara-se com o desejo do filho de se casar com uma roceira. Mas, vendo a sinceridade no sentimento do filho, aos poucos os pais foram cedendo.

Leocádia ficara irredutível. Jamais poderia imaginar que Eugênio estivesse enamorado de uma pobretona. Ela era voluntariosa e precisava chamar a atenção. Todas as meninas e até algumas senhoras casadas suspiravam quando Eugênio passava. Tê-lo seria uma maneira de mostrar que ela podia mais que todas. Puro jogo de vaidade. Eugênio e a moça estavam felizes, com casamento marcado, quando Leocádia apareceu em Belo Horizonte, com um plano arquitetado.

Hoje eu os separo, pensou.

Ajudada por uma tia de Eugênio, que não via com bons olhos a união, ela foi até o escritório e seduziu o moço. Engravidou e Eugênio não teve como escapar, sendo obrigado a "reparar o erro".

Brandão a chamava e ela não respondia. Alteou a voz:

— Leocádia, em que está pensando?

Ela não respondeu. Ele gritou de novo:

— Em que pensa? Está distante.
— Estava pensando se um dia cheguei a amá-lo.
— Sabe que nunca me amou. Você me seduziu, eu caí feito um patinho e destruí minha felicidade.
— O que está querendo insinuar?

Eugênio andou de um lado para outro do quarto. De repente, disparou:

— Faz tempo que queria lhe perguntar, mas nunca tive coragem.

Leocádia estava muda. Mal se mexia na cama.

— Você me embriagou? Fez alguma outra coisa?

Ela procurou dissimular, soltando uma gargalhada.

— Isso é fácil de dizer. Primeiro se aproveita de meu corpo, embriaga-se de prazer e depois me engravida. Acha que foi pouco o que passei? Como iria ficar? Eu passei da conta, sei, mas o que poderia fazer? Criar meu filho sozinha? Ainda hoje o preconceito em relação à mãe solteira é muito grande, imagine quando nos casamos. Você se casou porque tinha de reparar um erro, e eu, porque cometi um erro.

— Não está na hora de pararmos de errar?

Leocádia deu um salto da cama. Com o dedo em riste na cara do marido, gritou colérica:

— Agora entendo: você quer o divórcio. Depois de tantos anos? Não acha melhor manter as aparências? Você fica livre para fazer o que quiser, e eu fico na minha. Mesmo assim, temos nome, não sei se suportaria os comentários.

— Não me importo com os comentários dos outros. Quero ser feliz.

Eugênio dirigiu-se calmamente até o guarda-roupa. Pegou uma pequena valise, colocou-a sobre a cama e em seguida pegou algumas mudas de roupa.

— O que está fazendo? O que é isso?

— Estou separando algumas roupas que usarei de imediato. O resto, peço para Mário levar depois. Vou embora de casa.

— Você não pode fazer isso comigo, Eugênio. Não agora.

— Mas vou. Chega de farsa.

Foi como se uma bomba explodisse sobre sua cabeça. Leocádia mal conseguia articular som. Estava desesperada. Sabia que um dia aquilo até poderia acontecer. Bem que Maria Helena a alertara. Mas não se sentia segura. As amigas iriam se afastar. Ela não suportaria tamanha vergonha. Desesperou-se:

— Não tenho idade para divórcio. Não posso ficar só.

— Desde o nascimento de Maria Helena vivemos sós. Você nunca reparou? Estamos juntos por conveniência, ou sei lá o quê. Não quero mais isso. Quero minha vida de volta. Quero minha liberdade, Leocádia.

— Estamos velhos. Para que tornar tudo público?

— Não tenho vergonha de mais nada. Quero ser feliz. Percebo que tudo depende de mim. Não quero mais manter uma união sem amor.

Eugênio terminou de arrumar a mala e abriu a porta do quarto.

— Passar bem, Leocádia. Espero que você também encontre alguém que a faça feliz. Nosso advogado vai procurá-la semana que vem para tratar dos papéis do divórcio.

Saiu e fechou a porta. Leocádia jogou-se na cama, aos prantos.

— Ele não pode fazer isso comigo. O que os outros dirão? O que minhas amigas dirão? Meu Deus! Serei execrada. Nunca mais me convidarão para chás e passeios. Agora serei uma ameaça. Uma mulher divorciada!

Sentiu-se desesperada. Passou as costas das mãos pelo nariz. Tentou se recompor. Ligou para a que acreditava ser sua melhor amiga.

— Isaurinha? Sou eu, Leocádia. Olhe, estou muito mal e preciso de sua ajuda. Como posso fazer para ir àquele terreiro? Sim, tenho dinheiro suficiente. Você poderia me pegar? Ótimo, no fim da tarde está bem. No caminho conto-lhe tudo. Até mais.

Desligou o telefone sentindo o peito oprimido, as faces rubras de vergonha.

— Eugênio não pode fazer isso agora, não me sinto preparada. Sei que errei no passado, mas preciso de mais tempo para assimilar esta desgraça. Preciso impedi-lo de alguma forma.

Uma sombra escura atravessou a parede do quarto e abraçou-se a Leocádia. Enquanto ela tentava se recompor, a entidade incutia em sua mente ideias as mais descabidas. Ela mal notou aquela presença, registrando aquelas ideias negativas como fruto da própria imaginação. Sem querer, soltou uma gargalhada:

— Veremos quem é o melhor!

Mário chegou e a casa estava em penumbra. Admirou-se, pois não era costume da mãe manter as luzes apagadas. Foi até a cozinha e encontrou a empregada arrumando os armários.

— Lisete!

Ela estremeceu e quase caiu da cadeira. Levou a mão ao peito.

— Menino! Que susto! O que faz aqui?
— Ninguém avisou?

Lisete cuidou de Mário e Maria Helena desde pequenos. Ela se levantou e abraçou-o.

— As coisas não estão bem por aqui.
— O que aconteceu? Algum problema?
— Sim. Seu pai saiu de casa.

Mário deixou ir ao chão a sacola que carregava e levou a mão à boca.

— O que está querendo me dizer? Papai saiu de casa? Como? Foi embora?
— Isso mesmo. Seu Brandão fez pequena mala e partiu. Não sei o que houve, mas parece que ele e sua mãe discutiram. Na mesinha do hall está o endereço. Ele quer que você leve esta outra mala que fiz — apontou ela para o canto da cozinha.

— E mamãe, como está?

— Isso é o mais estranho. Ela se arrumou e dona Isaurinha veio buscá-la. Saíram faz algum tempo.
— Mas pedi a papai que avisasse mamãe sobre minha chegada.
— Ele a avisou. Ela me disse que, quando você chegasse, eu lhe preparasse um banho e lhe dissesse que tudo estava bem. Achei-a tão estranha, Mário.
— Nossa, era para ela estar de cama, ou surtando até agora. Não esboçou nenhuma reação?
— Não. Saiu com o cenho fechado. Não disse aonde ia.
— Estranho.
— Estranho mesmo. Seu pai pediu para você ligar assim que chegasse. Vá até o hall e ligue. Ele quer vê-lo.
— Está bem. Vou ligar já.
Mário foi até o hall, pegou a papeleta com o telefone e discou para o hotel.
— Por favor, quarto de Eugênio Brandão.
— Quem gostaria?
— É seu filho, Mário.
— Um instante, senhor. Iremos verificar se ele está.
Logo em seguida, Eugênio atendeu.
— Pai? Puxa, pai, que coisa! Lisete me contou.
— Eu adiei a decisão durante anos, filho. Não dava mais.
— Você está bem?
— Acho que sim. Gostaria de vê-lo.
— Vou me banhar e irei para o hotel.
— Não. Fique com sua mãe. Ela não estava nada bem quando saí de casa.
— Ela não está, papai.
— Como não? Leocádia não está aí?
— Não, senhor. Lisete disse que ela saiu com dona Isaurinha e parece que não tem hora para voltar.
— Essa amiga de sua mãe é perigosa. Não gosto dela.
— Eu também não, mas o que fazer?
— Estou precisando de um ombro amigo. Jante comigo e conversaremos.

— Está certo, vou tomar um banho e chego num instante. Fique em paz.
— Obrigado, meu filho.
Mário desligou o telefone pensativo. Resolveu ligar para a irmã.
— Querido! Quanta saudade! Quando cheguei, você havia partido para o Amazonas. Como está?
— Estou bem, minha irmã. Tenho muitas coisas novas esperando serem utilizadas na fábrica; matéria-prima de primeira, que resultarão em novos produtos. Vamos balançar o mercado.
— Comigo na direção e com você à caça de novos ingredientes, vamos nos tornar empresários de sucesso.
— Tenho certeza. Diga-me: quando pretende regressar?
— No fim de semana, talvez.
— Não dá para resolver logo as coisas e vir para cá?
— O que aconteceu? Algum problema?
— Papai saiu de casa.
— Como?!
— É. Ele e mamãe discutiram e ele saiu. Está num hotel. Vou-me encontrar com ele logo mais.
— E mamãe, como está? Deve estar péssima, não?
— Não sei. Acabei de chegar e Lisete me disse que ela saiu com dona Isaurinha. Não tem hora para voltar.
— Papai sai de casa e mamãe vai se encontrar com dona Isaurinha? Isso não está me cheirando boa coisa.
— Também acho. Dona Isaurinha não é flor que se cheire. Não gosto dela. Mas, se é a única amiga em quem mamãe confia, paciência.
— Bem, vá conversar com papai e mande um beijo para ele. Não vou ligar agora. Ele precisa ficar só. As coisas estão indo muito bem por aqui. Vou correr um pouco mais e farei o possível para voltar amanhã, está certo?
— Ótimo. Preciso de você a meu lado. Temos de dar força para papai e mamãe.
— Vai dar tudo certo.

Mário riu.

— Se Deus quiser.

— Até, querido. Um beijo.

Mário desligou o telefone e dirigiu-se ao banheiro. Maria Helena desligou o telefone quando Heloísa estava saindo do banho.

— Menina, precisamos ajeitar as coisas. Temos de partir amanhã.

— Amanhã? Temos alguns assuntos pendentes. Precisamos de mais uns dias.

— Você praticamente contratou a secretária. Eu já conversei bastante com o pessoal da fábrica. Mariano pode resolver o resto sem nossa presença.

— Aconteceu alguma coisa?

— Sim. Problemas familiares.

— Algo grave?

— Não sei se grave, mas meus pais se separaram.

— Como? Doutor Eugênio e dona Leocádia se separaram? Tem certeza?

— Absoluta. Meu irmão chegou de viagem e a empregada lhe contou. Papai mudou-se para um hotel.

— Meu Deus! Que loucura, depois de tantos anos!

— É, quase trinta. Mas eu sabia que esse seria o desfecho. Antes mesmo de vir para cá, na segunda-feira cedo, conversei com mamãe a respeito. Eu disse que uma hora um dos dois não iria mais segurar o tranco.

— Sua mãe deve estar arrasada.

— Não sei. Se bem a conheço, deve estar mais preocupada com sua reputação. Tem medo de ser banida dos chás e compromissos fúteis que assume. Ela não ama meu pai.

— Percebi que eles não se davam bem no aeroporto, quando você chegou.

— Nunca se deram. Acho que isso tinha mesmo de acabar.

— Bem, se eu puder fazer alguma coisa.

— Quero que ligue para Clarice. Peça que corra com tudo por aqui e chegue ao Rio na semana que vem. Reserve um quarto de hotel para ela, até que tenha condições de alugar um apartamento.

— Está certo, amanhã cedo falarei com ela.

— Partiremos de manhã. Mamãe e papai precisam de meu apoio.

— Podemos partir sossegadas. Eu cuido de tudo no escritório.

— Obrigada.

Capítulo 11

O carro entrou numa estrada de terra batida. Isaurinha fez sinal para o motorista.

— Siga mais um pouquinho. Está vendo aquelas pessoas naquele portão? É ali que vamos descer.

— E o que faço?

— Fique esperando.

— Aqui é muito perigoso, dona Isaurinha. Eu já disse que não gosto de vir para estas bandas.

— Você não tem de discutir nada. Circule, faça qualquer coisa. Ou vá se consultar também.

O motorista fez o sinal da cruz.

— Deus me livre e guarde! Não gosto dessas coisas.

— Então fique calado. Pare logo este carro. Vamos, Leocádia.

As duas desceram em frente a um sobrado envelhecido, mal-acabado, com aspecto sinistro. Algumas pessoas conversavam, esperando para serem atendidas. Isaurinha foi até a pequena recepção, logo na entrada. Uma senhora na fila esbravejou:

— Ei, só porque são madames vão passar na frente?

Isaurinha deu de ombros.

— O dinheiro fala mais alto — e, virando-se para a moça sentada na recepção, ordenou: — Por favor, quero uma consulta com Mané.

— Vai ter de esperar bastante. Hoje ele está cheio de serviço.

— Não quero saber se ele está ou não cheio de serviço. Vim de longe e sou cliente antiga.

Antes que a moça retrucasse, Isaurinha abriu a bolsa e tirou um bolo de dinheiro. Discretamente entregou várias notas para a jovem, que as aceitou de imediato.

— Bem, já que se trata de urgência e a senhora é cliente antiga, vou ver o que posso fazer.

Instantes depois, a moça apareceu com singular sorriso.

— Pai Mané vai recebê-las. Por ser caráter de urgência, a consulta vai custar o dobro do normal.

— O dobro? Epa, somos duas a serem consultadas! Isto vai ficar muito caro.

Leocádia interveio.

— Fique sossegada. Eu pago a minha e a sua. Você foi generosa demais trazendo-me até aqui e deixando suas obrigações.

Isaurinha, famosa por sua mesquinharia, cedeu na hora.

— Está certo. Você é quem manda e, afinal de contas, é quem mais necessita — disse, fazendo ar de muxoxo. — Não precisa se preocupar comigo. Não tenho o que perguntar.

— Como não? Nem sempre podemos vir até aqui. É perigoso. E se formos vistas?

— Bobagem. Já cruzei com socialites que você nunca imaginaria colocarem os pés num lugar como este. Mas a necessidade existe, e vai fazer o quê?

— Devo isso a você. Também merece consulta.

A moça encaminhou-as até pequena sala escura, onde uma e outra vela iluminavam parcamente o local.

— Que surpresa agradável! Quanto tempo!
Isaurinha correu até Mané.
— Que bom revê-lo! Estamos com sérios problemas.
— O que é desta vez?
— Minha amiga aqui, Leocádia. O marido abandonou-a. Imagine só! Depois de trinta anos de casados... Para mim, há feitiço de mulher aí. Fizeram alguma coisa.

Mané era um homem baixinho, careca, gordinho. Usava um par de costeletas que lhe conferiam um aspecto malandro. Usava um turbante vermelho para encobrir a falta de cabelos. Com olhos sarcásticos, pegou a mão de Leocádia.

— Seu marido foi enfeitiçado. Sua amiga tem razão. E foi mulher quem fez.

Leocádia estremeceu e sentiu as pernas falsearem.

— Eu sabia que havia mulher por trás disso — interveio Isaurinha. — Não lhe disse?

Mané tinha sensibilidade, mas, comprometido com um bando de espíritos do astral inferior, usava sua capacidade mediúnica para se aproveitar das pessoas. Estava num estado em que não mais percebia as coisas, mas continuava tripudiando sobre os aflitos. O que lhe importava era o dinheiro. Fechou os olhos, estrebuchou, gemeu, fez um teatro completo. Isaurinha cutucava a colega:

— Ele está recebendo! Ele está recebendo!
— Recebendo o quê?
— O guia dele, Leocádia. Não percebe?

Mané procurou mudar a modelação na voz. Falava grosso e exalava fortes suspiros. Continuava segurando a mão de Leocádia.

— Há uma mulher que gosta dele. Seu marido trabalha, não é?
— Sim. É dono de uma empresa.
— Tem secretária?
— Tem, sim.

Ele ficou quieto por alguns segundos.

— Então deve ser ela.

— Acha mesmo?
— Tome cuidado. Mulher no serviço é fogo. Seu marido é bem-apessoado?
— É.
— Vixe santo! Então ele foi fisgado. Agora tô vendo tudo. A cena se abriu à minha frente.
Leocádia desesperou-se.
— O que devo fazer?
— Vou ter de realizar uns trabalhos para fechar a atuação dela sobre ele. Vai ser muito difícil. Ele está apaixonado por ela.
— Não pode ser!
— É verdade. Vamos ter de fazer muito serviço no cemitério.
Isaurinha ajuntou:
— Trabalho em cemitério é caro, mas vale a pena. Vai ter de deixar um bom dinheiro, Leocádia.
— Tudo bem. Posso pagar. Quanto é?
— Cinco mil para começar.
— Cinco mil? É muito.
— O que mais vale em sua vida? — Mané forçava mais a respiração e permanecia de olhos fechados. — Cinco mil ou seu marido de volta? Imagine o que as amigas vão dizer de você!
Aquilo tirou Leocádia do sério.
— Sei de tudo isso, mas não tenho essa quantia aqui, agora.
— Faça um cheque. Serve.
Isaurinha interveio, novamente:
— Ele está falando a verdade. Confie. Você quer Eugênio de volta? Então pague. Depois você arranca esse dinheiro dele de novo. É seu marido, ora.
— Está certo, então. Eu pago. E quando saberei que as coisas vão acontecer?
— Preciso de três meses. Até lá as coisas vão mudar, e seu marido vai voltar, pode ter certeza.
— Três meses? É muito tempo. Minhas amigas vão suspeitar. O que faço?

— Viaje, faça alguma coisa diferente. Suma de seu círculo social. São pelo menos três meses.

Leocádia mordia os lábios nervosamente.

— Está certo. Eu aguardo. Muito obrigada.

Mané soltou suas mãos das de Leocádia. Fez o corpo estremecer e abriu os olhos.

— O que meu guia disse?

— Tenho de pagar cinco mil e em três meses verei os resultados.

— Se ele pediu cinco mil, é porque vou ter de comprar muito material. O trabalho vai ser duro de fazer, mas vai dar resultado.

— E quanto à garota do escritório? Não posso fazer nada?

— Se o guia mandou esperar, tem de esperar. Não vá fazer nada contra a moça, senão o trabalho pode não dar certo.

— Vou tentar.

Isaurinha cortou a conversa:

— Também quero ser consultada. O que tem a me dizer?

— Não sei se meu guia virá.

— Não saio daqui enquanto não falar com ele.

Antes de Mané responder, sentiu uma onda percorrer-lhe o corpo e ele tombou no chão, perdendo os sentidos. As duas se assustaram. Correram até a porta. Com o rosto virado para elas, a entidade disse, firme:

— Você vai ter muito trabalho, Isaurinha. Vai trabalhar bastante. E não vai demorar muito.

— Trabalho? Eu? Imagine, sou dama de sociedade. Não nasci para o trabalho.

A entidade soltou uma gargalhada que ecoou pela sala.

— Não nasceu para o trabalho, mas cedo ou tarde vai tomar gosto pelo trabalho. Fizemos muito por você. Uma hora vai ter de pagar.

— Eu já pago com dinheiro.

— Há coisas que só dinheiro não basta.

Terminou de falar e o corpo de Mané estremeceu. Ele estava visivelmente assustado. Fazia muito tempo que não incorporava de verdade.

— O que aconteceu?
— Veio um guia diferente e disse que vou trabalhar. Acho que se enganou.

Mané estava tonto, parecia bêbado.

— Dona Isaurinha não deve se preocupar. Ele deve ter falado dos chás que realiza. Quem sabe não terá mais entidades beneficentes para ajudar?

Isaurinha meneou a cabeça.

— Pode ser. Nem cheguei a pensar nisso. É mesmo... Estarei ainda mais em evidência. Vou despontar como uma das mais requisitadas damas da sociedade carioca. Que Deus bendiga esse seu guia!

— Assim seja.

Leocádia fez o cheque e entregou-o a Mané. Despediram-se. A atendente entrou correndo na sala de Mané:

— As pessoas estão nervosas e impacientes. A consulta com essas duas demorou demais.

— Danem-se! Mande todos embora.

— Como?!

— Mande todos embora. É surda? Acabou o trabalho hoje.

— Mas não atendeu a quase ninguém e precisamos pagar o aluguel...

Antes que ela continuasse, Mané mostrou-lhe o cheque. A moça deu até um gritinho de espanto.

— Elas pagaram tudo isso a você? Mas é mais do que um ano de trabalho suado, Mané.

— Pois é, elas caíram na velha história da secretária que quer tirar o marido de casa.

— Você usou esse truque de novo?

— Claro! O que não falha deve ser usado sempre. Só fico com pena da menina que vai receber toda essa vibração de ódio. Mas isso não é problema meu. Vá logo, mande o pessoal embora. Não sei quando voltaremos a ter consulta. Vamos comemorar.

Mané deu um tapinha nas nádegas da atendente. Colocou o cheque no bolso. Estava feliz.

— Essas mulheres são muito tolas. Como é fácil enganá-las!

Isaurinha, na saída do terreiro, falava sem parar.

— Eu sabia que havia dedo de mulher nessa história. Acha que tem cabimento? Eugênio, depois de trinta anos, querer sair de casa sem mais nem menos? E você, que sempre foi dedicada, que nunca abriu a boca? Sempre calada. Se ao menos vivessem às turras, mas isso foi feitiço, ah, foi.

Leocádia estava zonza. A vibração do ambiente já era pesada por si só, e ela havia registrado alguma coisa, ou melhor, seus sentidos haviam registrado energias pesadas. Mas estava tão preocupada com a vergonha, que tudo que Isaurinha falava parecia ter um fundo de razão em sua mente. Era uma maneira de não enxergar a verdade. Leocádia sabia que um dia teria de confrontar suas ilusões, porém sabia que isso lhe traria dor. Era melhor continuar fugindo da verdade.

— No escritório? A secretária de Eugênio é Heloísa. Ela não tem cara de macumbeira.

— Cuidado, amiga. Essas mulheres são perigosas e ardilosas. Quem garante que essa tal de Heloísa não mantenha um caso com seu marido? Você está no escritório todo dia para saber a verdade? Claro que não!

— Não sei. Custo a crer que Heloísa seja amante de Eugênio.

— Então talvez seja outra que faça parte do quadro da presidência. Vamos verificar. Eu posso ajudá-la.

— Como?

— Tenho um bom olho, tenho faro para essas coisas. Quando Tomás se separou de mim, foi para ficar com a recepcionista da empresa. E eu achando que a secretária era a culpada! Quase acabei com a vida da coitada. Você conhece as mulheres que trabalham no escritório de Eugênio?

— Algumas de vista. Nunca fui de me intrometer nos negócios de meu marido.

— Pois agora terá de se meter. Iremos amanhã mesmo até o escritório.

— Não, amanhã é muito cedo. Eugênio pode não querer me receber. Estou confusa.

— Em que pensa?

Leocádia não respondeu, mas pensava, amargurada:

Será que estou agindo certo? Será que não vou trazer mais encrenca para minha vida?

Mário chegou ao hotel e logo o recepcionista no saguão o encaminhou até o elevador.

— O doutor Brandão o espera no restaurante. É no primeiro andar. Por gentileza, siga-me.

O rapaz deixou-se conduzir. Tomou o elevador e foi ao restaurante.

A maioria das pessoas já havia deixado o recinto. Eugênio estava sentado num canto observando a orla de Copacabana.

— Pai!

Eugênio virou-se e levantou-se. Abraçou Mário com força.

— Meu filho, que bom que chegou! Eu precisava de um amigo.

— Aqui estou.

Eugênio fez sinal para o garçom.

— Pode mandar servir o jantar, por favor.

— Sim, senhor.

— Sente-se, meu filho. Mal chegou de viagem e já lhe trago problemas.

— Que é isso, pai? De maneira alguma. Sabia que isso iria ocorrer, mais cedo ou mais tarde.

— Depois que me emprestou seus livros sobre espiritualidade, sobre as verdades da vida, comecei a me questionar: e se eu morrer agora? Vou continuar consciente, lúcido e direi a mim mesmo: o que deixei de fazer? E então terei uma lista enorme de pendências. Não é o que eu quero, mesmo na idade em que estou.

— Idade é desculpa. Nunca é tarde para ser feliz. Desde que eu me lembre, vocês nunca se deram bem. Sempre foram respeitosos um com o outro, mas nunca se amaram.

— É verdade. Eu e sua mãe nunca nos amamos. Meu coração sempre pertenceu a outra mulher.

Mário admirou-se.

— Outra mulher? Você era apaixonado por outra? E por que se casou com mamãe? Só porque ela engravidou?

Eugênio passou a mão pelos cabelos.

— Como soube?

— Eu e Maria Helena sabemos fazer contas. Vocês se casaram em março, e eu nasci em setembro. Tudo no mesmo ano.

Eugênio deu uma gargalhada.

— Tem razão. Naquele tempo foi barra pesada. Tivemos de correr com os proclamas, para não dar na cara. Dissemos que você nasceu prematuro, sei lá qual foi a desculpa esfarrapada. Ninguém suspeitou de nada, ou fingiram muito bem.

— Por que nunca me contou antes?

— Vergonha, sei lá. Nem meus amigos sabem.

— Acha que precisava abrir mão de seu amor para se casar com quem não amava? Não poderia ter resolvido a história de outro jeito?

— Isso até hoje é obscuro para mim. Lembro-me de sua mãe me atiçando, me seduzindo, e não me lembro de mais nada.

— Nem de ter tido relações com ela?

— Não. Por mais que force minha memória, não consigo me recordar de nada. Aliás, quando soube da gravidez, tomei um susto. Não esperava. E cheguei até a desconfiar de sua mãe.

— Acha que não sou seu filho legítimo?

— Cheguei a pensar nisso, mas você se parece muito comigo. E a marca de nascença que traz nas costas é idêntica à minha. Não há como negar. E, mesmo que não fosse, eu o amo.

— Bem, a vida sempre nos dá oportunidade de renovar, mudar, acertar o que erramos. O senhor, se tomou tal decisão, deve estar preparado para o que vem.

— Como assim?

— Quando tomamos uma decisão, é porque algo dentro de nós pensa diferente. É como se estivéssemos com um martelo na mão e quebrássemos um punhado de crenças velhas e posturas inadequadas. E, quando isso acontece, atraímos novas situações a fim de que fortaleçam as novas crenças, ou seja, esteja preparado para mudanças.

— Estou.

— Lembre-se de que as mudanças nem sempre são agradáveis. A vida sempre faz o melhor, às vezes trazendo situações desagradáveis. Precisamos olhar tudo com serenidade e usar nosso livre-arbítrio.

— Preciso mudar meu jeito de ser. Quero crescer. Sei que há a eternidade pela frente, mas preciso parar de reclamar da vida, das coisas, das situações em geral.

— Abençoe.

— E o que isso pode adiantar para mim, filho?

— Ao parar de reclamar da vida, você está acionando a mudança de padrão de pensamento e acaba atraindo, em consequência, tudo que lhe pertence por direito divino.

— E o que me pertence?

Mário sentiu uma brisa suave tocar-lhe rosto, embora as vidraças estivessem fechadas. Olhou o pai com olhos cheios de amor e respondeu:

— Tudo aquilo que desejar lhe pertence por direito divino.

Capítulo 12

Heloísa e Maria Helena partiram no dia imediato, depois de acertarem tudo com Mariano. No aeroporto Santos Dumont, no Rio, Mário foi recepcioná-las.

— Não precisava se incomodar — disse a irmã.

— Imagine... Estava louco de saudade. Ademais, quero aproveitar para almoçar e conversar sobre papai e mamãe.

— Vai dar tudo certo. Agora que estão separados, cada um vai ter o que merece. Garanto que serão mais felizes daqui para a frente do que nos últimos trinta anos.

— Tem essa sensação?

— Minha sensibilidade não falha. Depois conversaremos. Você se lembra de Heloísa? Agora trabalha comigo.

— Como vai?

— Bem, Mário. Quanto tempo! Você mal para na empresa. Está sempre viajando.

— Agora as coisas vão mudar. Estamos com alguns problemas em casa e, com a volta de minha irmã ao Brasil e aos negócios, quero ficar mais próximo.

Maria Helena alegrou-se:

— Até que enfim! Quem diria que uma hora iria sossegar? Só falta arrumar uma namorada.

Mário fez um gesto largo com as mãos.

— Essas moças de hoje têm a mente muito fútil, não sabem o que querem da vida, exceto um homem de quem dependam eternamente. Não é o que eu quero. No momento prefiro ajeitar as coisas em casa. Depois cuido do coração.

— Este meu irmão é um romântico.

— O que posso fazer?

Os três caíram na risada.

— Heloísa, pegue um táxi e vá direto para a empresa. Nós nos encontraremos mais tarde. Converse com papai sobre a nova secretária. Diga que ela começará na segunda-feira. Peço sua colaboração por mais alguns dias. Eu e papai teremos de dividi-la em três, pelo menos.

— Não há problema, Maria Helena. Estou acostumada com esse tipo de trabalho e gosto do que faço. Para mim, mais alguns dias não serão sacrifício algum. Conte comigo. Preciso ir — virou-se para Mário. — Foi um prazer. Espero termos a oportunidade de conversar mais. Maria Helena me disse que é médium. Eu também sou e participo de reunião com um pequeno grupo de amigos. Se quiser, as portas estarão abertas.

— Obrigado, fico contente em saber disso. E ter na firma pessoas assim, que acreditam na espiritualidade, é positivo e saudável. Qualquer hora apareço e vamos almoçar. Foi um grande prazer. Até mais.

Heloísa despediu-se dos irmãos e pegou um táxi. Em pouco tempo estava no centro da cidade, no prédio da Paladar.

Rubinho estava na copa quando sentiu o perfume característico de sua amada. Ela encostou a porta e abraçou-o e beijou-o repetidas vezes.

— Meu amor, quanta saudade!

— Eu também estava louco de saudade. Por menor que seja o tempo que ficamos separados, sinto sua falta.

— Você está com uma cara tão boa!

— Procurei segurar até agora e consegui. Estava louco de vontade de ligar, mas me segurei.

— O que aconteceu?

— Adivinhe...

— Recebeu aumento de salário?

— Também.

— Como também? Há mais?

— Fui promovido.

Heloísa sentiu uma imensa alegria banhar-lhe o peito. Abraçou-se a Rubinho e beijou-o outras tantas vezes no rosto e nos lábios.

— Meu querido, parabéns! Eu tinha certeza de que logo iriam perceber o valor que tem. Você é muito competente.

— Percival está passando tudo para mim. Semana que vem começo como gerente.

— Eu estava um pouco desconfiada, mas fiquei quieta. Quando Maria Helena me contou sobre as mudanças no organograma, criação de conselho etc., sabia que havia chances para você.

— Quem não gostou muito disso tudo foi Heitor.

— Não acredito! Justo seu melhor amigo?

— Ficou fulo da vida. Parecia que uma desgraça se abatera sobre sua cabeça. Fiquei desapontado, mas depois refleti e lembrei-me dos abençoados encontros com seu tio Gustavo.

— Principalmente aquele sobre a vítima, certo?

— Como sabe que me lembrei da reunião sobre vitimismo?

— Porque seu amigo age dessa forma. Sente-se vítima de toda e qualquer situação que não lhe seja favorável. Enquanto Heitor não largar o vitimismo, reagir e tomar posse de si, jamais conseguirá mudar seu destino.

Uma terceira voz ecoou no recinto:

— O otimismo é força que conduz tudo ao sucesso.

Heloísa e Rubinho voltaram-se para a porta. Era Mirna quem havia falado. Heloísa admirou-se.

— O otimismo é uma força que todos têm e pouquíssimos utilizam.

Mirna dirigiu-se até Rubinho:

— Parabéns! Não tive tempo de cumprimentá-lo antes pela promoção. Estava cheia de serviço, e a atitude de Heitor...

Mirna baixou os olhos, envergonhada. Rubinho meneou a cabeça para os lados.

— Não se preocupe. Sei que está me dizendo de coração. Heitor é assim mesmo. Logo tudo voltará ao normal.

— Receio que não. Ele está muito nervoso.

— Por que não veio trabalhar hoje?

Mirna não respondeu. Heloísa percebeu marcas arroxeadas no rosto da jovem. Procurou dissimular.

— Logo tudo se transformará. Escute, de onde você tirou aquela frase tão bonita e profunda?

Mirna sentiu as faces ficarem rubras.

— De um livro que comprei esta semana. Foi indicação de uma conhecida. Sabe, não tenho amigos, e o clima aqui no escritório nunca foi dos melhores para mim. Sinto que as pessoas se distanciam. Vocês também agem dessa forma comigo.

Heloísa e Rubinho se entreolharam. Heloísa disse:

— Olhe, acredite ou não, eu e Rubinho somos espiritualistas, e adoramos estudar temas como reencarnação, vida após a morte e, principalmente, o mundo energético do qual fazemos parte.

— Sou muito ignorante em quase tudo, mas esse é um assunto que me fascina, mesmo conhecendo pouco a respeito. O que isso tem a ver com o fato de não gostarem de mim?

— Não se trata de gostar ou não de você, mas a energia que você emana, que sai de seus poros. Todo tipo de pensamento que você produz gera uma onda de energia, e as pessoas mais sensíveis conseguem captá-la. E às vezes há pessoas ou mentes ligadas em você, por afinidade, que aumentam essa carga de energia ao seu redor. Se for energia boa, as pessoas sentirão um tremendo bem-estar a seu lado; porém, se forem desagradáveis, produzirão um tremendo mal-estar. Há vezes em que eu e Rubinho sentimos uma onda esquisita a seu lado, como se houvesse uma concentração de pensamentos muito ruins alimentados por sua mente ou por outras ligadas em você.

Mirna estremeceu.

— A culpa gera energia ruim?

— A culpa não gera energia, é um mecanismo que nossa mente usa para nos punirmos por alguma coisa que julgamos ser errada. Se você acha que fez algo errado, inadmissível, pode estar aí a chave para a culpa. E os pensamentos de quem se sente culpado, com remorso, não são dos mais positivos, concorda?

— É verdade. Sinto mal-estar, enjoo, dor de cabeça, sem mais nem menos. Depois, do mesmo jeito que vem, vai embora.

Rubinho lançou olhar desconfiado para Heloísa, que disparou:

— Você já tomou passe alguma vez?

— Há muitos anos, no Espírito Santo, cheguei a ir a algumas sessões num centro espírita com uma amiga, depois nunca mais.

— Gostaria de participar de uma reunião conosco? Não se trata de um centro espírita, conversamos sobre espiritualidade e terminamos nossos estudos com um passe restaurador, que nos traz paz e equilíbrio.

— Adoraria. Estou precisando. Sinto que tenho de mudar muitas coisas em minha vida.

— Vou consultar meu tio Gustavo para saber se você pode participar já nesta semana.

— Posso convidar Heitor também?

— Duvido que ele vá — considerou Rubinho. — Há tempos eu o chamo e ele se recusa a ir. Diz que não quer perder tempo com essas coisas. Mas, já que você gosta dele, podemos fazer uma vibração a distância. O que acha?

— Acho ótimo. Bem, estou disponível qualquer dia da semana, embora esteja trabalhando um pouco demais, visto que seu Sousa está gostando muito de meu trabalho.

— Você tem melhorado sensivelmente, Mirna — elogiou Rubinho. — Se continuar assim, logo vai ser promovida. Aí eu é que irei parabenizá-la.

— Obrigada. Adoro trabalhar aqui. Sei que posso melhorar. Agora preciso voltar ao trabalho. Com licença.

Rubinho olhou para Heloísa com espanto.

— Quem diria! Estávamos conversando com a menina da "energia pesada".

— Aí existe algo. Você chegou a perceber alguma coisa?

— Não.

— Pois eu percebi. Mirna está atormentada, parece que esconde alguma coisa, não sei. Mas não tem a ver com falsidade. Ela tem medo de ser julgada. Está se autopunindo.

— Acha mesmo?

— Sim. E não percebeu as marcas arroxeadas no rosto?

— Percebi. Acha que seria possível?

— Não sei. Mirna já está morando no apartamento?

— Parece que sim.

— Interessante. Ela não é negativa como Heitor, mas está ligada a ele.

— Talvez seja a culpa. Quem tem culpa tem medo, e o medo sempre atrai energias negativas, situações desagradáveis.

— É, você tem razão. Vou ligar para tio Gustavo agora. Se ele permitir, quero levá-la à reunião ainda esta semana.

— Achei estranho você convidá-la assim, logo de cara.

— Eu também, mas procurei respeitar minha intuição. É como se uma voz insistisse para que a levássemos até nossa reunião. Ela precisa de ajuda.

— Eu também preciso.

Rubinho entortou o lábio e fez beicinho. Heloísa deu uma gargalhada e beijou-o novamente.

No restaurante, após fazer o pedido, Mário foi enfático:

— Há algo estranho em casa. Pensei que mamãe fosse desabar, ter uma crise, mas nada. Ela saiu ontem com dona Isaurinha e voltou tarde da noite. No café da manhã, conversou comigo como se nada houvesse acontecido.

— Ela não quer enxergar a verdade.

— Como poderemos ajudá-la?

— Vamos com calma. Temos de mostrar a ela que a verdade não dói; nossas ilusões é que machucam. Ela precisa cuidar e tomar posse de si, mudar suas atitudes, tornar-se forte.

— Ela dá muito valor ao que os outros pensam.

— Uma hora ela vai perceber o valor que tem e não vai mais ligar para nada.

— Você acha possível?

— Tudo é possível. Lembra-se de como eu e ela nos tratávamos?

— Vocês estavam sempre às turras.

— Então eu mudei. Quando passei a me entender e reconhecer meus erros, a me aceitar do jeitinho que eu sou, ficou mais fácil aceitar os outros. Na verdade, eu e mamãe somos muito parecidas. Agora que estamos próximas, talvez possa lhe transmitir algumas verdades. Antes, porém, temos de afastá-la do convívio com Isaurinha.

— Dona Isaurinha não é boa companhia. Mas, se mamãe não mudar, tudo ficará na mesma.

— Tem razão. Temos boa vontade e a vida vai nos ajudar a encontrar maneiras de mostrar à dona Leocádia quanta coisa boa ela tem para dar.

— Torço por isso.

— Papai está no escritório? — indagou Maria Helena.

— Sim. Ele está bem. Um pouco confuso, mas está bem. Marquei de jantarmos juntos, só que ele tem reunião até tarde e quer descansar. O que acha de domingo agora passar o dia com mamãe? Podemos tentar arrancar algo dela. Sabe que levo jeito e consigo tudo que quero. Dela, é claro.

Maria Helena sorriu.

— Você é impossível. Consegue dobrar mamãe. Domingo, não sei. Heloísa se reúne com um grupo de médiuns no próximo domingo.

— Ela falou no aeroporto. Será que é um bom grupo? Até hoje não encontrei um lugar que me satisfizesse. Gostei de Heloísa. É muito bonita e simpática.

— Além de muito competente. Gosto dela e de seu serviço. E não adianta querer dar em cima. Ela não serve para seu bico. Vive com um rapaz do escritório.

— Ah, que pena!

— Você não toma jeito, meu irmão.

— E a nova secretária? É tão boa quanto Heloísa?

— Parece que sim. E muito bonita. Aguarde até segunda-feira. Você verá.

Mário deixou-se conduzir pela imaginação e logo sorriu ante a possibilidade de conhecer a nova secretária do pai.

Mirna saiu feliz do escritório. Era a primeira vez que conversava com colegas na Paladar.

Como estou feliz! Gostaria de fazer novas amizades. Tenho pedido tanto para mudar de vida que parece que Deus está me escutando. Oh, como é bom conversar com pessoas de bom nível!

Também estava contente porque havia recebido o dinheiro das horas extras. Ao descer do ônibus, alguém a pegou à força e a arrastou a um canto. Mirna apavorou-se.

— O que quer? Chega de me atormentar!

— Como, o que quero? Você ainda me deve, esqueceu?

— Você é louco, Benê. Paguei dona Arlete direitinho e paguei você também. Não devo mais nada e quero viver minha vida.

Benê deu-lhe um tapa certeiro no rosto. A moça quase foi ao chão.

— Tu pensa que pode me enganar? Tu é burra mesmo.
— Eu não lhe devo mais nada. Tenho o direito de mudar de vida.
— Isso é o que vamos ver.

Benê arrancou a bolsa das mãos dela e pegou todo o dinheiro.

— Isso deve dar. A hora que as coisas apertarem, volto para pegar mais.
— Você não tem o direito de fazer isso.
— E tu não tem o direito de enganar as pessoas. O cara que mora contigo sabe que vida tu levava?

Mirna estremeceu.

— Não, nem precisa ficar sabendo. Por quê? Não interessa. Quero levar uma vida decente daqui em diante. O passado não significa mais nada.
— Eu sei onde tu mora. Quando precisar de mais grana, eu volto.

Benê colocou o dinheiro dentro da cueca. Virou-se para atravessar a rua quando sentiu violento golpe no nariz. Ele cambaleou e sentiu o gosto amargo de sangue. Tentou revidar, mas levou um chute no meio das pernas. O golpe foi certeiro e tão intenso que ele não resistiu e caiu, uivando de dor.

Mirna procurou se recompor. Levantou-se, enxugou as lágrimas.

— A madame está bem?

Ela assentiu com a cabeça. Depois balbuciou, enquanto olhava para Benê, caído no chão:

— Sim... Sim. Ele pegou meu dinheiro.

Benê levou outro pontapé.

— Desgraçado, além de intimidar e bater numa dama, ainda pegou o dinheiro dela? Você não presta mesmo.

Benê foi agarrado pelo colarinho. O homem o encostou na parede com um braço. Meteu a outra mão por dentro das calças do gigolô.

— Então tá aqui o dinheiro da madame! Olhe aqui, Benê, se eu te vir por estas bandas... E tu sabe, né, ô amizade, que eu cumpro com o que prometo... Eu acabo com a tua vida. Eu passei o ponto pra tu há muito tempo. Sabe que ainda posso tirar o teu lugar. Ainda sou respeitado na Lapa.

— Isso não, de forma alguma. Me desculpa. Não sabia que ela era tua protegida.

— Mas é. Se voltar a perturbar a madame, eu acabo contigo.

— Tá certo. Pode deixar.

— Pede desculpa pra moça.

— Hã?

— Isso mesmo. Ou tu é surdo? Pede desculpa logo pra moça, Benê — exigiu, dando-lhe outro tapa na cara.

— Desculpa.

Mirna baixou a cabeça. Benê saiu em disparada, mas com olhos rancorosos. Ao dobrar a esquina, voltou a encarar Mirna com ódio.

— Ainda vou te aprontar uma — disse, entre ranger de dentes.

O rapaz devolveu o dinheiro para Mirna.

— Conta tudo direitinho. Vê se está tudo aí.

Mirna ainda tremendo, ficou a contar as notas.

— Está tudo certo. Não falta nada. O senhor me salvou. Foi o anjo que apareceu na hora certa.

O rapaz sorriu.

— Que é isso, dona? Benê estava andando por estas bandas há algum tempo. Ele é um conhecido de anos. Suspeitei que estivesse rondando à procura de alguma mulher. Eu vi quando ele a puxou pelo braço.

— Mesmo assim, obrigada. Ele me atormenta há tempos.

— Trabalhou para ele?

Mirna baixou a cabeça, e fez sinal afirmativo.

— Acontece. Eu também já trabalhei na Lapa. Mas era mais legal que Benê. Ele se apega muito às garotas. Fico feliz que você tenha mudado de profissão.

Ela nada disse. Ele se apresentou.

— Meu nome é Freitas. Trabalho ali na outra rua. Posso acompanhá-la.

— Não será necessário.

— Tenho tempo de tomar meu cafezinho na padaria. Entro às seis da tarde.
— É porteiro?
— Isso mesmo.
— Prazer, então, seu Freitas. Passar bem.
— Até logo, madame.

Mirna despediu-se e acelerou o passo até a esquina. Dobrou a rua e mais um pouco entrou no prédio. Ainda não tinha uma cópia da chave e calculara que Heitor estivesse dormindo, visto que ele não fora trabalhar naquele dia. Tocou a campainha uma vez. Nada. Tocou de novo, e outra vez, até que, após algum tempo, Heitor abriu. Mirna fez cara de nojo.

— Meu Deus! O que aconteceu?
— Nada. Não aconteceu nada.
— Você bebeu.
— Não é de sua conta.
— Você bebeu, Heitor. Onde arrumou todo esse uísque e toda essa pinga? De onde vieram essas garrafas?
— Já disse que não é de sua conta. Se bebo, o problema é meu.
— Assim não dá para começar uma vida em comum. Como posso viver com um homem que se sente fracassado só porque o amigo foi promovido?
— Cale essa boca! Você não sabe o que diz.
— Você é tão bom trabalhador, Heitor. Tão bonito, esforçado. O que deu em você? Por que esse comportamento destrutivo?
— Quem você pensa que é? A datilógrafa burra e limitada vem me dar conselhos?
— Não precisa me ofender. Tenho me esforçado.
— Mas não vai chegar a nada, a lugar nenhum. As mulheres não foram feitas para trabalhar. Elas foram criadas para cuidar da casa, dos maridos e filhos.
— Eu gosto do que faço, e, ademais, posso trazer dinheiro para casa. Veja.

Mirna tirou da bolsa o dinheiro um tanto amassado e disse:

— Isso vai dar para as despesas deste mês, visto que agora você não conta mais com a ajuda de Rubinho.
— Que dinheiro é esse?
— As horas extras. Seu Sousa foi muito generoso.
— Que tipo de serviço prestou a Sousa? — Heitor estava com a voz alterada, pastosa. Estava sendo indelicado com Mirna.
— Não fale assim comigo.
— Agora que está se sentindo reconhecida, vai se corromper nos valores. Você é a mulher que escolhi para ser minha esposa. Sabe que um dia vai ter de deixar de trabalhar.

Mirna tentou dissimular.

— Sei, meu querido. Mas agora não é a hora. Precisamos dos salários dos dois. Quando casarmos, conversaremos. Agora vamos tomar uma ducha. Você precisa melhorar seu aspecto.

Heitor jogou-se sobre Mirna.

— Eu não valho nada. Sou um incapaz. Nem promoção fui capaz de receber. Eu sou um nada.
— Não é. Precisa cultivar o otimismo. Todos somos passíveis de erro, mas podemos melhorar, sempre. Você precisa mudar sua maneira de enxergar as coisas. Vou ajudá-lo.

Heitor começou a chorar.

— Você é a única que me entende. Eu a amo. Eu a amo.

Abraçou-se a Mirna e chorou copiosamente, enquanto ela o arrastava até o banheiro.

Clarice estava terminando de arrumar as coisas no escritório quando Mariano apareceu.

— Ei, não quer jantar conosco hoje? Antônia soube que esta é sua última semana aqui e quer sua presença. Não admite um "não" como resposta.

— Então não há outra saída. Tenho de aceitar.
— Ótimo. Já estou de saída. Não vai sair?
— Vou. Aguarde só um instante para descermos juntos. Preciso ligar para tia Carlota. Quero visitá-la na sexta-feira.
— Quem sabe não poderemos ir nós três? Antônia também está com saudade.

Clarice ligou para a tia e combinaram de se encontrar na sexta-feira. Ela pegou sua bolsa e dirigiu-se ao saguão do elevador. Mariano estava esperando-a.

— Eu o seguirei com meu carro — disse ela.
— Não. Deixe seu carro na garagem da fábrica. Amanhã eu a trago para o trabalho.
— Por quê? É muito sacrifício.
— Não. Você precisa estar descansada e cuidar de sua transferência.
— Você é muito gentil.

Foram conversando até o estacionamento. Entraram no carro e partiram rumo à saída do prédio. Na rua, enquanto dirigia, Mariano comentava sobre a mudança de Clarice:

— Eu e Antônia cuidaremos do apartamento até que decida o melhor a fazer. Tomei a liberdade de conversar com a empregada, já que dividimos os serviços dela. Ela vai trabalhar todos os dias conosco. A cada quinze dias, irá até seu apartamento, fará uma faxina, retirará pó, abrirá janelas etc. Toda sexta-feira passarei na portaria para pegar correspondência e contas. Eu ligo para você, passo o valor...

— Não precisa. Coloque as contas no malote da semana. Você e Antônia têm feito muito por mim. Nunca pensei que as mudanças fossem chegar tão rapidamente e tudo desse tão certo.

— Eu sabia que você simpatizaria com Maria Helena. Ela é durona, mas é boa pessoa.

— Gostei muito dela. Mas fiquei encantada com Heloísa. Ela é tão fina, tão educada, de uma inteligência incomum. E parece ser tão simples.

— Eu a conhecia por conversas ao telefone. Sempre foi muito simpática e nunca usou de seu poder pelo fato de ser a secretária do presidente da companhia. Sempre foi muito correta.

— Ambas me causaram boa impressão. Tenho certeza de que causei o mesmo impacto positivo. Vamos nos dar muito bem.

— É, querida, você vai crescer muito no Rio. Logo estará ganhando um salário ainda maior, vai arrumar um bom marido, tudo vai correr às mil maravilhas.

— Ah, estou tão animada, Mariano. Não faz ideia de quanto desejo que tudo dê certo. Estou louca de vontade de mudar já para o Rio. O sonho finalmente se transformou em realidade.

— Você merece. A pobre roceira, desdentada, agora é a secretária do presidente de uma das maiores empresas do país. Tenho orgulho de você.

Mariano virou-se e beijou-a na face. Uma lágrima escorreu pelo canto de um dos olhos de Clarice. Estava feliz.

Na sexta-feira à tardinha, Clarice chegou à casa de Carlota.

— Menina, pensei que fosse se mudar sem vir até aqui.

Clarice abraçou a tia com carinho.

— Imagine. A senhora sempre foi como uma mãe para mim; nunca faria uma coisa dessas. Pena Mariano não poder ter vindo.

— Combinei com Antônia de virem aqui semana que vem. Afinal, sabe-se lá quando você retornará para visitar sua velha tia.

— Não fale assim. Eu a adoro. Irá passar uns dias comigo no Rio, de vez em quando.

— Eu?! No Rio de Janeiro? Não. Já passei da idade.

— Qual nada, tia. Em Copacabana está assim cheio de senhores, viúvos, divorciados...

— Agora quer dar uma de cupido?

Ambas riram. Clarice voltou a abraçar a tia.

— Sou muito grata por tudo que fez por mim.

Carlota emocionou-se. Procurando se recompor, foi dizendo:

— Entre, preparei um lanche bem gostoso. Jantaremos mais tarde.
— Há quanto tempo não faço um lanche, tia.
— Com tudo a que tem direito: bolo, rosquinhas e muito mais. E tudo feito à mão.
— Desse jeito vou chegar com alguns quilos a mais no Rio.
— Você não vai engordar. Está tão magra, tem trabalhado tanto. Alguns docinhos não lhe farão mal. Entre, minha filha.

Entraram e foram direto para a cozinha. A mesa estava lindamente decorada, com bolinhos, doces, roscas, pães, tudo feito no forno de barro que Carlota possuía no quintal de sua pequena chácara.

— Tia, que mesa linda!
— Sente-se e aproveite. Vou coar o café.

Clarice sentou-se e começou a comer. Encheu seu prato de guloseimas.

— Humm, há quanto tempo não como essas goiabinhas. Só mesmo a senhora, tia. Que delícia! Promete que vai mandar umas compotas de doce para mim?
— Prometo. Quando tiver endereço fixo, mando as compotas.
— Estou tão feliz!
— Você sempre quis isso. E o sabor da vitória é mais gostoso sabendo do que Heitor lhe fez há alguns anos.

Clarice deu de ombros.

— Isso faz parte do passado e não vou me agarrar nisso. Preciso que minha mente esteja aberta para outras coisas. Esses pensamentos antigos e negativos não ajudam em nada, só trazem infelicidade.
— Assim é que se fala. De nada adianta guardar ressentimentos.
— E afinal, tia, não há vítimas no mundo. Se Heitor fez o que fez e me atingiu, foi porque eu assim o permiti, de uma certa forma. Na verdade, atraí isso para mim. Era muito insegura, boba, dependente. O que de melhor poderia me acontecer?
— É verdade. Não estava preparada naquela época. Hoje você tem estrutura para vencer naquela cidade grande.

— Com certeza cruzarei com Heitor no escritório.
— Como gostaria de ver a cara dele ao reconhecê-la!
— Tia!
— Está bem. Mas você não fica nem um pouquinho curiosa? A consciência dele vai arder.
— Pode deixar que depois eu lhe conto tudo, está certo?

Carlota terminou de coar o café e colocou o bule na mesa. Sentou-se.

— Sirva-se. Não esquentei o leite porque...
— Continuo apreciando o café.
— Diga-me: o que vai fazer, de verdade?
— Como assim?
— Só sei que vai para o Rio, trabalhar na sede da Paladar. Qual será o seu cargo? O mesmo daqui?
— Não! Serei secretária da presidência. Agora trabalharei diretamente com o doutor Eugênio Brandão.

Carlota estava colocando o café em sua xícara e, ao ouvir o nome de Eugênio, deixou o bule ir ao chão.

— Tia, o que foi isso? Queimou-se?
— Oh, não... Eu... ando descuidada ultimamente — mentiu.
— Fique aí, que dou um jeito.

Clarice levantou-se e apanhou um pano. Umedeceu-o e passou no chão.

— Sorte não ter caído na senhora.
— Vou ferver mais água.

Clarice não notou o nervosismo de Carlota. Continuou a falar:

— Estou muito feliz. Conheci a filha dele hoje. Muito bonita e muito simpática.

Carlota virou-se de costas para que Clarice não percebesse. Além de sentir um frio no estômago, não conseguiu segurar as lágrimas que tombaram por sua face.

Capítulo 13

Clarice chegou no primeiro voo que partiu de Belo Horizonte com destino ao Rio. Era ainda bem cedo quando desembarcou no aeroporto Santos Dumont. Trouxe pouca bagagem, pois uma transportadora traria o restante de seus pertences tão logo Clarice alugasse um apartamento.

Pegou um táxi e dirigiu-se até o escritório. Os funcionários ainda estavam chegando ao serviço quando ela entrou no prédio. Encontrou Heloísa no saguão.

— Bom dia!

Heloísa voltou-se e cumprimentou-a, admirada.

— Clarice! Bom dia! Tão cedo? Pensei que viesse pela hora do almoço.

— De maneira alguma. Não poderia deixar de vir. Estava ansiosa. Já que iria começar hoje, por que não logo no horário normal de expediente?

— Já ganhou pontos. O doutor Eugênio a espera para depois do almoço. Vai ficar contente. Gostaria de lhe apresentar meu namorado, Rubinho.

— Prazer.

— O prazer é meu, Clarice. Realmente você é muito bonita. Heloísa não mentiu quando disse quanto era bela.

— Obrigada.

— Prepare-se para ser assediada pelos gaviões. Este escritório está assim cheio — fez Heloísa num gesto gracioso com as mãos. Continuou: — Só este aqui é que não tem direito às brincadeirinhas.

Rubinho riu.

— Só brinco mesmo. Não quis ser indelicado. Fui verdadeiro: você é encantadora. Possui um sorriso lindo.

Clarice deu uma gargalhada. Nunca poderia imaginar que um dia seria admirada pelo sorriso. Justo ela, que ficara anos tapando a boca, com vergonha de mostrar as falhas.

— Eu disse alguma besteira?

— Não, Rubens. É que você tem um jeito engraçado de admirar as pessoas. É tão direto e natural. Não estou acostumada.

— Pois trate de se acostumar. E comece me chamando de Rubinho. O "Rubens" fica só para as formalidades.

— Ele foi promovido, Clarice. É o novo gerente financeiro da Paladar.

— Meus parabéns! Então estamos começando todos com promoção: eu, você e Heloísa. Isto é muito sadio.

— Vamos subir. Vou levá-la até sua nova sala, a que era minha.

Subiram animados. Quando chegaram ao escritório, Maria Helena já estava em sua sala. Pelo vidro viu Clarice entrando. Ficou admirada.

— Você já chegou? Impressionante.

— Bom dia, Maria Helena. Ajeitei minhas coisas. Em Belo Horizonte ficou tudo em ordem. Só falta arrumar um apartamento, mais nada.

— À tarde iremos até uma imobiliária.

— Não acho que haja necessidade — interveio Heloísa.
— Por quê?
— Bem, um inquilino de meu prédio me contou que mudará para São Paulo daqui a uns três meses. Como o edifício é concorridíssimo, antecipei-me e já conversei com o síndico. Estou lá há alguns anos e possuo — ela riu — bons antecedentes, por isso minha indicação conta como sendo positiva. Se Clarice não se incomodar de passar esses meses iniciais no hotel, valerá a pena.
— Oh, Heloísa, estou tão feliz. Obrigada. Se é por pouco tempo, não vejo problema em continuar no hotel.
— Estou com ciúme — brincou Maria Helena. — Clarice mal chegou ao Rio e vai morar num dos prédios mais elegantes de Copacabana? Não é justo!
— Ela é poderosa. Sinal de que ainda conseguirá muita coisa.
— Também acho. Bem, vamos deixar a conversa de lado. Papai está chegando. Vou apresentá-la aos chefes, aos gerentes. Depois poderá arrumar suas coisas. Trouxe algo?
— Sim. As malas ficaram no saguão e há duas caixas de pertences de escritório.
— Vou pedir para subirem com as coisas. Agora vamos.
Maria Helena levou Clarice aos departamentos e ela foi conhecendo todos os funcionários da empresa. Heloísa estava contente. Clarice causou boa impressão aos novos colegas de trabalho.
— Gostei dela desde o primeiro instante. Acho que vai fazer um excelente trabalho. Sinto que vai galgar degraus aqui dentro.
— Quando você fala, é lei. Não duvido de jeito algum — ajuntou Rubinho. — Mas ela tem carisma, personalidade. É muito simpática.
— Ela é tudo isso e muito bonita. Tenho vontade de convidá-la para ir conosco à reunião de domingo próximo.
— Você não está convidando muita gente, Heloísa? Vai Mirna, falta saber se Maria Helena e Mário também irão...
— E daí? Quanto mais gente disposta a abrir a mente para esses ensinamentos, tanto melhor.

— Clarice é chegada a esses assuntos?
— Não sei. Mas minha intuição diz que sim. Ela leva jeito.
— Você é que não tem jeito.
Rubinho deu um beijinho em Heloísa.
— Bom trabalho. Até a hora do almoço.
Despediram-se e cada qual foi para sua sala.
Depois que Maria Helena apresentou Clarice aos funcionários, levou-a até a sala que antes pertencia a Heloísa.
— Desculpe, mas não há café aqui. Não sabia que chegaria tão cedo. Aceita ir até a copa tomar um?
— Adoraria.
— Vamos.
Foram até a copa. Mirna estava terminando de tomar seu café.
— Bom dia — disse ela.
— Bom dia. Quem é você?
— Mirna, funcionária do senhor Sousa.
— Prazer, sou Maria Helena Brandão.
Mirna enrubesceu.
— Oh, senhora, desculpe, cheguei atrasada e estava tomando um cafezinho...
— Não estou aqui para ralhar com ninguém. Também vim para um cafezinho. Deixe-me apresentá-la à nova secretária da presidência. Esta é Clarice.
— Bom dia. Prazer.
— Bom dia — respondeu Clarice. — Qual é a sua função aqui na Paladar?
— Trabalho no departamento financeiro. Mas, como sou boa em datilografia, preparo os memorandos para os gerentes.
— Então estaremos em contato. Tenho muitas cartas para enviar; talvez precise de sua ajuda.
— Será um prazer. Agora, com licença. Preciso voltar à minha mesa. Até logo.
— Meio medrosa essa aí, não acha?
— Parece meio acuada. Tem jeito de ser esforçada. Gostei dela.

— Bem, papai adora mandar cartas para lá e para cá. Talvez você precise de alguém que a ajude. Heloísa contava com o auxílio de Salete, mas ela pediu a conta na semana passada.
— Obrigada, Maria Helena.
— Eu também vou precisar. Talvez você e Heloísa possam utilizar os serviços dessa menina, o que acha?
— Vou analisar e ver o trabalho dela. Se gostar, converso com você. Gosto que as pessoas tenham a chance de crescer.
— Isso é muito bom, Clarice. Aprecio a maneira como trabalha. Confio em você. Vamos nos dar muito bem.
Clarice pegou a xícara de café em silêncio. Estava emocionada. Também sentia o mesmo em relação a Maria Helena. Silenciosamente fez uma prece de agradecimento a Deus e à querida Eustáquia, que tanto a ajudara.
O espírito de Eustáquia estava próximo e abraçou-se a ela com amor. Beijou-a na face com carinho.
— Continue sempre assim, minha filha. Sinto muito orgulho de você e de Maria Helena. Que continuem no caminho! Que Deus as abençoe!
Beijou-as e partiu.

Rubinho chegou até a mesa de Mirna.
— Cadê o príncipe encantado?
— Estava com o sono pesado. Está chegando.
— Se ele continuar se atrasando assim, sabe que terei de tomar providências.
— Eu sei, Rubinho, mas Heitor não anda bem. Não sei o que acontece. Estamos juntos há poucos meses e ele está tão diferente...
— O que está acontecendo?
— Ele está bebendo.
— Mal posso acreditar!
— Sim. Não sei se ele fazia isso antes. Mas, quando me mudei para o apartamento, não havia bebidas, exceto umas

latinhas de cerveja. Agora, porém, a casa anda cheia de uísque e cachaça para tudo quanto é lado. Não sei o que acontece com Heitor. Está tão abatido.

Rubinho ia rebater quando Heitor chegou.

— Dando em cima da funcionária?

— Ora, Heitor, que brincadeira de mau gosto. Estava preocupado com você. Não veio trabalhar na quinta e na sexta-feira. Não deu justificativa, e agora chega atrasado?

— Sei que é o novo chefe do pedaço, mas não vai pegar no meu pé, está bem? Pode me deixar em paz. Sei que não seremos mais amigos, pois devo respeitar a hierarquia. Agora você é chefe, gerentão e coisa e tal!

— Nada vai mudar pelo fato de eu ter assumido o cargo de gerente. Não sou de confundir as coisas. Mas, se continuar com essa postura infantil, terei de tomar providências. Gosto de você, mas está passando da conta. E ainda por cima anda bebendo?

Heitor lançou um olhar odioso para Mirna.

— Isso é problema meu. Você não mora mais comigo. O que faço de minha vida não é de sua conta.

— Não é de minha conta desde que não atrapalhe o serviço. Você é um funcionário bom, honesto. Não gostaria que a bebida o arrastasse para o lodo.

Heitor ia responder, mas ficou estático. Não movia um músculo. Mirna assustou-se.

— O que foi? O que aconteceu? Você está pálido, Heitor.

Ele não respondeu. Rubinho também se preocupou.

— O que foi? Bebeu antes de vir trabalhar?

Heitor continuava estático. Aquela mulher vindo em sua direção parecia-lhe familiar, e ele tinha certeza de quem se tratava. Não podia acreditar no que via.

Clarice aproximou-se e cumprimentou-o com delicadeza.

— Como vai, Heitor? Há quanto tempo, não é mesmo?

Ele mal conseguia articular palavra. Balbuciou:

— B... Bem.

— Que bom! Começo aqui hoje. Agora preciso ir trabalhar, conversaremos mais tarde. Até logo. Foi um prazer revê-lo.

Clarice saiu e fechou-se em sua nova sala. Eugênio acabava de chegar e a chamou.

Rubinho encarou Heitor com estupor:

— Você a conhece? Ela mal chegou ao Rio e o cumprimentou como velha conhecida.

— É. Uma velha conhecida. Essa é Clarice.

— Sim, Clarice, que veio da fábrica de Belo Horizonte.

— Não, eu digo que é a Clarice das cartas...

Rubinho levou a mão à boca, incrédulo.

— Essa é a Clarice de que você me falava? Não pode ser. Não tem nada a ver com aquela menina horrorosa que você me descreveu.

— Não tem mesmo. Nem eu posso acreditar. Se ela não me cumprimentasse, pensaria ser loucura de minha cabeça. Mas não é.

— Nossa, um mulherão desses e você nem quis saber. Que desperdício, homem!

Mirna estava sem nada entender.

— De que estão falando?

— Essa história Heitor lhe conta na hora do almoço. Mas não há com o que se preocupar, Mirna. Ele sempre a desprezou.

Heitor foi para sua mesa, sentindo-se sufocado. A presença de Clarice incomodava-o. Como ela podia ser a secretária do presidente? O que fizera naqueles anos todos? Como conseguira melhorar a aparência? E os dentes?

— Senhor! O que ela fez? Como conseguiu? Na última carta era uma doméstica. E agora...

Ele mal se concentrou em seu trabalho. Sua mente fervilhava e ele queria saber. A curiosidade deixava-o ansioso. Como ela conseguira vencer as dificuldades? Como conseguira crescer e estar à sua frente? Como ela podia ter conseguido se tornar melhor que ele? Aquilo era um absurdo, uma traquinagem da vida. Mas, de repente, um surdo ódio brotou dentro dele.

Se ela pensa que vai me esnobar, está perdida. Vou provar que sou excelente funcionário e vou me adiantar com Mirna. Vamos nos casar. Clarice vai ficar louca de ciúme. Afinal, fui eu quem terminou com ela. Ela ainda vai querer voltar para mim.

Heitor gargalhava, e era com espanto que alguns colegas o encaravam no escritório.

Na hora do almoço, Mirna perguntou a Heitor com impaciência:
— Você namorou aquela moça?
— Isso faz anos, Mirna. Não tem nada a ver. Faz parte de um passado que não quero remexer. Fomos namorados e fazia muitos anos que não a via.
— Não estou com ciúme. Mas você me falava dessa namoradinha com tanto desdém. E ela é tão bonita, chique, elegante...
— Natural, fiquei surpreso. Nunca poderia imaginar vendo-a aqui.
— Por quê?
Heitor foi maldoso.
— Imagine: ela era roceira, depois foi doméstica. Como uma doméstica se transforma em secretária da presidência desta empresa? Deve ter se deitado com muitos chefes, isso sim.
Mirna estremeceu. Não gostou da maneira grosseira como Heitor falou de Clarice.
— Você a está julgando. Quem julga é julgado. Não acredita na capacidade de transformação das pessoas? — disse, pensando na mudança dela mesma.
— Bicho ruim é bicho ruim. Pau que nasce torto morre torto. Não acredito que as pessoas possam mudar. Quem tem reputação duvidosa sempre será estigmatizado. Clarice deve ter se aproveitado de alguém. Ninguém chega a um cargo desses em tão poucos anos. Ela aprontou alguma.
Mirna entristeceu-se. Se Heitor julgava o comportamento de uma distante namoradinha, imagine o que pensaria se soubesse sobre sua vida. Nunca poderia se abrir, contar-lhe a verdade. Para Mirna, o melhor era continuar ocultando seu passado.

— Todos nós temos a capacidade de mudar. Todos têm direito a errar e acertar.

— Isso é balela, conversa mole. Uma doméstica não vira executiva, assim como uma prostituta não vira dona de casa.

Mirna sentiu o ar lhe faltar. Tropeçou e apoiou-se nos braços dele para não cair.

— O que foi? O que aconteceu?

— Nada. Acho que estou com fome — mentiu ela. — Vamos comer.

Eugênio simpatizou de cara com Clarice. Fez algumas perguntas assim que ela lhe foi apresentada. Depois, explicou como gostaria que fosse o serviço, o que esperava dela etc. Estava um pouco triste, abatido. Desde que se mudara para o hotel, estava se sentindo diferente. Andava pensativo, calado, introspectivo, reavaliando sua vida e o que faria dali para a frente.

Na hora do almoço dispensou Clarice.

— Pode ir. Estamos muito tempo juntos. À tarde você me acompanhará numa reunião em outra empresa. Esteja às duas em ponto no saguão do prédio.

— Sim, senhor.

Clarice saiu rumo ao refeitório. Heloísa estava no corredor.

— Vamos almoçar, você, eu e Rubinho? O que acha?

Clarice consultou o relógio.

— Dá tempo. Tenho de estar às duas horas no saguão. Eu e o doutor Eugênio seguiremos para uma reunião fora daqui.

— Acostume-se com isso, querida. O doutor Brandão adora esse tipo de compromisso. Estou curiosíssima. Rubinho me disse que você conhece Heitor. Que mundo pequeno, não?

— É verdade, mas faz anos. Namoramos quando adolescentes. Nunca nos amamos, e nunca fizemos nada a não ser andar de mãos dadas. Namoro típico de cidade do interior. Faz parte do passado.

— Não sente mais nada por ele?
— De maneira alguma. Até pensei que pudéssemos ser amigos.
— Acha isso possível?
— Para falar a verdade, não. Quando o cumprimentei, percebi em seus olhos que ficou apavorado quando me viu. Provavelmente deve ter tido crise de consciência.
— Como assim?
— Há uns dez anos, eu e Heitor preenchemos um formulário de emprego da Paladar. Quem nos deu a dica foi Mariano.
— E então?
— Eu e Heitor éramos namorados e tínhamos vontade de sair do interior. A possibilidade de trabalhar na Paladar e morar em Belo Horizonte nos deixara ansiosos e excitados. Heitor conseguiu o emprego e eu não.
— E o que tem isso a ver com crise de consciência? Foi por ele ter rompido o namoro para agarrar a oportunidade?

Clarice riu.

— Antes fosse. Anos depois, descobri que Heitor escrevera uma carta dizendo a Mariano que eu não queria trabalhar porque meu pai estava doente e eu preferia ficar a seu lado.
— Quer dizer que ele prejudicou você?
— Se voltarmos àquela época, eu diria que sim.
— Mas isso é muito grave! Tem certeza de que ele escreveu essa carta? Quem lhe disse isso?
— Mariano. Ele até me mostrou a carta. Decepcionei-me profundamente. Depois procurei esquecer, perdoar Heitor e seguir meu caminho. Sempre acreditei que o que fosse meu ninguém jamais tiraria. Heitor tentou, mas meu lugar na Paladar estava reservado.

Heloísa estava indignada.

— Heitor foi muito baixo. Por que prejudicar a vida de alguém?
— Insegurança, talvez.
— Isso não é atitude digna. Que coisa feia!
— É, também acho, mas não o culpo. Não acredito em vitimismo nem mesmo em fatalidade. As coisas acontecem

porque atraímos essas situações para nossas vidas. Como acredito que somos cem por cento responsáveis por tudo que acontece conosco, não culpo Heitor por nada.

Heloísa animou-se.

— Você tem uma maneira de pensar parecida com a minha. Mas acho que Heitor poderia ser sincero e contar-lhe a verdade.

— Não é problema meu. Ele que arrumou as coisas desse jeito, não foi? Então, ele vai receber na mesma medida. A vida não falha, possui leis imutáveis e justas. Se temos a intenção de melhorar e mesmo de ajudar alguém, receberemos melhoras em nossa vida e ajuda dos outros. Se fizermos o contrário, receberemos na mesma moeda.

— Estou espantada. É difícil encontrar pessoas que pensem como eu. — Heloísa hesitou um pouco e depois perguntou, com cautela: — Você gostaria de participar de uma sessão espírita na casa de meu tio no próximo domingo?

— Adoraria! — exclamou Clarice. — É disso que eu estava precisando. Iria procurar algum centro para estudar ou mesmo trabalhar. Preciso da espiritualidade tanto quanto de dinheiro ou de ar para respirar. É vital para mim.

— Então está combinado. Estou aguardando a confirmação de Maria Helena e do irmão dela. Mirna, aquela que conheceu na copa, também vai.

— Ótimo. Eu vou. E, por falar no irmão de Maria Helena, onde está ele? Estou curiosa em conhecê-lo.

— Mário tem vindo com mais frequência à empresa. Mas surgiram problemas. Os pais estão se separando e ele está dando forças à mãe. Vamos almoçar? Rubinho nos aguarda no refeitório. Está doidinho de curiosidade sobre seu namoro com Heitor.

— Não tenho muito a dizer.

— Não faz mal. Rubinho adora qualquer tipo de história. Venha.

Clarice riu.

— Vocês são impossíveis. Mal eu chego e tenho de falar de minha vida privada? Isso parece coisa de interior.
— É bom ser caipira de vez em quando.
Ambas caíram na risada e chegaram bem-humoradas ao refeitório.

Capítulo 14

Heitor deixou o relatório sobre a mesa de Rubens e foi até Mirna.

— Vamos, estou cansado. Dei muito sangue para esta empresa hoje.

— Não posso ir com você. Preciso terminar estas cartas.

— Anda fazendo serviço para os outros?

— Não. É que Clarice teve de ir a uma reunião fora da empresa com o doutor Brandão. Pediu a gentileza de bater estas cartas. Gosto disso. Mais quinze minutos e estarei livre.

— Burra! Vai ficar fazendo serviço para essa mulher? Agora ela fica mandando em todo mundo. Quem ela pensa que é?

— A moça mal chegou! Começou hoje. Você a conhece de outros tempos. Por que tanta raiva?

— Eu, raiva? Não sinto nada por essa mulher. Nada, ouviu? Mas acho que você está sendo uma pamonha. Eles não reconhecem funcionários que se dedicam. Veja meu caso:

sempre fui dedicado e nunca consegui sair de meu cargo de assistente. Aliás, foi a duras penas que cheguei até aqui.

— Eu também não me contento com isso. Quero mais. Por isso me dedico.

— Não há necessidade. Quando nos casarmos, vai deixar tudo e cuidar de nossa casa.

— Heitor, já moramos juntos. Para que casar?

— Para mim tem de ter papel passado e tudo o mais.

— Besteira. Se nos amamos, qual é a necessidade de um papel?

— Quero as coisas do jeito que sempre foram: igreja, padre, festa, tudo. Ano que vem nos casaremos.

— Por que ano que vem?

— Porque sim, ora. E já vou comprar as alianças. Ficaremos noivos.

Mirna sentiu algo estranho no ar. Ela reparou o jeito de Heitor enquanto ele falava: gestos largos, respiração ofegante. Não parecia natural. Não havia sentimento no que ele lhe dissera. Ficou intrigada. Será que ele estava fazendo aquilo para alfinetar Clarice? De repente Mirna sentiu como se um raio tivesse caído sobre sua cabeça.

Ele quer me usar para provocar Clarice. Como é bobo, insensível e imaturo! Como pude me envolver com um homem tão inescrupuloso? pensou.

— O que foi? Por que ficou muda?

— Nada. Estou perdendo a concentração. Preciso terminar as cartas.

— Então fique aí. Vou para o bar da esquina.

— Para o bar, Heitor?

— E daí? Um traguinho não faz mal a ninguém. Só um traguinho.

Mirna meneou a cabeça para os lados.

Vou ter de enfrentar a fera", pensou. "*Sei que Heitor não gosta de ser contrariado, mas preciso conversar seriamente com ele.*

Ela soltou um suspiro profundo e voltou a atenção às cartas.

Eugênio mandara levar o resto de suas roupas para o hotel, mas Lisete esquecera-se de incluir várias peças nas malas. Irritado, resolveu ir pessoalmente buscá-las. Leocádia estava sentada na sala, lendo um periódico. Estremeceu ao vê-lo.

— O que faz aqui?
— Lisete se esqueceu de algumas roupas. Vim...
— Não vou lhe dar o divórcio.

Eugênio deu de ombros.

— Não quero brigas. Nunca nos amamos, mas não precisamos nos agredir. Podemos ser amigos; ainda temos respeito um pelo outro.
— Não estou preparada. Por que não aceita o que lhe propus?
— As coisas ficarem como estão?
— Isso. Cada um leva sua vida, mas para a sociedade estaremos casados.
— Que se dane a sociedade, Leocádia! Ela não pode ser mais importante do que nossa felicidade.
— Desculpe, mas não vou assinar o divórcio.

Eugênio explodiu em raiva.

— Pior para você! Vai sair em todos os jornais e revistas. A imprensa marrom adora divórcio litigioso: causa mais impacto. E você, sempre tão recatada, mulher de sociedade... Todo o país vai saber os bens que iremos dividir e todos os pormenores de nossa vida privada. É isso o que quer? Expor-nos ao ridículo? Deixar que o mundo saiba tudo sobre nossa intimidade?

Leocádia levou as mãos ao rosto em desespero.

— Nunca pensei por esse ângulo.
— Pois trate de pensar. E nossos filhos? Acha justo que eles sejam envolvidos na sujeira que a imprensa gosta de arrumar?
— Não quero que nada de mau aconteça a nossos filhos. Isso não. Desculpe, Eugênio — disse ela, aos prantos.

Brandão condoeu-se. Num gesto rápido pegou Leocádia pelos braços. Ela se levantou e ele a abraçou.

— Casamos e não deu certo. Qual é o problema? Se um de nós ainda sentisse forte atração, ou fosse mesmo apaixonado pelo outro, concordo que poderíamos pensar em outra solução. Mas nosso caso é diferente. Não nos amamos. Para que continuarmos a insistir numa relação oca de sentimentos?

Ela encostou a cabeça no peito dele.

— Tenho medo do que venha pela frente. Sinto-me insegura. Mesmo não o amando, acostumei-me com sua presença, com nossos hábitos, com seu ronco...

Eugênio riu.

— Disso tenho certeza de que não vai sentir falta. Você sempre me dava uns cutucões.

Leocádia esboçou um sorriso.

— Mário e Maria Helena têm conversado comigo, mas a insegurança me tira o sono.

Ele a olhou nos olhos.

— Você pode fazer duas escolhas.

— Quais?

— Ou continua com medo e sentindo-se insegura, ou então vai ter um árduo trabalho interior a realizar.

— Como assim?

— Investigando os tipos de crença que alimenta e, de uma certa maneira, reprimem seus impulsos vitais. Quando você tiver discernimento suficiente e descobrir quais as ideias que a impedem de ser como é, fazendo-a entrar em contato com sua essência divina, o medo acaba.

— Tenho de tirar a força que dou ao medo?

— Isso mesmo. Quando tomar consciência de suas qualidades, e você tem muitas, vai se dar mais força. Dando-se força, o medo não vai ter mais como se alimentar e vai ficar fraquinho, até desaparecer. Entendeu?

Leocádia suspirou.

— Nossa! Acho que entendi. Mas estou apalermada. De onde tirou essas ideias? Sabe que elas fazem sentido?

Eugênio trouxe-a ao encontro do peito novamente.

— Mário tem me emprestado uns livros, trocado umas ideias...

— Ah, só podia ser ele. Até Maria Helena está diferente. Sabia que nos tornamos amigas?

Ele riu gostoso.

— Nunca tivemos amor um pelo outro, mas trouxemos dois filhos maravilhosos ao mundo.

— Tem razão.

— Então? Agora se sente melhor para reavaliar sua posição?

— Sim.

— Ótimo. Vamos subir? Quer me ajudar a arrumar as malas?

Quando chegaram ao quarto, Leocádia disparou à queima-roupa:

— Ainda pensa nela?

— Nela quem?

— Naquela menina por quem era loucamente apaixonado.

Eugênio segurou a respiração. Sentiu-se embaraçado. Leocádia riu.

— Você vem me dar aulas de como acabar com o medo e a insegurança, e agora fica sem graça?

— É que... não sei... — balbuciou ele.

— Deixe de ser bobo. Aposto que nunca a esqueceu.

Eugênio fitou um ponto indefinido no quarto.

— Confesso que nunca a esqueci. Mas tenho medo.

— Ah, então também sente medo? É fácil falar, não?

— Estou aprendendo, calma — disse rindo.

— Qual é o medo? De que ela esteja morta?

— Graças a Deus ela está viva. Há um funcionário da matriz que eu soube ser afilhado dela. Uma vez bisbilhotei e descobri que ela não se casou.

— E qual é o medo? O caminho está aberto, não está?

— Não sei. Eu a abandonei para me casar com você. Ela deve me odiar até hoje.

— Vai ter de encará-la. Senão, de que valeria a pena ter decidido se divorciar de mim? Para ficar sozinho? Não, vai ter de ir atrás dela.

— Preciso ter calma.

— Você está criando dificuldades. Quer saber de uma coisa? Eu vou procurá-la.

— Que é isso, Leocádia? Está louca?
— E qual é o problema? Sabe que me sinto culpada por ter separado vocês dois. É duro admitir quando erramos, mas a verdade é esta: acho que só terei paz em meu coração no dia em que os vir juntos novamente.

Eugênio emocionou-se. Abraçou Leocádia e beijou-a nos lábios. Ela correspondeu ao beijo. De repente ele se afastou.

— Desculpe.
— Imagine... uma lasquinha não faz mal. Somos maiores de idade.
— Você mudou muito. Até sua aparência está melhor.
— Estou cuidando mais de mim. Também tenho lido alguns livros de Mário.
— Danadinha.
— Fiquei muito angustiada com sua decisão. A sociedade é muito cruel. Se não fazemos parte do modelo estipulado por ela, somos punidos. Os jovens podem se divorciar, mas nós...
— Vai deixar de ser feliz por causa dos outros?
— Parece que o preço é muito alto. Eu me deixava levar pelas ideias de Isaurinha.

Eugênio levantou as mãos para o alto.

— Deus me livre essa mulher! Como pode ser amiga dela? Só porque é famosa? Você não precisa disso.
— Ela acha que tenho de ir ao consultório daquele psicanalista famoso.
— Aceita uma sugestão?
— Qual?
— Mário tem um amigo terapeuta. O consultório fica perto daqui.
— Ele já comentou por alto. Mas será que esse terapeuta poderá me ajudar?
— Adelmo tem sólida formação humanista. Viveu muitos anos na Índia e depois se aperfeiçoou na Califórnia.
— Posso tentar.
— Vamos fazer o seguinte: acho que nós dois estamos precisando fazer terapia. Que tal marcarmos com ele e experimentar?

— Não acho má ideia.

Leocádia foi até o armário. Pegou algumas roupas de Eugênio.

— Não acho justo você sair assim de casa. Pode ficar no quarto de hóspedes. Procure um apartamento, uma casa. Sabe que eu adoro decoração. Posso ajudá-lo na compra dos móveis, mobiliar a casa toda. Você tem de cuidar dos negócios. Assim terei com o que me distrair.

— Faria isso por mim?

— Sou sua amiga.

Eugênio abraçou-a e disse, emocionado:

— Você é uma grande mulher. Obrigado.

Quatro meses depois de chegar ao Rio, Clarice saiu do hotel onde estava hospedada e mudou-se para o prédio de Heloísa. Ficou três andares abaixo do apartamento da amiga. Estava ajeitando alguns móveis que haviam sido entregues quando a campainha tocou.

— Heloísa? Rubinho? Que surpresa! Entrem.

— Estávamos com vontade de ajudar — disse Heloísa após os cumprimentos.

— Não há necessidade. Eu sei me virar bem.

— O fogão já está instalado? — perguntou Rubinho.

— Sim. A geladeira já funciona e os armários foram montados hoje. Ainda bem que posso contar com a ajuda do zelador.

— Ele é de confiança. Você já se alimentou?

Clarice passou a mão na testa, enxugando o suor.

— Não tive tempo. Tenho algumas coisas aí, mas estou sem vontade de cozinhar.

— Então isso é problema meu.

— Como assim, Rubinho?

— Vim para cozinhar. Vou fazer um jantar para nós três.

— Não desembrulhei as panelas, há louças a serem guardadas. Não quero incomodá-lo.

— Não é incômodo — foi dizendo Heloísa. — Ele adora cozinhar.

— Vou subir e pegar o que preciso. Desço num minuto.

Deu um beijo em Heloísa e saiu. Clarice abanou a cabeça para os lados.

— Impressionante. Você tem um homem másculo, bonito, inteligente e que cozinha! Tirou a sorte grande.

— Tirei mesmo. Também mereço. Sou uma boa companheira.

— Não tenho dúvida disso. Vocês combinam. Parece que estão juntos há tanto tempo!

— Tenho a mesma impressão. E, por falar nisso, você vai à reunião conosco hoje, não vai?

— A reunião? Esqueci-me completamente.

— Faz um bom tempo que tentamos marcar, e nada. Na verdade, havia alguma interferência energética. Mas está tudo acertado. Maria Helena e Mário irão, e só estou aguardando confirmação de Mirna.

— Enquanto Rubinho prepara o jantar, vou tomar um banho.

— Temos todo o tempo do mundo. A reunião começará excepcionalmente mais tarde, às nove da noite. Não precisamos correr. Faremos uma refeição leve, pois nunca sabemos o que pode acontecer.

— Sei como essas reuniões funcionam. Faremos uma refeição bem levezinha.

— Rubinho saberá o que fazer.

— Convidaram Heitor também?

— Sim, mas Mirna disse que ele não gosta do assunto.

— Ele não gosta de nada. Sempre teve gênio forte. Sabe que deixei de gostar dele no dia em que tentou me agredir fisicamente?

— É mesmo?

— Se não fosse minha tia Carlota, acho que ele teria me dado um tapa, uma surra.

— Que horror! Mas, agora que está me dizendo...

— O que foi, Heloísa?

— Outro dia vi algumas marcas arroxeadas no rosto de Mirna. Tive a certeza de que foi agredida.

— Acha que ela está apanhando de Heitor? Ela não tem vínculos com ele, não é casada. Se apanhasse, já teria pulado fora da relação. Mirna não me parece mulher que goste de apanhar.

— Eu também acho. Mas fiquei intrigada.

— Vamos ficar de olho nela. Qualquer sinal de agressão, vamos investigar. O que acha?

— Estou gostando dela. É esforçada.

— Mirna não tem me desapontado. Vem me ajudando muito. É boa funcionária.

Subitamente, Heloísa percebeu uma luz formar-se atrás de Clarice. Em instantes a luz transformou-se em forma de mulher. Ela se abaixou, beijou a testa de Clarice e sumiu, com olhar agradecido a Heloísa. Ela se arrepiou inteira e mentalmente cumprimentou o espírito.

Clarice sentiu uma brisa suave passar pelo rosto. Imediatamente veio-lhe à mente a imagem de Eustáquia.

— Lembra-se, Heloísa, daquela senhora de quem lhe falei?

— Sim.

— Ela tanto me ajudou! Se estou aqui, é porque devo isto a ela.

Clarice deixou uma lágrima escorrer pelo canto do olho.

— Estou com tanta saudade dela. Parece que a sinto por perto. Chego até a sentir seu perfume.

— Mande um beijo a ela. Acabou de abraçar você.

Clarice emocionou-se.

— Adoraria ter a capacidade de enxergar este universo energético que nos rodeia.

— Você já tem a capacidade natural de percebê-lo. Com estudo e atenção, chegará lá.

— Como é bom saber que nunca estamos sós!

Capítulo 15

Mirna terminou seu banho e arrumou-se com apuro. Ao passar pela sala, foi arremessada contra a parede.

— Aonde pensa que vai assim, toda perfumadinha?

— Que é isso, Heitor? Eu não lhe disse que ia à reunião na casa de Gustavo?

— Que Gustavo? Que é isso?

— Calma. Gustavo é o tio de Heloísa.

— Para que encher a cabeça de minhocas? Isso não passa de besteira.

Mirna empurrou-o.

— Você está me machucando. Com licença.

— Poderíamos ir ao cinema. Mas você prefere ficar atrás dessas bobagens de espíritos. E Clarice vai estar lá. Ela tem comportamento duvidoso.

— Por que a implicância com ela?

— Não se trata de implicância. Clarice aprontou alguma. Uma pessoa não muda da noite para o dia. Ela era feia como o diabo.

Mirna riu.

— Da noite para o dia? Está louco? Você está falando de dez anos atrás. É tempo mais do que suficiente para mudar.

Heitor gritou enraivecido:

— Não quero você perto dela, nem no escritório, entendeu?

— Não pode exigir isso de mim. Se ela pedir para eu datilografar algo, terei de obedecer. Ela é como se fosse minha chefe.

— Tente arrumar uma maneira de não ter tanto contato.

— Por quê?

— Por nada. E esse papo de sessão espírita na casa dos outros está me cheirando a sacanagem.

— Como pode julgar? Nem ao menos sabe o que se passa lá dentro!

Heitor fez beiço.

— E eu, como fico? O que vou fazer?

— Bobo de não ir. Foi convidado. Até Maria Helena Brandão vai a esse encontro.

— Gente rica não tem mesmo o que fazer.

— Que besteira, Heitor! Maria Helena é mulher lúcida, acredita na imortalidade da alma. E mais: vou de carona com Clarice.

Heitor deu um salto.

— Como? Com ela? Peço para ficar longe e você me diz na maior cara de pau que vai com ela?

— Por que não? Qual é o problema?

— É um absurdo! Ela vem pegá-la também?

— Não, queridinho, vou passar no prédio dela, que, aliás, é o mesmo onde mora Heloísa.

Heitor engoliu seco.

— No prédio de Heloísa? Está me dizendo que Clarice mudou-se para aquele prédio? Ela ganha tão bem assim?

— Isso não é de minha conta. Se ganha bem ou não, ela mora naquele prédio ma-ra-vi-lho-so.

— Grande coisa! Moramos bem também.

Mirna deu uma gargalhada.

— Você vive implicando com este apartamento. Diz que isto aqui parece uma pocilga...

Heitor não a deixou terminar. Seus olhos encheram-se de fúria e ele deu um sonoro tapa no rosto de Mirna. Ela se descontrolou e foi ao chão.

— Sua ordinária! Morava num quarto de pensão na Lapa e agora vive aqui em Copacabana. Está cuspindo no prato em que come?

Ela tentou se recompor, mas levou outro tapa violento. Um filete de sangue começou a escorrer no canto do lábio.

— Cretina! Dei o melhor de mim, coloquei você neste apartamento, e é assim que trata dele? Como um nada? Precisa dar valor ao que tem.

— Pare, Heitor — rogava ela, aos prantos. — Não tive a intenção de ofendê-lo.

— Não sei de seu passado, de nada, e trouxe-a para dentro de casa. É assim que demonstra sua consideração?

Mirna estremeceu e procurou acalmá-lo.

— Eu o estimo muito. Gosto muito de você. Não me expliquei direito. Desculpe.

— Eu desculpo. Agora vá lavar o rosto. E nada de voltar tarde. Amanhã cedo temos de trabalhar.

— Está certo.

Após retocar a maquiagem borrada pelas lágrimas e limpar o sangue escorrido, Mirna saiu apressada sem se despedir. Pegou o elevador e desceu.

Estava saindo do prédio quando ouviu alguém cumprimentá-la. Ela se virou de costas e estancou o passo.

— Como vai?

— B... Bem. O que faz aqui?!

— Eu é que pergunto. Trabalho aqui. E a madame?

Mirna estremeceu. Só lhe faltava aquilo.

— Moro aqui.

— Puxa, que coincidência! Eu nunca a vi antes. Devem ser os horários.

— É, pode ser. Seu nome, mesmo?
— Freitas, senhora.
— O meu é Mirna. Estou morando no 601.
— Morando com aquele grosso? A madame não merece aquele homem, não.
— É meu namorado. Nós nos damos bem — mentiu ela.
— É, cada um escolhe o que quer, né, madame?
Mirna consultou o relógio.
— Puxa, estou atrasada. Sobre aquele outro dia...
Freitas cortou-a com um gesto brusco.
— Não me lembro de nada, madame. Não é problema meu. Pode confiar.
Mirna entendeu o recado e piscou para Freitas.
— Obrigada — tornou agradecida e emocionada.
Saiu do prédio sentindo-se insegura. Os olhos de Freitas transmitiam-lhe confiança, mas a mente dela estava perturbada. Ouvia vozes dentro da cabeça dizendo para não confiar.
— Todo cuidado é pouco — dizia uma voz.
— Não se deve confiar nas pessoas — falava outra.
Desesperada, ela tapou os ouvidos, mas as vozes estavam em sua mente. Surgiu outra voz, arrasadora:
— Você tem de ralar muito. Fez muitas coisas erradas. Você nunca poderia ter descido tão baixo na escala moral. Você vendeu o corpo. Isso é pecado. Vai viver eternamente com esta mácula. Você não presta!
Aflita, confusa e choramingando, Mirna chegou ao apartamento de Clarice, que, juntamente com Rubinho e Heloísa, esperava-a com certa ansiedade. Rubinho foi o primeiro a falar:
— Nunca nos atrasamos. A reunião de domingo só acontece uma vez por mês.
— Desculpem. Não tive a intenção.
Foi Clarice quem observou:
— O que aconteceu? Machucou o lábio?
— Não.
Heloísa aproximou-se.

— Como, não? Isso é resultado de um tapa.
— Não...

Mirna não conseguiu mais segurar o pranto. Afundou a cabeça no peito de Rubinho e deixou que as lágrimas descessem livremente. Heloísa olhou para Clarice e ambas balançaram a cabeça para os lados. Elas estavam certas: Heitor estava mesmo agredindo Mirna fisicamente. Heloísa pegou a mão dela com delicadeza.

— O que está acontecendo? Não é a primeira vez que notamos isso. Foi Heitor quem a machucou?

Mirna fez sinal afirmativo com a cabeça. Rubinho indignou-se.

— Patife! Como se atreve a bater numa mulher? Por que não vem bater em mim?

Clarice interveio:

— Calma. Assim nada vai se resolver. Não podemos vibrar na mesma sintonia de Heitor. A raiva não vai adiantar e mudar o que aconteceu. Precisamos serenar, manter o equilíbrio.

Heloísa concordou:

— É verdade. Precisamos manter a calma, Rubinho. Isso não vem acontecendo de hoje. O pessoal no escritório anda comentando. Mirna está sempre com uma marca, um vergão, um arranhão.

Ele se indignou ainda mais:

— E aí? Ninguém faz nada? Não se toma providência?

— O que podemos fazer? Mirna é quem precisa tomar providências.

— Ele faz isso com frequência? — perguntou Clarice.

— No começo ele era mais gentil, carinhoso. Eu passava por um momento difícil e ele me ajudou muito. Sou grata a ele.

— Mas isso não justifica — bufava Rubinho. — A violência não resolve nada, só atrapalha.

— Tem razão, mas ele anda perturbado. Quando bebe, fica mais violento ainda. Aí ninguém segura.

— Se ele continuar assim, terei de despedi-lo.

Heloísa replicou:

— Não é boa hora para pensarmos no que fazer. Vamos para a reunião. Tenho certeza de que lá receberemos ajuda.

Faltavam cinco minutos para as nove da noite quando chegaram à casa de Gustavo. Ele os aguardava na porta.
— Sabia que chegariam a tempo.
Gustavo cumprimentou a todos e conduziu-os até a sala de reuniões.
— Venham. Maria Helena e Mário estão aqui. Adelmo também. Só faltavam vocês.
— Desculpe, tio Gustavo.
Ele deu uma risadinha.
— Algumas entidades tentaram atrapalhar a vinda da amiga de vocês até aqui.
— Qual amiga?
Ele baixou o tom de voz.
— A que apanhou do namorado.
Heloísa levou a mão à boca.
— Como o senhor...?
— Sensibilidade, minha sobrinha. Sensibilidade.
Ainda estupefata, Heloísa foi conduzida com os demais à sala de reuniões. Todos estavam sentados ao redor de uma mesa. Sobre ela, uma toalha branca, uma jarra com água e copos, alguns livros. Uma pequena luz azul iluminava o ambiente.
Após alguns instantes, o corpo de um dos médiuns presentes estremeceu levemente e ele começou a falar, com modulação de voz alterada:
— O pensamento nasce com a imaginação. Ao imaginar, damos força ao pensamento e ele se torna uma crença, cuja energia fica impregnada em nossa aura como uma verdade. A materialização de nossas crenças é feita pelo subconsciente. Então, aquele pensamento ao qual demos força toma a

forma e o teor do que idealizamos. É o que os cientistas chamam de formas-pensamentos e nós chamamos de amebas energéticas.

"Iniciei a sessão falando sobre o pensamento e o mecanismo de como ele se transforma, visto que a grande maioria dos problemas na Terra tem origem naquilo em que vocês pensam. Dá para imaginar que quase cem por cento de tudo que possa lhes atrapalhar se deve à maneira como pensam? Isso não é exagero.

"Pensar é tão natural na vida da gente como respirar. Só que, ao respirar, ficamos com o ar bom e exalamos o que não presta ao organismo. Com o pensamento, ainda não temos condições de fazer o mesmo. Ao nos alimentarmos com pensamentos tóxicos, iremos criar e atrair situações dolorosas e tristes em nossa vida.

"Um acidente de carro, uma doença grave, tudo isso pode ocorrer em função da má condução da imaginação. Toda esta explicação foi dada para pedir só uma coisa a vocês: comecem a cultivar bons pensamentos. Alguma pergunta?"

Todos estavam maravilhados com a explanação. Heloísa perguntou:

— O que podemos fazer para melhorar e nos livrarmos dos pensamentos ruins, dos lixos que carregamos na mente?

— Boa pergunta. Bem, primeiro é preciso aprender a usar a própria força e não esperar nada de ninguém. Sei que é difícil e diferente de tudo que ouviram até então. Mas é sozinha que poderá rever suas crenças, examinar com sinceridade seus verdadeiros valores, trabalhar incessantemente para o restauro de sua saúde interior, responsável pelo equilíbrio do corpo físico e da mente sadia. Esse esforço é válido, pois agindo dessa forma terá o bem-estar que tanto deseja. Iremos fazer um trabalho hoje de captação de formas-pensamentos de Mirna.

Ela estremeceu. Ninguém ali a conhecia. O espírito, através do médium continuou:

— Não precisa se assustar, Mirna. Nesta casa todos nós queremos ajudá-la. Você merece.

Ela se emocionou e disse em voz alta:

— Obrigada.

O espírito concluiu:

— A partir de agora, iremos nos reunir todos os domingos, a fim de realizarmos um trabalho de captação de formas--pensamentos negativas de todos os que aqui frequentam. É parecido com o processo de incorporação de espíritos, mas há uma sutil diferença. Gustavo recebeu nossas instruções hoje à tarde e vai dar prosseguimento a esta parte. Boa noite.

Todos na sala agradeceram mentalmente o espírito. Em seguida, Gustavo pediu que os presentes se sentassem nas cadeiras colocadas em círculo no canto da sala. Heloísa, Rubinho e outros colegas se sentaram. Gustavo pegou outra cadeira e colocou-a no meio do círculo. Pediu a Mirna que se sentasse nela. Ela entrou no círculo, sentou-se e fechou os olhos. Manteve o tronco ereto, as palmas das mãos voltadas para cima e estendidas ao longo das pernas. Gustavo ordenou:

— Agora quero que pense em tudo aquilo que a aflige, em tudo que não quer mais para sua vida. Pense com sinceridade em tudo que gostaria de ver livre de sua mente.

Mirna, comovida, mentalizou tudo que não queria mais: as condutas, os medos, as inseguranças. Estava cansada de levar a vida daquela maneira. Ficou em sua mente desfilando cenas e mais cenas tristes e doloridas de sua vida.

De repente, Gustavo emitiu nova ordem:

— Agora abra os olhos, respire fundo, levante-se e saia.

Mirna foi conduzida a outro canto da sala. Ficou sentada entre Maria Helena e Mário.

— Quero que os que estão sentados no círculo se deem as mãos. Os que estão atrás coloquem as mãos sobre a cabeça e a testa de quem está sentado. Os sentados, façam contato com seus guias, peçam proteção e deixem-se conduzir. Entrem fundo na emoção.

Uma moça começou a suar e sua respiração ficou ofegante. Ela captou as amebas energéticas de Mirna e começou a falar, a chorar, a colocar todas as aflições que aquela concentração energética trazia. Mirna estava estupefata. Eram as mesmas vozes que não lhe davam trégua, atirando-lhe na consciência todos os erros que cometera durante a vida.

Após o trabalho, foi feita uma pequena prece de encerramento e Gustavo pediu que todos se reunissem novamente à mesa. Ofereceu um copo de água para Mirna. Depois que ela bebeu, ele perguntou:

— Como se sente?

— Muito melhor. É como se um peso muito grande fosse arrancado de dentro de mim. E, confesso, foram ditas coisas que ninguém aqui sabe. Parece que minha mente estava com alto-falantes.

— É natural que se sinta mais leve. O peso da forma-pensamento varia de acordo com seu teor. Quando a forma é negativa, o peso é maior. Quando é positiva, não possui peso, pois pensamentos saudáveis são leves como uma pluma. Você anda muito tensa e agora registrará sensível melhora.

— Estou muito melhor.

— Isso é bom, mas é temporário.

— Como assim? Quer dizer que posso piorar?

— Sim. Aqui você recebeu ajuda de amigos que querem seu bem. Essas amebas são concentrações de energia que se alimentam de nossas ideias, de nossos pensamentos. Se continuar a pensar da mesma maneira, ou seja, se continuar com as mesmas ideias sobre você, sobre a vida, se não olhar para suas crenças e começar a mudar sua maneira de se enxergar e de enxergar o mundo, será fácil para que essa forma-pensamento volte com força. Agora, se você mudar seu jeito, essa forma não encontrará alimento e desaparecerá, vai minguar. Entendeu o processo?

— Sim. Tudo depende de mim?

— Só de você. Preste atenção ao tipo de conversa que mantém consigo mesma. Essa é a chave de seus problemas. Pare e veja quanto se agride, quanto se culpa, se critica. Isso bloqueia seu entusiasmo, impede que sua essência venha à tona. Você merece a felicidade e impede que ela esteja presente em sua vida porque está intoxicada de pensamentos negativos a seu respeito. Mude a forma de se olhar, e a mudança ocorrerá. Experimente.

— Tentarei. Preciso mudar minhas crenças. Mas são tantas as negativas...

— Se precisar, pode contar com a ajuda de Adelmo. Ele é um excelente terapeuta e poderá ajudá-la a identificar e destruir essas amebas.

— Adoraria, mas não tenho recursos para pagar um terapeuta.

Adelmo interrompeu:

— Não precisa pagar em dinheiro. Na vida tudo é feito na base da troca. Eu lhe oriento e a ajudo a se libertar das formas-pensamentos que a afastam da felicidade e você também me ajuda.

— Não sei o que poderia dar em troca.

Heloísa interveio:

— Ela é excelente datilógrafa, Adelmo. Você não vive reclamando que tem centenas de correspondências para enviar e vive sem tempo? Então, aí está uma boa troca.

— Você é boa datilógrafa?

— Sou. Pode perguntar a Heloísa e Clarice.

— Confio no que me diz.

Mirna sentiu-se valorizada. Gostou de Adelmo.

— Quando podemos começar?

— Na próxima semana. O que faz nas tardes de sábado?

— Faço faxina em meu apartamento. Mas posso transferi-la para o domingo.

— A sessão dura em média duas horas. Se quiser, tenho horário livre às cinco da tarde. Você vem antes, datilografa as cartas e então começamos.

— Aceito. Fico feliz em poder receber ajuda.

Gustavo levantou-se.

— Muito bem. Hoje tivemos mais uma lição preciosa de nossos amigos do astral. Os guias espirituais sabem como nos dar a informação certa, na hora certa.

— Nem nos Estados Unidos vi uma sessão como esta — exultou Maria Helena. — Estou muito satisfeita. É o que estava procurando. Adoraria fazer parte do grupo.

— Será um grande prazer tê-la conosco — disse Gustavo.

Maria Helena fixou seus olhos nos dele. Ambos sentiram um friozinho percorrer-lhes a espinha. Baixaram os olhos com discrição. Os demais nada perceberam. Maria Helena apresentou o irmão aos amigos:

— Este é Mário.

Heloísa e Rubinho já o conheciam. Mirna estava conversando empolgada com Adelmo. Clarice virou-se de costas e sentiu a respiração cessar por instantes. O mesmo ocorreu com Mário, ao vê-la.

— Prazer.

— O prazer é todo meu.

Ambos deram-se as mãos e sentiram um pequeno choque. Gustavo sorriu. Mário conduziu-a até um canto da sala.

— Isto não é cantada, mas por acaso não a conheço de algum lugar?

— Acho impossível — disse Clarice, rindo.

— Possui um rosto familiar.

— Pode ser que tenha me visto na fábrica, em Belo Horizonte.

— Isso não. Caso contrário, eu já a teria abordado.

— Não sabe quanto mudei, em todos os aspectos.

A conversa fluiu agradável, até que num momento Mário perguntou:

— Está gostando de trabalhar com papai?

— Estou gostando muito. Ele é exigente, mas gosto de seu jeito.

— Assim ficarei com ciúme.

Clarice ficou sem graça.

— Você está me cantando na caradura? Não posso acreditar!

— Nunca senti nada parecido. Desculpe. Você possui olhos enigmáticos. Gostaria de sair para um lanche? Eu não sabia como seria a reunião e não jantei.

— Adoraria, mas amanhã é dia de pegar no batente logo cedo. Está um pouco tarde.

— Só um pouquinho.

— Estou de carro. Não sei se...

— Não há problema. Vim com minha irmã. Ela pode dirigir e voltar sozinha. Você se importaria de me deixar em casa, depois?

Clarice riu gostosamente.

— Além de me cantar, ainda quer que o leve para casa? Vai também pedir que pague o lanche?

Mário riu com gosto.

— De jeito algum. Sou cavalheiro. O lanche fica por minha conta. E, se quiser, posso ir guiando seu carro.

— Não há necessidade.

— Está certo, vamos.

Gustavo estava na porta despedindo-se dos demais. Mário e Clarice haviam acabado de sair.

Maria Helena foi despedir-se.

— Foi uma noite inesquecível. Fiquei impressionada com o trabalho, com a palestra, com o passe e principalmente com a captação das formas-pensamentos de Mirna. Gostaria de vir na próxima semana.

— Seria um prazer. A casa está de portas abertas. Será sempre bem-vinda.

— Agradeço. Mas não sei se tenho condições de acompanhá-los. Trata-se de um grupo que está unido há muito tempo.

— Carecemos de pessoas com a mesma filosofia que a nossa. Tivemos mais pessoas participando das reuniões, no começo. Mas, infelizmente, à medida que foi necessário mais empenho, estudo, leitura, muitos se afastaram. Os poucos que resistiram bravamente são extremamente dedicados. Sei que você é uma mulher ocupada, com uma empresa nas costas. Quando quiser, apareça.

— Muito obrigada, Gustavo. Vou organizar meus horários e virei todos os domingos às reuniões. Gostei do ambiente e da seriedade como você conduz o trabalho. Sua mediunidade é fora de série.

Gustavo sorriu.

— Resultado de estudo, dedicação e acima de tudo da observação dos mecanismos da vida, aprendendo com as experiências, vivendo e sentindo. Além disso, preciso estar sempre disponível ao plano astral. Os amigos espirituais sabem que podem contar comigo a qualquer momento.

— Você é lúcido, inteligente, além de ser um homem muito atraente.

Maria Helena pigarreou. Gustavo sorriu e pegou as mãos dela com delicadeza. Trouxe-as ao encontro dos lábios e num gesto elegante pousou delicado beijo.

— Roubou as palavras que tinha para descrevê-la.

Ela ruborizou. As mãos dos dois demoraram para se desgrudarem umas das outras.

— Estamos quites. Simpatizei com você.

— Eu também. Haveria possibilidade de vê-la sem ser nas reuniões de domingo? Um jantar, um passeio...

— Oh, adoraria!

— Como está sua agenda para amanhã à noite?

Maria Helena hesitou. Não sabia a quanto iam seus compromissos. Precisaria falar com Heloísa, mas esta acabara de sair.

— Posso ligar e confirmar amanhã cedo? Estou sem agenda e não sei até que horas ficarei trabalhando.

— Vou dar-lhe meu cartão. Estarei na empresa. É só passar o ramal para a recepcionista. Esperarei sua ligação — novamente pousou delicado beijo sobre a mão de Maria Helena.

— Espero vê-la o mais rápido possível.

— Eu também desejo vê-lo em breve. Boa noite.

— Boa noite.

Ela entrou no carro sentindo o coração palpitar. Fazia muito tempo que não sentia nada parecido. Havia tido um ou outro envolvimento sem grandes consequências nos Estados Unidos. Mas Gustavo era diferente. Era maduro, elegante, fino e educado. Possuía gestos viris e elegantes. Tinha uma voz de modulação suave, aveludada. Os cabelos ondulados e grisalhos nas têmporas davam-lhe charme. Era um homem muito bonito.

Maria Helena suspirou e deu partida no carro. Foi com o coração aos saltos que deixou a casa do tio de Heloísa.

Gustavo despediu-se dos colegas e recolheu-se. Foi direto para o quarto. Encantou-se com Maria Helena. Nunca sentira algo parecido por alguém antes.

— Sabia que era ela assim que chegou.

Ele se despiu e colocou seu pijama. Deitou-se e, com a imagem de Maria Helena na mente, adormeceu com um sorriso no canto dos lábios.

Mirna voltou para casa com Heloísa e Rubinho. No caminho, ia falando sem parar.

— Não posso acreditar no que ouvi e no que vi.

Heloísa também estava admirada com o ocorrido.

— Titio não é de fazer esse tipo de trabalho com desconhecidos. Você teve sorte. Provavelmente algum espírito deve ter intercedido a seu favor. E tio Gustavo jamais recusa um pedido dos amigos espirituais.

— Como assim? — Mirna estava estupefata.

— Você mal chegou ao grupo e já foi atendida. Coisa rara. Lembre-se de que um espírito que se manifestou por um dos médiuns pronunciou seu nome.

— É verdade. Fiquei aflita a princípio, mais pela vergonha. Mas depois fui sentindo uma paz tão grande que me deixei conduzir.

— Você estava carregada de pensamentos negativos a seu respeito. Precisa fazer um bom trabalho de autoaceitação, amar-se incondicionalmente, coisas do tipo.

— É difícil.

— Mas não é impossível — salientou Heloísa. — Se quiser, se estiver com vontade de mudar, posso lhe emprestar uns livros. Você sabe inglês?

— Infelizmente, ainda não.

— Bem, tenho algum material traduzido para o português. O estudo da energia e da força do pensamento é um assunto ainda pouco explorado no país. Vou ver o que tenho em casa e lhe empresto.

— Fico agradecida.

— Sabe, Mirna, quando a conhecemos, sentíamos algo muito esquisito ao seu redor.

— Você já me falou isso, Heloísa. Minha culpa partia daquelas amebas que ficaram na reunião. Deve ter sido essa energia "sutil" que você e Rubinho registravam.

— Não falo só disso, não. Tenho certeza de que se tratava de alguma perturbação espiritual. Tio Gustavo iria falar algo hoje, mas, depois das orientações dos espíritos, dando nova direção aos trabalhos, ele deixou o assunto para outro dia.

— Acha mesmo que eu estava com perturbação espiritual?

— Sim. Vamos chegar mais cedo na semana que vem e conversaremos com tio Gustavo.

Rubinho interveio:

— Teremos de consultar o titio. Parece que hoje o cupido estava à solta naquele salão.

Todos riram. Heloísa disse, entre sorrisos:

— Fico muito feliz. Percebi que meu tio não desgrudava os olhos de Maria Helena. Pintou um clima entre eles.

— Ela saiu muito feliz — tornou Mirna. — Eu vi seus olhos. Maria Helena parecia estar nas nuvens. E Clarice também.

— Trabalho há anos na Paladar, e nunca vi Mário com nenhuma garota. Como secretária do doutor Brandão, sempre escapavam algumas coisas, mas nunca soube de algum envolvimento amoroso dele. Sempre foi educado e discreto.

— Mas hoje perdeu a compostura. Viram como ele se atirou sobre Clarice?

As meninas riram. Mirna disse triste:

— Eu gostaria tanto de conhecer alguém e me apaixonar...

— Fico contente que pense assim. Heitor não é homem para você — retrucou Rubinho.

— Por que não sai daquele apartamento? — questionou Heloísa.

— E vou para onde? Não quero voltar a morar no centro da cidade.

— Heitor está bebendo, está se tornando violento. Hoje foi um tapa, e amanhã? Não tem medo?

— Acho que as coisas vão se ajeitar. Heitor não é má pessoa. Acredito que ele possa mudar e voltar a ser como antes: menos violento, mais amável.

— Cuidado. Tenho a impressão de que ele não vai mudar.

— Temos de ser confiantes, Rubinho.

— Bem, chegamos. Você fica aqui, Mirna.

— Obrigada. Vocês são muito gentis. Adorei o trabalho. E já no próximo sábado vou começar a fazer terapia. Não é o máximo?

Os três riram sonoramente.

— Você vai ficar ótima! — disse Heloísa após lhe dar dois beijos no rosto.

— Obrigada. Boa noite.

Mirna despediu-se e entrou estugando o passo no prédio. Temia encontrar Freitas, mas não teve jeito. Timidamente ela o cumprimentou, dando aceno com a cabeça. Ele retribuiu e ela pegou o elevador.

Que Heitor nunca saiba disso! Devo tratar o senhor Freitas com educação, mas também com distância.

Ela suspirou. O elevador chegou ao andar e ela se sentia leve no corredor. Gostava de se relacionar com gente como Heloísa e Rubinho. Queria se tornar mais próxima. Foi com essa alegria que ela abriu a porta. O apartamento estava no escuro.

— Heitor! Onde está? — perguntava enquanto acendia as luzes.

Ele estava caído no meio do chão da sala, com uma garrafa vazia de uísque na mão.

Mirna deixou que uma lágrima escapasse e rolasse pelo rosto.

— Por quê? O que acontece com você, Heitor?

Ele estava com o sono pesado. Foi com muito custo que ela conseguiu deitá-lo no sofá. Tirou seus sapatos e desabotoou a camisa. Heitor balbuciou algumas palavras desconexas e voltou a dormir profundamente.

Muito triste, Mirna foi para o quarto, trocou de roupa e jogou-se pesadamente na cama. Fez uma sincera prece de agradecimento pela ajuda recebida naquela noite e um pedido para que os amigos invisíveis pudessem ajudar Heitor a não se afundar mais. Aos poucos ela foi perdendo os sentidos e caiu num sono profundo e reconfortante.

Capítulo 16

Heitor estava sentado à sua mesa e tentava, sem muito sucesso, terminar seus relatórios. Sentia o corpo dolorido. Havia dormido bastante, mesmo assim acordara com uma tremenda ressaca. Mirna até lhe havia feito um café bem forte, mas debalde. A cabeça doía profundamente.

— Já terminou?

Heitor levantou vagarosamente os olhos. Estavam vermelhos, e seu rosto, inchado. Rubinho preocupou-se.

— Está doente?

— Não. Por que pergunta?

— Seu aspecto é terrível. Além do mais, a hora do almoço se aproxima e não vi o relatório sobre minha mesa.

— Não sou mágico. O que me pediu só tem condições de ficar pronto no fim da tarde. Além disso, não estou nos meus melhores dias.

— Você não está nos seus melhores dias há muito tempo. Estou cansado de ouvir esse mesmo tipo de resposta. Não produz mais como antigamente. Houve uma queda considerável na qualidade de seu serviço.

— Se não está satisfeito, peça para outro.

— Heitor, sou seu chefe agora, mas ainda sou seu amigo. Não me desrespeite.

— Amigo da onça, isso sim. Os outros aqui na seção quase não fazem nada. Fica tudo nas minhas costas.

— Isso é mentira. Todos têm sua cota de responsabilidade. Você está mais lerdo que de costume.

— Isso é uma afronta! Sempre fiz o que me pediram. Dei meu sangue, trabalhei nos feriados, nos fins de ano, carnaval.

— Trabalhou porque quis.

— Ah, porque quis?

— Sim. Sempre reclamou do salário, dizia que precisava de mais dinheiro. Trabalhava nos feriados para ganhar mais horas extras. Estou farto de seu discurso de coitado, de que sempre trabalhou feito um cão. Todos aqui também fizeram o mesmo.

Heitor levantou-se irritado. Estava prestes a rebater quando Clarice chegou.

— Bom dia.

Ele respondeu, mal-humorado.

— Bom dia.

— O doutor Brandão antecipou a reunião para as duas da tarde. Preciso do relatório até a hora do almoço, tudo bem?

Rubinho respondeu:

— Não pergunte a mim, Clarice, mas a ele — apontou para Heitor. — Estava aqui justamente cobrando dele o relatório.

— Eu disse que não tenho como terminá-lo até a hora do almoço. Preciso do dia todo.

Clarice meneou a cabeça com força.

— De jeito algum. Esse relatório é muito importante. Sem ele, não tenho como dar início à reunião.

— Daqui a pouco saio para almoçar, Mirna está me esperando e...

— Não, senhor! Vai ter de deixar seu almoço para mais tarde.

Heitor mordia os lábios com tanta força que logo sentiu o gosto amargo de sangue.

— Você não pode me obrigar.

— Que besteira! Não estou obrigando, estou pedindo. É sua responsabilidade. Ganha para fazer isso. Não atrasamos seu salário, atrasamos?

— Não, nunca atrasaram.

— Então, faça sua parte.

— Mas...

Clarice foi firme.

— Chega de "mas". Preciso do relatório e você vai terminá-lo. Ponto final.

— Você não manda em mim.

— Eu mando — interveio Rubinho.

— Isto aqui agora é um complô? — Heitor explodiu em raiva.

— Controle-se. Ninguém está aqui para aturar seus chiliques.

— Você é mandona. Quer se vingar de mim, é isso?

— Está levando para o lado pessoal. Não quero me vingar de ninguém. Quero o trabalho pronto, só isso. Você faltou dois dias na semana passada.

— Motivos pessoais.

— Atrasou o trabalho. Eu não posso fazer o que lhe compete.

— Tudo isso só porque não mandei sua solicitação de emprego, não é?

Clarice passou a mão pela testa. Fez um gesto largo ao redor do ouvido.

— Não estou escutando direito. O que disse?

— Isso mesmo. Está louca de raiva de mim até hoje só porque a prejudiquei, só porque não mandei sua ficha para Mariano. Agora vai descontar toda a sua raiva em cima de mim, vai me perseguir até que eu não resista e peça a conta.

— De onde tirou uma ideia dessas? Não estou aqui para me vingar de ninguém. O passado está morto. Até havia me esquecido dessa história.

— Mas eu não.
— Não esqueceu porque está com crise de consciência. Agiu de má-fé. Por acaso a culpa ainda o consome?
— Não tem o direito de falar assim comigo, só porque é secretária do presidente.
— Eu vou me irritar, e não quero. Faça seu trabalho — e, dirigindo-se a Rubinho: — Leve o relatório. O doutor Brandão quer que você compareça à reunião.

Heitor estava impaciente.

— Como sempre, você levará os créditos. Antes era Percival, agora é você. Vai levar o relatório bonitinho e ganhar tapinhas nas costas. E eu sempre me danando.
— Faça sua parte.
— Vocês são prepotentes. Ainda vão pagar caro por isso.
— Está nos ameaçando? — perguntou Clarice, indignada.

Heitor não respondeu. Baixou a cabeça. Rubinho repetiu a pergunta:

— Está nos ameaçando?
— Bando de víboras.
— Olhe o respeito.
— Não vou fazer o relatório. E então? Com que cara vão para a reunião?

Clarice olhou para Rubinho com interrogação no semblante.

— Ele perdeu o juízo.
— Perdi a paciência. Desde que chegou está botando banca. Quer acabar comigo, fica me cutucando os brios.
— Deixe de ser criança, Heitor. Sou uma profissional, não sou uma louca e infeliz. Você é quem cismou comigo desde que cheguei. Não acredita que pude dar a volta por cima e conquistar tudo que me pertencia por direito divino. O que era para ser meu ninguém podia tirar, nem mesmo você, com suas atitudes mesquinhas!
— Vai saber o que fez...
— Isso é problema meu. Exijo respeito.
— Sim, senhora.

Heitor pegou os relatórios e jogou-os no chão. Esfregou as mãos.

— Pronto. Fiz o que tinha de fazer. Tchau.

Rubinho olhou para Clarice e ambos riram.

— Ele está desequilibrado, precisa de ajuda — tornou Clarice.

— Ele a ofendeu. Isso não é permitido. Passamos mais de oito horas por dia juntos, precisamos fazer deste ambiente um local de paz e harmonia. Heitor perdeu o respeito por você.

— Sem problemas. Ele tem raiva porque consegui vencer na vida. Toda pessoa insegura vê nos outros o que não consegue fazer por si.

— Não interessa, Clarice. Hoje foi você, amanhã poderá ser eu ou Percival, ou qualquer outro na seção. Vou suspendê-lo. É sua segunda advertência. Caso venha a se repetir, terei de demiti-lo por justa causa.

— Você é sensato e sabe fazer o melhor. Agora dê-me os relatórios.

— Assim, incompletos? De jeito algum. Vou fazer.

— Eu ajudo.

— E o almoço?

— Fica para depois. Comemos um lanche na esquina.

— Fechado.

Rubinho abaixou-se e pegou os relatórios. Quando terminou de juntar os papéis, seus olhos avistaram uma pequena garrafa de bebida ao pé da mesa de Heitor.

— Veja isso. Talvez nosso amigo esteja misturando as coisas e exagerando.

— A bebida é capaz de destruir uma pessoa, uma família. Se não procurar ajuda logo, ele ficará em maus lençóis.

— Eu verei o que posso fazer. Deixe-o voltar e conversaremos.

— Está certo. Vamos para minha sala. Heloísa talvez possa nos ajudar também.

Pegaram os relatórios e dirigiram-se à sala de Clarice.

Heitor chegou à rua nervoso e irritado.

— Quem ela pensa que é? Só porque conseguiu subir na vida acha que pode me desrespeitar?

Mirna vinha logo atrás.

— Vi você discutindo com Clarice e Rubinho. O que foi?

— Nada de mais. A lambisgoia quer me ferrar.

— Clarice não faria isso. Aliás, por que o faria?

— Você não a conhece como eu, Mirna. Ela é vingativa. Vai fazer de tudo para me tirar da Paladar.

— Está exagerando. Ela é boa profissional, muito correta.

— Está defendendo aquela mulher?

— Ouvi a conversa de vocês três. Ela estava pedindo o que você sempre fez. Mas vai saber quanto bebeu ontem. Quando cheguei em casa, estava num sono pesado. Você está se destruindo.

— Problema meu. Com essa vida de cão, só a bebida para aliviar minhas dores.

— Isso é ilusão. A bebida amortece e nos tira da realidade, mas depois fica tudo pior. Você anda mais cansado, mais abatido, sua fisionomia não está boa. Acho que precisa de tratamento. Já pensou nisso?

— Eu?! Tratamento? Está me chamando de bêbado?

— É o que está se tornando, se não se cuidar...

— Não acredito que você pense assim a meu respeito.

— É verdade, Heitor. Quem mais falaria tão abertamente com você? Somente Rubinho, talvez.

— Ele não é mais meu amigo. Vive implicando com meu serviço.

— Seu rendimento caiu. Todos comentam no escritório. A bebida está estragando seu trabalho.

Heitor levou as mãos ao rosto em desespero.

— Então estão todos caçoando de mim? Estou sendo motivo de piadinhas? Todos estão fazendo isso pelas minhas costas?

— Já faz algum tempo.
— E você nunca me disse nada? Que raio de namorada é você?
— Eles falam o que sentem, o que veem. Você dá motivos para as pessoas agirem assim. Aprendi que recebemos tudo que emitimos. O teor de nossos pensamentos determina como seremos tratados.
— Agora que anda com eles, está até falando difícil. Estão enchendo sua cabeça de besteiras, né?
— Não. Estou gostando muito. Tenho aprendido bastante. E tenho novidades.
— Que novidades?
— Começo a fazer terapia no sábado.
— Não entendi.
— Isso mesmo. Começo a fazer terapia no sábado.
— Mal tem dinheiro para me ajudar no apartamento. Vai pagar como?
— Não vou pagar com dinheiro.
Heitor estava impaciente.
— Explique melhor.
— Vou ao consultório mais cedo e datilografo a correspondência. Vou gastar mais ou menos duas horas. É o tempo que levarei para ser consultada. É uma troca, entende?
— E essa terapeuta é boa?
— Ele é muito bom.
— Ele?! Vai fazer terapia com homem? Está maluca?
— O que há de mais, Heitor? Tanto faz ser terapeuta homem ou mulher. Foi ao acaso, não escolhi.
— Não vai fazer.
— Como?!
— Não vai fazer. Mulher minha não fica trancada em sala com homem, fazendo análise.
— Que machismo mais descabido! Que preconceito mais bobo! Vou fazer análise com um profissional que vai me ajudar a me estabilizar emocionalmente.
— Não quero saber. Com homem não há terapia.

Heitor virou as costas e foi até o ponto de ônibus. Mirna foi atrás.
— Vai aonde? Não vamos almoçar?
— Não. Vou comer em casa. Não vou mais trabalhar hoje.
— Pediu licença?
— Não. Eu me dei licença. Agora vá almoçar e volte cedo para casa. Não quero serão.
— Hoje é dia de reunião importante. Pode ser que Heloísa precise de meus préstimos.
— Não quero saber. Chegue cedo em casa ou vai se arrepender.
— Farei o possível. E então lhe explicarei melhor sobre o terapeuta.
— Esse assunto está morto. Não quero mais falar sobre isso. Você não vai e pronto.
— Mas, Heitor...
Mirna não teve tempo de continuar. O ônibus chegou e Heitor saltou para dentro com rapidez. Ela voltou para o escritório cabisbaixa e triste.
Ele tem de me ouvir. Não posso perder a oportunidade de mudar e melhorar. É algo muito forte dentro de mim, não consigo resistir, pensou, dizendo depois em voz alta:
— Heitor vai ter de aceitar.
— Aceitar o quê?
— Percival! Como vai? O que faz por aqui?
— Haverá reunião com o conselho à tarde. Você parece triste. O que há?
Mirna baixou os olhos envergonhada.
— Nada.
Ele delicadamente encostou os dedos no queixo dela e levantou o rosto entristecido.
— Esses olhinhos andam muito tristes. Brigas com o namorado durão?
— Mais ou menos. Heitor é cabeça-dura, não gosta de argumentar.
— Já almoçou?

— Ainda não. Vou para o refeitório.
— Gostaria de conversar? Sinto que está aflita.
— Um pouco. Mas tenho muito serviço.
— No fim da tarde. Que tal?
— Se não houver extra, posso.
— Assim que acabar a reunião, eu a chamo. Poderemos fazer um lanche na Confeitaria Colombo. Quer me acompanhar?
— Na Colombo? Adoraria. Quando saio do escritório costumo dar uma passadinha. Mas nunca entrei. É tão lindo!
Percival riu.
— Então iremos lá. Aí conversaremos e me contará seus problemas.
— Está bem. Até mais tarde.
Mirna despediu-se e foi ao refeitório. Percival exalou um suspiro, sorriu e pegou o elevador até o andar da diretoria.

Heitor saltou do ônibus dois pontos depois do seu. Havia pegado no sono. Desceu irritado.
— Terei de andar tudo isso agora, embaixo deste sol — esbravejou.
Foi caminhando e, duas quadras antes de chegar em casa, parou num boteco.
— Mande um rabo de galo, no capricho.
Bebeu de um gole só e pediu outro. Em pouco tempo, estava adormecendo sobre o balcão do bar.

Freitas iniciou mais cedo o expediente. Além de trabalhar como porteiro na parte da noite e madrugada, fazia alguns bicos no prédio. Caíra na simpatia dos moradores e, com seu jeito meio malandro, ajudava e consertava fogões, geladeiras, o que precisasse. Era uma boa pessoa. Seu horário de entrada era às seis da tarde, mas nesta segunda chegara logo depois do almoço, porque Anita, do 902, precisava de uma série de consertos no apartamento. Freitas chegou e foi fazendo os pequenos serviços. Quando terminou, faltava pouco mais de duas horas para começar seu turno. Contente com a gorda gorjeta de Anita, chegou feliz ao térreo.

— Pode ir embora, seu João. Eu começo mais cedo.

— Puxa, obrigado, Freitas. Tenho de levar meu pequeno ao médico. Ele não anda bem. Você caiu do céu.

— Ô amizade, fica tranquilo. Precisou, é só chamar. Vai levar teu pequeno no médico. Não facilita, não.

— Eu ia separar a correspondência. O carteiro acabou de entregar.

— Pode deixar. Eu distribuo as cartas, amizade. Vai cuidar do teu neném.

— Obrigado. Que Deus o abençoe!

Freitas fez um gesto de agradecimento e pegou a correspondência. Era um negro alto, forte, robusto, com trejeitos tipicamente cariocas. Falava arrastado, estava sempre de bem com a vida. Havia começado a trabalhar na Lapa, como cafetão, e percebera que, por mais malandro que fosse, não era capaz de faturar em cima das pobres garotas. Sua consciência o acusava a todo instante. Assim que largou aquele tipo de serviço, envolveu-se afetivamente com uma mulher mais velha, que lhe pagara o curso supletivo. Freitas aprendeu a ler e escrever. Concluiu o primário e conseguiu o emprego no prédio. Estava indo muito bem.

Ele foi separando as cartas e assobiando, quando uma delas chamou sua atenção. Ele olhou e leu em voz alta.

— Ao morador do 601. Estranho. Carta sem remetente. Eu já vi esse envelope em algum lugar.

Freitas separou o resto da correspondência. Conforme as pessoas iam chegando, ele entregava as cartas. No fim da tarde, levaria o resto para os andares.

Ficou olhando demoradamente para o envelope.

— Morador do 601 é o bronco do Heitor. Eu tô cismado com esta carta.

Ele deixou os papéis de lado e foi entregando o que tinha de entregar.

No fim da tarde, Heitor apareceu no prédio, cambaleando, tropeçando e quase caiu no chão, não fosse a ajuda de Freitas.

— Ô amizade, tu tá mal, mesmo. Vou ajudar a subir.

Heitor empurrou-o violentamente. Estava com a voz pastosa.

— Não preciso de sua ajuda. Vá para o inferno!

— Só quero ajudar.

— Vá ajudar sua mãe. Não pedi ajuda.

Freitas meneou a cabeça para os lados.

— Eta sujeito ruim!

— Eu vou subir sozinho. Não preciso de ajuda.

— Aproveita e leva a correspondência.

— Eu não vou levar nada. Você é o empregado do prédio. Tem obrigação de levar e passá-la por debaixo da porta.

Freitas não quis discutir. Heitor, bêbado, não estava em seu juízo perfeito. Deixou que ele subisse e disse entre dentes:

— Dona Mirna não merece esse homem. Mas não tenho nada a ver com a vida dos outros. Ela é adulta e bem vivida. Quando chegar do trabalho, dou a correspondência para ela.

Clarice e Rubinho terminaram o relatório a tempo e a reunião correu tranquila. Havia passado um pouco das cinco da tarde e a maioria dos funcionários tinha ido embora. Mirna encontrava-se à sua mesa, datilografando alguns documentos.

— A senhorita está dispensada. Pode ir — sentenciou Sousa.

— Faltam alguns papéis.

— Tem trabalhado muito. A semana mal começou. Precisarei de seus préstimos nos próximos dias e terei de dividi-la com Clarice.

— Como assim?

— O doutor Brandão pediu que ela indicasse uma funcionária para ajudá-la. Está cheia de serviço. Ela sugeriu seu nome e eu concordei.

Mirna exultou de alegria.

— Oh, senhor Sousa, fico tão feliz! Gosto muito de meu trabalho, de trabalhar aqui na Paladar. Garanto que não faltarei com o senhor. Farei tudo que quiser e ajudarei Clarice. Vou me organizar e vai dar tudo certo. Prometo.

— Assim é que se fala, garota! Vai longe. Agora pode ir. Até amanhã.

— Até amanhã.

Mirna arrumou os documentos e fechou as gavetas de sua mesa. Estava levantando-se para ir ao toalete quando foi abordada por Percival.

— E então? Como fica meu convite?

Ela queria muito ir à Colombo, mas lembrou-se da fúria de Heitor. Já havia lhe causado transtornos com a conversa sobre o terapeuta. Não queria criar outra situação que o irritasse.

— Queria muito sair, mas preciso ir para casa. Tenho muito que fazer.

— Que pena!

— Não faltará oportunidade. Quando haverá próxima reunião do conselho?

— Daqui a dez dias, mais ou menos.

— Então poderemos lanchar nesse dia. O que acha?

— Muito longe.

— Mas hoje não posso. Lamento.

— Está certo, então. Na próxima reunião, vai lanchar comigo na Colombo.

— Combinado.

Despediram-se e foi com um pequeno aperto no peito que Mirna deixou o escritório. Queria agradecer a Clarice, mas ela estava presa na sala do doutor Brandão. Entardecia e ela precisava ir para casa. Queria conversar com Heitor sobre a terapia.

— Que pena! Eu queria tanto ter com Percival. Ele parece ser tão bacana.

Ela queria ir de verdade. Estava com vontade, mas o medo a fizera tomar outra atitude. Mirna tremia só de pensar na reação de Heitor. Ele estava ficando cada vez mais violento. Ela temia pela própria segurança.

Tomou o ônibus e foi para casa. Chegou cansada ao prédio. Estugou o passo para não ser vista por Freitas, mas não conseguiu.

— Boa noite, dona Mirna. Tudo bem?
— Tudo — respondeu ela sem graça.
— Tem correspondência para vocês.
— Heitor ainda não chegou? Ele sempre pega as cartas.
— Já chegou, mas não quis levar. Estava um pouco alterado.

Ele fez um gesto engraçado com as mãos e Mirna entendeu que Heitor havia chegado bêbado. Ela suspirou triste e apanhou as cartas.

Tomou o elevador e foi verificando a correspondência. Um dos envelopes chamou sua atenção.

— "Ao morador do apartamento 601". Mas o que será isto?

Ela virou o envelope e não havia remetente.

— Que estranho! Será que é para Heitor?

Mirna olhou minuciosamente. Abriu. Conforme ia lendo, suas pernas iam fraquejando. O ar foi-lhe sumindo e com muito custo ela abriu a porta do elevador. Ao entrar no corredor, teve de ajoelhar-se, tamanha moleza nas pernas. Começou a chorar.

Companheiro,
Aqui quem fala é um amigo seu. Cuidado com a pequena Mirna. Eu sei do passado dela e garanto que você vai ficar fulo ao saber o que ela andou aprontando pelo Rio de Janeiro. Quem avisa amigo é.

— Meu Deus! O que é isto?! Quem poderia cometer uma maldade dessas?

Mirna tremia qual vara ao vento. Amassou e rasgou o papel, jogando-o a seguir na lixeira.

"Heitor me mata se descobrir uma coisa dessas."
Ela foi recuperando as forças, o ar, a compostura e chegou à porta do apartamento.

— Isso é coisa de Benê. Só pode ser...

Abriu a porta e entrou. As luzes estavam apagadas e, ao acendê-las, a mesma cena: Heitor caído no chão com uma garrafa de uísque numa das mãos.

Enquanto o arrastava até a cama, chorava em desespero. Não sabia dizer naquele momento se as lágrimas eram por aquele estado deplorável em que Heitor se encontrava ou pela ameaça de Benê.

— O que farei de minha vida? Quando penso que tudo vai bem, olhe o que acontece...

Deitou Heitor na cama, afrouxou-lhe a camisa, tirou-lhe os sapatos. Depois, cansada e abatida, dirigiu-se ao banheiro.

— Um banho... é tudo que preciso.

Mirna não viu, mas sentiu uma gostosa sensação de paz e conforto. Melhorou um pouco seu estado emocional.

Num canto do banheiro, um vulto de mulher deixava também que uma lágrima escorresse pelo canto dos olhos.

— Não desanime, minha filha. Estarei sempre a seu lado. Só poderei intervir no momento certo. Você precisará fazer suas escolhas — disse Eustáquia, emocionada.

Capítulo 17

Mesmo recebendo as vibrações positivas emanadas pelo espírito de Eustáquia, Mirna passou a semana com os nervos à flor da pele. Andava cabisbaixa, triste e com muito medo.

Não tinha coragem de se abrir com ninguém. Temia pelo julgamento das pessoas. Não queria falar nada com Clarice ou Heloísa. Havia pensado em abrir o coração a Percival, mas temia ser mal interpretada.

Já era sexta-feira e ela aguardava ansiosamente pelo sábado. Iria se consultar com Adelmo e ele poderia ajudá-la a se livrar de seus problemas. Sim, ele poderia ajudá-la.

Ela estava terminando de tirar algumas fotocópias quando Clarice a chamou.

— Sente-se. Fique à vontade.

— Obrigada.

— Está acontecendo alguma coisa? Vejo que anda abatida, meio triste. Está tudo bem com Heitor?

— Mesmo que não estivesse, estou no trabalho. Ambiente profissional é sagrado, não sou de confundir as coisas. Sei que não posso chegar à porta do escritório e largar os problemas, mas posso deixá-los num saquinho. Quando saio do serviço, pego o saquinho de volta.

Clarice sorriu. Mirna continuou:

— Esta semana tem sido muito difícil. Estou com problemas em casa e na família — mentiu.

— Às vezes fica difícil não pensar nos problemas de casa enquanto trabalhamos. Há algo que eu possa fazer para ajudá-la?

— Infelizmente, não. Estou ansiosa esperando por amanhã. Adelmo poderá me orientar.

— Puxa, é mesmo. Você vai fazer terapia com Adelmo. Fiquei sabendo que ele é um dos melhores aqui na cidade.

— Bom saber. Interessante, sempre achei terapia coisa de gente rica ou desequilibrada. Coisa de louco, mesmo.

Clarice riu-se.

— As pessoas têm muito preconceito em relação a esses profissionais. Mas eles são fundamentais para nos ajudar a encontrar equilíbrio e paz, porque nos dão chaves e dicas para nós nos olharmos e procurarmos nos entender melhor. É uma viagem interior fantástica e produtiva. Você vai mudar muito. É um caminho sem volta.

— Qual?

— O caminho do aprendizado e do valor a si mesmo. Quando encarar seus pontos fracos e aceitá-los, será capaz de aceitar qualquer coisa em sua vida.

— E qual é a vantagem disso?

— Quem aceita qualquer coisa na vida é capaz de respeitar qualquer um, além de si mesmo.

— Você diz compreender e não julgar.

— Isso mesmo. Compreender, respeitar e aceitar as pessoas como são. Ao entrarmos em contato com nossos problemas, desejando mudar com sinceridade, jogando fora todas as crenças que não nos servem mais, temos condições de viver melhor conosco e com as pessoas ao nosso redor.

— Assim espero.

— Você verá. Fiz terapia por um tempo e depois fiz cursos de autoajuda. Tenho melhorado muito. E agora, com o grupo de Gustavo, tenho certeza de que melhorarei muito mais.

— Você é ótima, não precisa melhorar em nada.

— Não, Mirna. Quanto mais, melhor. Isso é evolução. Quero partir para o outro mundo mais lúcida, mais equilibrada, mais feliz. Não quero, depois que tomar consciência de que morri, ouvir sermões dos mentores, reclamando que não fiz isso ou aquilo, que poderia ter escolhido assim ou assado.

— Tem certeza de que o mundo dos espíritos é real?

— Não está lendo os livros que Heloísa lhe emprestou?

— Estou. Há cientistas que comprovam a existência de vida após a morte. Mas eu não vejo nada, é difícil acreditar.

— Não precisa enxergar, por enquanto. Se dedicar-se a estudar e aprender, logo estará sentindo com maior facilidade as energias ao redor. Poderá inclusive "ver" um espírito.

— Acha possível?

— Sem dúvida. Você já tem capacidade para sentir.

— Isso sim. Quando vim trabalhar aqui no escritório, sentia umas tonturas, uma pressão na cabeça sem igual. Fiquei mal um bom tempo, depois, como num passe de mágica, não senti mais nada.

— Você deve ter recebido ajuda espiritual.

— Não frequentei lugar algum no Rio, nenhum centro espírita.

— Não precisa frequentar um centro para receber ajuda. Não se esqueça de que todos nós temos um mentor, ou anjo da guarda. É claro que num centro espírita há mais recursos, há toda uma estrutura montada, com aparelhos do astral para retirar de nós as energias pesadas. Mas, se não for possível frequentar um, pode fazer isso em casa.

— Como assim? Em casa?

— Sim, isso é fundamental para nosso bem-estar e para manter a harmonia em nosso lar. Não leva muito tempo, no máximo uns dez minutos. É só escolher um dia da semana, um horário fixo. Faça uma prece e ligue-se com seu anjo da guarda. Depois leia um trecho de algum livro que contenha mensagens positivas. Então peça auxílio, equilíbrio, e verá como tudo vai ficar mais fácil.

— Gostei da dica. Onde aprendeu?

— Eu fazia isso em Belo Horizonte. Aprendi num centro espírita. Eles chamavam isso de "Evangelho no lar". Fiz algumas modificações e tenho tido bons resultados.

— Vou experimentar.

— Faça isso. Qualquer dúvida, pergunte a mim ou ao grupo, no domingo.

— Você me chamou para falar sobre isso? — perguntou Mirna, delicada.

— Também. Tenho percebido seu empenho na empresa. Aliás, não só eu, mas também todos os gerentes. Estamos muito satisfeitos com seu trabalho.

— Obrigada. Faço o que gosto. Adoro esta empresa.

— Fico feliz. Você será minha assistente a partir de segunda-feira.

Mirna balançou a cabeça. Não entendeu. Levantou-se rápido.

— Está bem.

Ela virou de costas e Clarice nada entendeu. Quando estava chegando à porta, Mirna deu um gritinho, como se estivesse em estado de choque.

— Você disse sua assistente? É isso mesmo?

— Sim, querida. Trata-se de uma promoção.

Mirna não cabia em si de tanto contentamento. Esqueceu o protocolo, deu a volta na mesa, abraçou e beijou Clarice, que retribuiu o carinho.

— Você não sabe quanto estou feliz. Trabalhar a seu lado é uma honra. Sempre a admirei.

— Sei disso. O senhor Sousa sempre me falou muito bem de você.

— E ele, como vai fazer? Ele conta comigo.

— Abriu mão sem problemas. Também acha que você merece crescer. Eles vão contratar uma datilógrafa. Claro que precisará dar uma ajuda a ele até a contratação, o que talvez lhe dê um pouco mais de trabalho.

Mirna interrompeu-a.

— Tudo bem. Faço o trabalho para os dois. Posso chegar mais tarde em casa.

— Não vai arrumar encrenca com Heitor?

Mirna respirou fundo e respondeu:

— Por mais que goste dele, por mais que tenha recebido a ajuda dele, não posso deixar de crescer por ele não gostar que eu chegue tarde.

— E como vai resolver essa situação?

— Não sei. Mas, se estou sendo reconhecida e tendo uma chance de progredir no trabalho, também terei chance de progredir fora dele. Heitor terá de concordar comigo.

— Está certo. Torço por você. Nós nos veremos no domingo. Quer carona para a reunião?

— Adoraria.

— Passe no prédio às sete e meia, está bem?

— Sim. Obrigada.

Mirna abraçou e beijou mais uma vez Clarice. Saiu feliz do escritório e não via a hora de chegar em casa para contar as boas-novas a Heitor.

Isaurinha tocou insistentemente a campainha. Lisete abriu a porta irritada.

— Dona Isaurinha, por que tanto alarde?

— Cale a boca, Lisete. Assunto de vida ou morte. Preciso falar com sua patroa. Onde ela está?

— Está no quarto descansando.

Isaurinha foi subindo sem atender às súplicas de Lisete.

— Por favor! Dona Leocádia precisa descansar.

— Deixe-me em paz. Vou acordá-la.

Lisete balançou a cabeça para os lados e voltou para seus afazeres. Quando Isaurinha insistia em algo, nada era capaz de demovê-la de seu intento.

Isaurinha abriu a porta do quarto e acendeu a luz. Leocádia irritou-se:

— Lisete! Quem mandou fazer isso? Não vê que estou dormindo?

— Calma, calma. Sou eu, queridinha.

Leocádia reconheceu de imediato a voz. Esfregou os olhos e bocejou.

— Você? O que aconteceu?
— Precisamos conversar.
— O que houve?
— Precisamos acertar com pai Mané.
— Acertar o quê?
— Ora, Leocádia, esqueceu-se? Ele precisa comprar mais material. Aliás, como sou uma boa cliente, ele fez alguns trabalhos por conta. Está precisando do dinheiro. Nada mais justo.

Leocádia sentou-se na cama.

— Não sei se valerá a pena. É muito dinheiro.
— Quanto mais dinheiro, melhor o serviço.
— Como pode ter tanta certeza?
— Porque já obtive resultados.
— Quais?

Isaurinha levantou-se contrariada.

— Você nunca me fez esse tipo de pergunta.
— Mas agora estou fazendo. Quais foram os benefícios que os trabalhos dele lhe trouxeram?

Isaurinha colocou o dedo no queixo, pensativa.

— Bem, deixe-me ver. Ah, Margarida não aparece mais nas colunas sociais. Lembra-se de como ela rivalizava comigo? Pois bem, pai Mané fez um trabalhão e ela sumiu do mapa. Ninguém mais ouviu falar nela.

— Sim, mas acontece que o marido dela foi transferido para Lisboa; ele é diplomata. E naturalmente ela foi junto. Acredita que pai Mané foi o responsável? Acho que ele não está com essa bola toda, não.

Isaurinha lançou olhar fulminante à amiga.

— Não acredito no que ouço! Você está duvidando do feiticeiro mais poderoso do Rio?

— Não exagere. Só acho que não vale a pena.
— Para quem estava desesperada... mudou muito rápido de opinião. O que aconteceu? Eugênio voltou para casa?
— Voltou. Quer dizer, vai ficar aqui até arrumar um apartamento.
— E vai ficar assim? Além de tudo, ainda o deixa ficar aqui? Mesmo sabendo que ele tem a secretária como amante?
— Não quero saber disso. Estou confusa. Por favor...
Isaurinha não dava trégua. Rodava pela cama e falava, falava, até que Leocádia desesperou-se e tapou os ouvidos. Gritou:
— Chega! Por favor, chega!
O grito foi tão forte que Mário, no quarto ao lado, ouviu e entrou correndo.
— O que está havendo?
Isaurinha procurou manter tom de voz tranquilo:
— Conversas íntimas. Nada de mais.
Mário percebeu que o rosto da mãe estava pálido.
— A senhora está bem?
Leocádia fez sinal afirmativo com a cabeça. Isaurinha continuou:
— Viu? Nada de mais. Ela está ótima.
Leocádia lançou um olhar de súplica ao filho. Mário entendeu e solicitou:
— Por favor, dona Isaurinha, eu gostaria de ficar um pouco a sós com minha mãe. Poderia?
— Claro! Aqui é a casa de vocês. Eu é que fui intrometida. Eu me vou, mas, Leocádia, lembre-se do que conversamos. Preciso de uma resposta urgente. Não posso decepcionar nosso amigo. Não apronte comigo.
Leocádia nada respondeu. Mário acompanhou Isaurinha até a porta.
— Boa noite.
— Passar bem, meu jovem.
Ele fechou a porta e correu até a cama.
— O que foi, mamãe? O que aconteceu? Não está com uma cara boa.

Leocádia ia falar, mas as lágrimas a impediram. Mário trouxe o rosto dela ao encontro do peito. Acariciou os cabelos grisalhos e em desalinho.

— Chore, mãe, isso mesmo. Há muito tempo não a vejo chorar de verdade.

— Oh, meu filho, não sei o que fazer. Quando seu pai pediu o divórcio, antes de nos entendermos, fiquei tão desesperada que corri para os braços de Isaurinha. Depois eu e seu pai nos acertamos, somos amigos, mas Isaurinha quer que eu faça coisas de que não gosto...

— Calma, vamos devagar. Tenho todo o tempo do mundo para a senhora, a não ser que me queira fora de seu quarto.

Leocádia agarrou-se ao filho.

— De forma alguma. Quero você aqui comigo. Sinto-me segura a seu lado.

— O que está acontecendo?

— Tenho vergonha de dizer.

— Mãe, não confia no próprio filho?

— Sempre confiei em você. É o tesouro da mamãe.

Mário riu.

— Há anos que não ouço isso.

— Mas é. Maria Helena também é minha filha amada. É que, desde que você nasceu, eu o chamo de "meu tesouro".

Mário puxou a cabeça da mãe delicadamente até o peito.

— Primeiro me diga: o que Isaurinha queria?

— Nada...

Mário afastou-se delicadamente e encarou a mãe.

— Não minta para mim.

Leocádia baixou a cabeça, trêmula.

— Bem, quando seu pai foi embora, fiquei tão desnorteada que liguei para Isaurinha.

— Sim, lembro-me bem daquele dia. Cheguei de viagem e não havia ninguém em casa. Foi consolar-se no ombro da amiga.

— Mais ou menos.

— É melhor ser direta, sem rodeios, senão ficaremos horas conversando sem resultado algum.

— Sinto-me envergonhada.
— Vamos, coragem.

Leocádia pegou um lencinho na cabeceira e assoou o nariz. Em seguida ajeitou o corpo na cama. Mário ajudou-a colocando os travesseiros na cabeceira, a fim de que a mãe pudesse encostar-se e conversar melhor.

— Naquela noite, Isaurinha me levou até um terreiro.

Mário remexeu-se na cama, balançando energicamente a cabeça para os lados.

— Achou que esse tipo de ajuda iria resolver seus problemas? Achou que isso iria trazer papai de volta?

— Não sei, fiquei confusa. Estava desesperada e não sabia o que fazer. Isaurinha confia demais em pai Mané.

— Humm, pai Mané...

— Já ouviu falar nele? Ele é bom?

— Já ouvi. É um charlatão de primeira. Engana a todos. Responde a três processos criminais, um deles por extorsão. É um bandidão e ainda desonra a espiritualidade.

— Oh, eu não sabia! Isaurinha o conhece há tantos anos...

— Precisa tomar mais cuidado, mãe.

— Isaurinha pertence à alta sociedade. Não me levaria a um pé de chinelo.

— Mas levou. Aposto que ele cobrou uma fortuna e disse que precisaria de mais dinheiro.

— Como sabe disso? Isaurinha...

— Não, ninguém me falou, mas esse tipo de gente trabalha dessa forma. Pedem dinheiro até não poder mais, fingem que o trabalho será difícil de ser concretizado e precisarão de material etc.

— É mesmo! Era isso que Isaurinha queria agora há pouco — disse Leocádia, espantada.

— Não se misture com esse tipo de gente, mãe. Eles se envolvem com espíritos de natureza vulgar, espíritos muito negativos. Muitos são ignorantes e às vezes vêm atrás de nós, achando que receberam muito pouco pela ajuda que nos deram. Há alguns que ficam esperando o dia de nossa morte, só para um acerto de contas.

Leocádia fez o sinal da cruz.

— Meu Deus! Isso é possível?

— Tudo é possível, mãe. Temos de tomar muito cuidado ao pedirmos as coisas na vida.

Leocádia deixou o pranto correr solto.

— Então estou perdida. Estou frita. Não terei mais salvação.

— Ora, mãe, por que diz isso? Por acaso vai continuar a frequentar aquele lugar? Não tem nada a temer.

— Não se trata do trabalho que pai Mané realizou, se é que realizou, mas é algo muito antigo...

Leocádia não conseguia articular palavra. Tremia e chorava sem parar. Mário abraçou-a novamente.

— Vamos lá, o que há por trás de tudo isso? Está na hora de se libertar de suas culpas e seus medos. Conte-me o que aconteceu.

Leocádia ajeitou o corpo na cama. Fechou os olhos e suspirou. Pousou seus olhos aflitos nos do filho.

— Eu era muito nova, apaixonei-me por seu pai. Mas Eugênio só tinha olhos para a outra.

— Que outra? — perguntou Mário, fingindo não saber do que se tratava.

— Uma namoradinha. Mas eu estava acostumada a ter tudo que quisesse. Papai e mamãe sempre me deram tudo, nunca ouvi um "não" na vida. E cismei com seu pai. Quis tê-lo a todo custo.

— E o que a senhora fez?

— Bem, foi a primeira e última vez, sem contar agora com Isaurinha, que fui a um terreiro. Pedi que afastassem seu pai da namorada. Eu não me importava com nada. Queria que os dois se separassem.

— E deu certo?

— Mais ou menos. Eles eram muito apaixonados, e parece que o serviço não surtiu efeito. Lembro-me de que fiquei muito zangada, porque os meses iam passando e nada. Então, um dia, dei um ultimato ao homem.

— O que a senhora fez?

— Bem, eu fiquei muito nervosa. Eugênio mal olhava para mim. Eu sabia que aquele feiticeiro às vezes acertava, porque ele tinha fama em Minas. Dei um ultimato: ou ele fazia alguma coisa, ou eu acabava com ele. Nem sei como pude ser tão valente.

— E então?

— Ele me chamou uns dias depois. Em vez de feitiço, ele me deu uma poção, um saquinho com pó para ser diluído em bebida. Aquilo era capaz de fazer a pessoa perder a lucidez por um tempo e...

Leocádia não queria continuar. Suas faces estavam rubras.

— Chega! Vamos parar por aqui. Você é meu filho, não posso continuar.

— Mãe, não seja tola. Eu a amo, sou seu amigo. Continue, por favor. Isso lhe fará bem.

Leocádia exalou profundo suspiro. Sentiu forças para continuar.

— Havia uma festa em casa. Meu pai havia convidado muitas pessoas importantes, e Eugênio estava na lista. Não sei por quê, mas a namorada não foi. Na época achei que havia dedo do tal feiticeiro, sei lá.

— Pode até ser. Esse tipo de trabalho sempre "pega" em pessoas inseguras, medrosas. Se a namorada de papai se comportava desse jeito, talvez tenha ajudado o bando de espíritos.

— Não sei ao certo. Eugênio mal olhou para mim. Ao final do jantar, servi-lhe um licor em um cálice em que eu colocara um pouco daquele pó. Logo depois que tomou o licor, percebi que Eugênio me encarava de um jeito diferente, brilho estranho nos olhos, como se fosse outra pessoa. Confesso ter ficado com medo daqueles olhos.

— Bem poderia ser um dos escravos espirituais.

— Não sei, Mário. Só lembro que seu pai me pegou pelo braço e quase me arrastou pelo salão. Em pouco tempo, estávamos longe dos convidados e...

— E?

Leocádia tapou o rosto com as mãos. Voltou a chorar.

— Foi então que engravidei.

— Então foi assim que apareci em sua vida?

Ela tentou um sorriso. Deu leve tapa no ombro do filho.

— Não seja bobo. Isso me trouxe marcas profundas. Senti-me usada, senti nojo de seu pai. Mas era o que queria. Uma prima viu o ocorrido e correu até meu pai. Você imagina a confusão que deu. Eugênio não teve escapatória. Criado numa família de costumes rígidos, foi obrigado a abandonar a namorada e casar-se comigo.

— Sentiu-se feliz?

— Para dizer a verdade, nunca. E logo depois veio o remorso. Fiquei com pena da moça. Parece que ela se mudou para o interior, arrasada. Hoje compreendo a dor dela. Mas naquela época estava cega, queria Eugênio.

— E depois que o teve perdeu a graça.

— É, essa é a verdade. Depois que consegui o que queria, me cansei. Quando você nasceu, descobri o que era amor de verdade. Então percebi que nunca amara Eugênio.

— Foi pura atração, mais nada.

— Naquela época as mulheres não podiam pensar assim. Éramos criadas para o matrimônio. Só podíamos nos casar virgens, não podíamos experimentar o sexo, como os homens sempre fizeram. Levei anos para perceber que sentira somente atração física por seu pai, porém não havia mais escapatória, e naquele tempo só existia o desquite.

— Ficou com medo de ser falada. Colocou a opinião dos outros em primeiro lugar.

— Sim. E por isso me agarrei à religião. Achei que, ao me confessar e fazer novenas sem parar, iria me redimir perante Deus. Mas estes anos todos só aumentaram minha culpa. Conforme o tempo passa, mais medo sinto. A igreja diz que terei de acertar contas.

— Ainda acredita nessas bobagens? Acha que a punição é o único caminho da salvação?

— Antes achava, com o tempo fui perdendo a paciência. Tenho o direito de errar, mas também tenho o direito de recomeçar e acertar.

— E viveu praticamente trinta anos assim, sufocando-se? Não é à toa que se acabou.

— Eu fui muito bonita; hoje não chego a ser uma sombra do que era. Fui me reprimindo, com medo de despertar atenção nos homens. Engravidei e quis casar com seu pai. Paguei o preço.

— Um preço muito alto, não acha?

— E o que fazer agora? Estou velha. Desesperei-me e corri até Isaurinha. Então comecei a me lembrar do que fizera quando moça. E o interessante é que as cenas do passado vêm com uma força incontrolável.

— Há amigos espirituais que estão lhe ajudando.

— Tenho medo quando fala assim. Você e sua irmã já conversaram comigo a respeito e até tenho alguns livros que você me deu. Embora a leitura seja agradável, a espiritualidade me causa medo.

— Se quiser, pode começar a mudar agora. Tenho um livro que vai ajudá-la a tirar o véu do preconceito.

— Não tenho mais idade para mudar.

— Acha que esse é o caminho? Não confia em si? Onde está aquela mulher que desafiou um macumbeiro trinta anos atrás?

Leocádia riu.

— Está lá longe. Não sei se voltará.

— Ela está aí dentro mesmo — fez Mário, apontando para o peito da mãe. — A senhora não usa a força que tem. Possui uma maneira equivocada de enxergar a vida. Espere um momento.

Ele saiu do quarto enquanto Leocádia se recompunha na cama. Mário voltou em seguida, com um livro de capa verde.

— Tome, pode começar com este aqui. Como sempre foi ligada à igreja, acredito que seja melhor começar a entender a espiritualidade pelo *Evangelho Segundo o Espiritismo*. Leia e depois conversaremos mais.

Leocádia pegou o livro e passou delicadamente a mão sobre a capa.

— É muito bonito.

— Um amigo me deu de presente há muitos anos. E este exemplar foi traduzido pelo professor Herculano Pires. Ele fez uma tradução impecável do original francês.

— Começarei agora mesmo. Como devo fazer?

— Os espíritas geralmente fazem assim: pegam o livro, seguram-no com as mãos e fazem uma pequena prece. Em seguida se concentram no problema pelo qual estão passando e abrem o *Evangelho* ao acaso. Sempre dá certo. Tente.

— Vou tentar. Boa noite, meu filho. Obrigada por me ouvir.

Mário beijou Leocádia com amor e carinho.

— Eu a adoro. Estarei sempre a seu lado. Ainda vai mudar muito, mamãe. Para melhor, é claro.

Leocádia concentrou-se em suas aflições e abriu o livro. Em seguida, abriu os olhos e, surpresa: "Capítulo IX – Bem-aventurados os mansos e pacíficos". Entregou-se à leitura com interesse e logo estava lendo outros capítulos. A leitura do *Evangelho* a fascinou.

Mário saiu feliz do quarto. Era a primeira vez que Leocádia se mostrara aberta àquelas leituras. Já havia emprestado livros sobre pensamento positivo, mas agora começava a apontar para Leocádia um dos caminhos que nos levam à verdadeira espiritualidade. Sentindo o ambiente tranquilo, dirigiu-se até seu quarto e ligou para Clarice.

— Alô?

— Clarice, como vai?

— Mário, que bom ouvi-lo. Não nos falamos desde domingo.

— Pois é. Por isso estou ligando. Já jantou?

— Ia esquentar meu prato agora.

— Que tal nem começar? Eu insisto: jante comigo.

— Está bem.

— Daqui a meia hora está bom para você?

— Perfeito.

— Então até mais.

— Até logo.

Clarice desligou o telefone radiante. Havia saído com Mário no domingo anterior após a reunião na casa de Gustavo e encantara-se com o rapaz. Sentiam ter muitas afinidades. Mas a semana havia sido corrida para ela e nem sequer tivera tempo de pensar em ligar. Ficou feliz.

Mário também experimentava uma emoção diferente. Durante quase toda aquela semana ficara ao lado do telefone, e vontade de ligar para Clarice foi o que não lhe faltara. Segurou-se ao máximo. Sentia-se atraído por ela e iria falar de seus sentimentos no jantar. A noite prometia-lhes boas surpresas.

Capítulo 18

Mirna saltou do ônibus saltitante e feliz. Parecia andar nas nuvens. Estugou o passo e correu. Queria chegar o mais rápido possível em casa e contar as novidades a Heitor. Foi a primeira vez que ela cumprimentou Freitas sem se sentir envergonhada.

— Boa noite. Como vai o senhor?

Freitas espantou-se, mas retribuiu com um largo sorriso.

— Boa noite, madame. Gosto de ver a senhorita bem. Fica mais bonita.

— Obrigada, senhor Freitas. O senhor vai ser o primeiro a saber. Fui promovida.

— Eta coisa boa! A madame tá sempre surpreendendo. *Tô torcendo com vontade.*

— Obrigada. Até mais.

Mirna pegou o elevador e foi contando andar por andar. Abriu a porta e correu pelo corredor. Heitor tinha acabado de tomar banho. Mirna entristeceu-se. Ele estava inchado, fruto do excesso de bebida alcoólica. Ela disfarçou e abraçou-o.

— Tenho novidades!

Ele a agarrou com força.

— Agora não, conte-me depois. Estou sóbrio e quero fazer amor, agora.

Ela tentou escapar.

— Calma, acabei de chegar. Tenho novidades, ótimas notícias.

— Não, quero agora.

— Por favor, Heitor, está me machucando.

— O que foi? Não gosta mais de mim? Acha que não sou mais atraente?

— Não, não é nada disso...

Heitor não a deixou terminar. Deu-lhe violento soco no rosto, o que fez Mirna bater a cabeça na parede, desequilibrar-se e cair sobre a mesa de centro.

— Eu a trouxe para dentro de casa, portanto mando em você. Se quero fazer amor, tem de me obedecer.

Ela estava tonta. Um corte na altura da sobrancelha direita fazia o sangue escorrer e embaçar-lhe a visão.

— Calma, não fique violento. Não comece.

— Não comece? Quem começou foi você. Agora trate de lavar o rosto e vamos para a cama.

Mirna começou a chorar.

— Não vou, não quero. Você não manda em mim.

Heitor perdeu a razão. Chutou a namorada sem perdão. Depois jogou-se sobre ela e encheu-a de tapas e socos. Mirna gritou, implorou, rogou, esperneou, mas em vão. A força de Heitor parecia triplicada. Ela enfiou o dedo no olho dele e apertou com força. Ele se desprendeu dela e colocou as mãos no olho. Foi o tempo suficiente para ela se livrar do brutamontes.

— Não encoste mais o dedo em mim.

— Nem quero. Você não presta. Vá embora.

— Vou mesmo.

— Agora! Quero que saia desta casa agora.

Mirna foi até o quarto, pegou as poucas roupas que tinha, colocou-as numa sacola e saiu. Nem ao menos foi ao banheiro para se limpar. Heitor ficou sentado no sofá, olhos imóveis, sem reação. Ela aproveitou e correu. O elevador ainda estava parado no andar. Entrou e, trêmula, apertou o botão.

Quando abriu a porta do elevador, com o vestido rasgado, os cabelos em desalinho, marcas arroxeadas pelo corpo todo e sangue escorrendo pela fronte, Freitas desesperou-se.

— Madame, o que aconteceu? Por Deus, o que houve?

— Ele me bateu e me mandou embora de casa.

Freitas disse alguns palavrões em alto tom. Recompôs-se e continuou:

— Ele não pode ficar impune. Vou falar com ele.

— Não, por favor. Não quero mais brigas. Eu vou embora, senhor Freitas. Cansei de apanhar.

— Vai para onde? É sexta-feira, já é tarde. Posso ligar para minha patroa. Pode ficar lá até se ajeitar.

Mirna comoveu-se.

— Obrigada, mas eu me viro. Vou até o apartamento de uma amiga, aqui perto.

— Nesse estado?

Mirna não havia se olhado no espelho. Ao ver seu reflexo na porta do hall, não acreditou que aquela fosse ela. Estava irreconhecível, inchada, rosto praticamente desfigurado. Respirou fundo e voltou-se para o porteiro.

— Não há problema. Vou assim mesmo. Ela vai me receber. Muito obrigada por tudo.

Mirna deu um beijo no rosto de Freitas e partiu. Ele ficou imóvel, vendo aquela mulher desaparecer na rua, sentindo ainda o beijo quente em sua face.

— Ela não merece isso. Aquele desgraçado ainda vai se dar mal.

Alguns minutos depois, Mirna chegou ao prédio de Clarice. O porteiro não queria que ela entrasse, confundindo-a com uma pedinte. Ela insistiu:

— Por favor, interfone ao apartamento de dona Clarice. Diga que é Mirna, urgente.

Após insistir, o porteiro interfonou.

— Pode ficar aí fora esperando. Ela já vai descer.

Quando Clarice desceu e olhou pela porta do hall, não reconheceu Mirna de imediato.

— Sou eu mesma. Desculpe, mas deixe-me entrar.

Ao identificar a voz, Clarice não teve dúvidas. Mandou o porteiro abrir a porta.

Seus olhos revelavam sua inquietação.

— Meu Deus! O que aconteceu? Quem lhe fez isso?

— Heitor.

— Como pôde? Por quê?

Mirna começou a chorar. Clarice passou um braço pela cintura e outro pelo ombro de Mirna, amparando-a.

— Venha, vamos subir.

Antes de entrar no elevador, Clarice deu o recado ao porteiro.

— Daqui a pouco virá um rapaz me buscar; seu nome é Mário. Mande-o subir, por favor.

— Sim, senhora.

Mirna entrou no elevador envergonhada.

— Desculpe, é sexta-feira, não quero atrapalhar.

— Mário é compreensivo. Primeiro vamos conversar, depois verei o que fazer.

— Não tenho para onde ir. Ele me expulsou de casa.

— Calma. Chegamos. Vamos entrar. Você vai tomar um banho, colocar uma roupa confortável e conversaremos. Venha.

Clarice entrou no apartamento e conduziu Mirna imediatamente até o banheiro. Apanhou toalhas, pegou uma camisola limpa e entregou a ela.

— Neste armário há mercúrio, água oxigenada, band-aid. Precisa limpar esse corte; parece que não vai precisar de ponto. Fique à vontade. Se quiser, podemos ir ao pronto-socorro.

— Obrigada. Não será necessário.

Clarice fechou a porta do banheiro e foi até a sala. Jogou-se pesadamente no sofá. Não podia imaginar que Heitor pudesse chegar a tanto. Ligou para Heloísa. Alguns minutos depois, ela e Rubinho estavam no apartamento de Clarice.

— Tem certeza de que foi Heitor?

— Ela diz que sim, Rubinho. Se você visse o estado dela.

— Desgraçado! Isso não se faz. Por que não vem me enfrentar? Por que não bate num homem?

Heloísa interveio:

— Calma, querido. Não adianta ficar com raiva. Isso nada vai resolver.

— Fico nervoso. É difícil segurar um rojão desses. Um ser humano em seu juízo perfeito não comete uma barbaridade dessas.

— Também acho, mas o que vai fazer? Tirar satisfações, esmurrá-lo? Para quê? De nada vai adiantar. Precisamos nos preocupar em ajudar Mirna. Ela merece ajuda e a terá.

— Como posso encarar Heitor no serviço? Fica difícil mantê-lo no escritório. E se ele perder as estribeiras e tentar agredi-la no serviço? Não posso deixar que uma coisa dessas aconteça.

— Não devemos pensar nisso. Vamos fazer uma corrente nós três.

— O quê?!

— Uma corrente. Vamos serenar e orar, pedir para que nossos amigos espirituais nos ajudem a tomar decisões acertadas. Não vamos perder o controle.

Clarice concordou:

— Isso mesmo. É a única coisa sensata que podemos fazer. Não adianta ficarmos nervosos e querermos tirar satisfações com Heitor. Sinto que ele está perturbado. Vamos nos concentrar e rezar. Agora.

Os três deram-se as mãos e fizeram uma prece. Em seguida, Heloísa pediu ajuda aos amigos espirituais e solicitou que fossem enviadas energias salutares para Mirna e também para Heitor. Rubinho não concordara a princípio, mas aos poucos foi deixando-se envolver por aquela corrente magnética de alto teor positivo. Em minutos, a sala estava com uma energia mais leve. Os três estavam mais calmos. Clarice agradeceu em voz alta.

— Vou ao banheiro. Volto logo com Mirna. Fiquem à vontade.

Heloísa sentou-se no sofá ao lado de Rubinho.

— Ela precisa ir à delegacia, dar queixa.

— Também acho. Ela precisa se resguardar. Ainda é difícil acreditar que meu amigo tenha feito isso. Tão diferente de quando o conheci...

Heloísa pousou a mão no ombro de Rubinho.

— Nós a levaremos para nossa casa.

— Eu ia sugerir isso. Fiquei um pouco receoso. Sabe como é, Heitor, desequilibrado dessa maneira, pode querer aprontar mais, mesmo que Mirna preste queixa. É bom que ela nos tenha por perto.

— Também acho. Enquanto não resolvermos a questão, é preciso que ela conte conosco. Tenho certeza de que as coisas estão caminhando para o melhor.

Rubinho estava incrédulo.

— Não acredito que pense assim. Como chegou a uma conclusão tão disparatada?

Heloísa sorriu.

— Elementar, meu querido. Lembra-se de como sentíamos aquelas ondas pesadas quando estávamos ao lado de Mirna?

— Claro que sim. Eram tão fortes!

— Conversei com tio Gustavo sobre isso, e ele me adiantou alguma coisa. Disse-me que domingo vai conversar melhor com Mirna. Ele acha que o trabalho de captação de formas-pensamentos na última semana e a sessão pela qual ela passará amanhã com Adelmo já servirão para clarear-lhe a mente. E também afastarão as entidades que tanto a atrapalham.

— Acha mesmo que ela está com perturbação espiritual?

— Sem dúvida. Heitor está sendo o meio pelo qual eles a atingem.

— Se pensarmos dessa forma, Heitor está sendo usado e não deve ser o responsável por tamanha agressão.

— Engano seu. Heitor é responsável pelos atos que pratica. Não se esqueça de que nos unimos às pessoas e aos espíritos por afinidade, pela mesma vibração energética. Se esses espíritos ligaram-se a Heitor, é porque havia sintonia. Veja: seu amigo é muito negativo, fomenta a desgraça. Para ele o mundo é imperfeito, as pessoas não prestam, tudo está perdido. Pessoas que pensam assim acerca do mundo em que vivem não podem atrair coisas boas para suas vidas, concorda?

— Agora começo a entender — Rubinho abraçou e beijou Heloísa. — Você capta as coisas com facilidade. Eu frequento as reuniões de seu tio e demoro a entender algumas coisas. Mas tudo que disse faz sentido. Então acha que, agora que Mirna está começando a receber ajuda de nossos amigos espirituais, está atiçando as entidades que atrapalhavam a vida dela?

— Exatamente. O processo de mudança teve início. Mirna está começando a perceber a força que tem, está começando a olhar a vida de outra maneira. Ainda é cedo, mas essas entidades perceberão que ela entrou num caminho sem volta: o da evolução da consciência. Mudando a maneira de pensar, Mirna criará um novo padrão energético ao seu redor, e consequentemente essas entidades não terão como se aproximar. A compatibilidade energética vai deixar de existir.

Clarice chegou à sala, com Mirna logo atrás. O banho havia melhorado um pouco sua aparência, mas as marcas e o inchaço no rosto e em partes do corpo eram visíveis. Heloísa e Rubinho cumprimentaram-na com pesar. Ela retribuiu e sentou-se em uma poltrona próximo a eles.

— Obrigada pela vibração instantes atrás. Recebi as energias positivas no banheiro. Estava quase desmaiando, sentindo enjoo, uma dor de cabeça horrível. De repente, como num passe de mágica, tudo sumiu. Eu me senti bem.

— A oração opera verdadeiros milagres — disse Clarice.

— Concordo.

Rubinho levantou-se e sugeriu:

— Está com fome, Mirna?

— Nem havia pensado nisso, de tão nervosa que estava. Mas, agora que tocou no assunto, meu estômago está dizendo que vive e precisa de comida.

Todos riram. Rubinho prosseguiu:

— Continue com as meninas no papo. Vou para a cozinha fazer um jantarzinho para nós.

— Não precisa se incomodar, eu...

— Nada disso — cortou Heloísa. — Você não conhece esse homem.

— Cozinhar é um prazer para mim. Ainda estou um pouco nervoso com a situação. Tenho raiva de Heitor. Sei que vai passar, por isso quero cozinhar. É uma terapia.

— Se é assim...

— Fique tranquila, Mirna. Gosta de massas?

— Adoro.

— Então prepare-se para comer o melhor macarrão de sua vida.

As moças riram. Rubinho beijou Heloísa e foi para a cozinha. Mirna não pôde deixar de comparar.

— Não me leve a mal, não se trata de inveja, mas sempre sonhei em ter um homem assim a meu lado.

— É só mudar alguns conceitos, alterar uma e outra crença, e tudo estará a seu favor. Existem muitos homens como Rubinho.

— Mas é tão difícil encontrá-los.

Clarice interveio, rindo:

— Não é, não. Eu achava a mesma coisa. Quando vi Rubinho e Heloísa assim, juntos, pensei como você. E sinto que a vida está sendo generosa comigo.

— Está falando de quem? — perguntou Mirna.

Nisso a campainha tocou. Clarice deu um sorriso malicioso e foi até a porta. Virou-se para Mirna e, antes de abri-la, disse:

— Você verá.

Ela abriu a porta e lá estava Mário, com um ramalhete de rosas nas mãos.

— Boa noite. São para você.

— Obrigada. São lindas! Adoro rosas amarelas.
— Sabia que iria apreciá-las.
— Por favor, entre.
— Assustei-me a princípio, pois o porteiro estava com ar preocupado e pediu que subisse.
— Tivemos um contratempo.

Antes de Clarice terminar, ele viu o rosto inchado e marcado de Mirna.

— Meu Deus! O que aconteceu?
— Nada. Esta é Mirna, uma amiga nossa do trabalho. Teve uma briga familiar.

Mário cumprimentou-a.

— Se puder fazer algo para ajudá-la.

Mirna respondeu:

— Não, obrigada. Fui muito bem amparada por meus amigos.

Heloísa levantou-se e cumprimentou-o.

— Como vai, Mário?
— Vou muito bem. E você?
— Também muito bem.

Os dois riram. Rubinho apareceu na porta da cozinha.

— Até que enfim mais um homem. E então, Mário, janta conosco?

Ele ia responder, mas Clarice interveio:

— Nada disso. Vamos sair para jantar.
— E meu macarrão?
— Ora, Rubinho, continue com o macarrão. Faça o jantar e...

Heloísa a cortou:

— E depois levaremos Mirna para nosso apartamento — ela sorriu e piscou para Clarice. — Amanhã eu a levarei ao salão para tratar dos cabelos e depois a acompanharemos até a clínica de Adelmo.

Clarice riu satisfeita.

— Está certo. Deixem a chave sob o tapete na porta da entrada.

Mário exultou:

— Agora que está tudo acertado, vamos?

— Vamos.
Despediram-se e saíram.
Heloísa estava preocupada.
— Se quiser ir até a delegacia, eu e Rubinho a acompanhamos.
Mirna estremeceu.
— Polícia, não. Acho que poderemos resolver tudo a contento.
— E se ele voltar a atacar?
— Não. Ele não vai. Ele me expulsou de casa. É muito orgulhoso para voltar atrás — respondeu inquieta. Procurando mudar de assunto, tornou: — Não tenho dinheiro para ir ao salão, nem sei se quero ir até Adelmo.
— Não, senhora. O salão fica por minha conta, é presente de boas-vindas. Quanto a Adelmo, nem pense o contrário. Talvez sinta uma forte resistência e queira desistir. Mas tanto eu quanto Rubinho estaremos a seu lado. Fique sossegada. Vai dar tudo certo.
— Você disse que vou a seu apartamento. Não quero atrapalhar.
— Não vai. Eu a estou convidando, aliás, eu e Rubinho. Não será incômodo algum. Ficará o tempo que for necessário. Começa uma nova função no escritório na segunda-feira. Vai ganhar mais e também ter mais responsabilidades. Precisa estar bem-disposta. Ficará morando conosco até que tenha condições de alugar um apartamento.
Os olhos de Mirna encheram-se de lágrimas.
— Não sei como agradecer. Vocês caíram do céu.
— Não há o que agradecer. Somos amigas, certo?
Emocionada, Mirna respondeu:
— Sim, somos amigas.

Enquanto o clima andava ameno no apartamento de Clarice, o mesmo não ocorria no apartamento de Heitor. Assim que Mirna saíra, ele tombou no chão e perdeu os sentidos.

Dez minutos depois ele acordou com muitas dores pelo corpo. Sentia-se estranho, fatigado. Foi até o banheiro e, quando viu o rosto arranhado e a camisa rasgada, lembrou-se vagamente do ocorrido.

— Briguei de novo com ela. Eu me irrito muito facilmente. Preciso me controlar melhor. Quando Mirna voltar amanhã, tudo se resolverá.

Ele mal se lembrava de tê-la expulsado do apartamento. Sentia a cabeça pesada. Tirou a roupa e meteu-se sob o chuveiro. Terminou o banho e sentia-se tão abatido e cansado que se jogou pesadamente na cama e logo caiu em sono profundo.

Enquanto dormia, dois vultos em forma de homem riam satisfeitos.

— Demos mais uma lição na vagabunda. Usar o corpo desse cara aí é muito fácil. Além de ter uma cabeça negativa, não tem opinião própria, deixa-se levar por qualquer comentário.

— É, o cara é muito bobo. Bem, já fizemos o que tínhamos de fazer. Vamos embora daqui. Temos de manter guarda no outro apartamento.

— Isso mesmo. Sabe onde ela está?

— É só seguir a vibração, a energia. Venha comigo.

Logo, os dois espíritos estavam no corredor que dava acesso ao apartamento de Clarice. Ao tentarem atravessar a porta, foram arremessados a grande distância. Os dois caíram e ficaram meio tontos, sem entender o que estava acontecendo. Um vulto luminoso, em forma de mulher, aproximou-se. Os dois se abraçaram e se encolheram num canto. Ela foi firme:

— Não se atrevam a perturbar este lar. Ele está sob minha proteção. Se tentarem invadi-lo mais uma vez, irão direto para o vale.

Os dois espíritos tremiam. Um deles murmurou:

— Desculpe, senhora, não incomodaremos, mas sabe por quê...

— Eu sei por que estão atrás dela. Mas ela não terá de passar séculos sofrendo a revolta de vocês. Todos aprenderam com a lição. Ela quer melhorar e crescer.

— Ela errou, praticou um crime.

— Ela errou e agora quer melhorar. Tem todo o amparo da espiritualidade maior. Nós ajudamos aqueles que querem melhorar, alargar a consciência, resgatar os verdadeiros valores da alma.

— E nós não temos ajuda.

— Não têm porque não querem.

Um deles levantou-se e atirou-se em desespero aos pés da senhora.

— Por favor, eu quero mudar. Quero ir a um lugar melhor. Não quero mais perambular por esta cidade. Estou cansado de sofrer.

— Então venha comigo. Não tenha medo.

O espírito segurou na mão da mulher. Olhou para o companheiro e rogou:

— Venha, não temos nada a perder.

— Não vou. Isso é papo de espírito de luz. Já sabem o inferno que é viver nessas colônias: muita disciplina, horários, estudo, trabalho. Quero continuar a viver assim.

A senhora interveio:

— Cada um é livre para escolher. Quando quiser, concentre-se e ore. Sempre haverá um espírito amigo a prestar auxílio. Porém, antes de partir, quero lembrá-lo de que aqui você não poderá mais vir.

Enquanto um espírito saltava os degraus e ia para a rua, o outro partia de mãos dadas com Eustáquia. Logo, ambos desapareceram no corredor e seus vultos confundiram-se com as estrelas que despontavam no céu.

Capítulo 19

Mário levou Clarice até pequeno, porém confortável, restaurante. Sentaram-se e, após o pedido, ele tomou a iniciativa:
— Bem, eu estava pensando, pensando e...
— E?
Ele sorriu.
— Estou nervoso. É a primeira vez que sinto algo tão forte. Vou ser direto. Gostaria de fazer-lhe um pedido.
Clarice admirou-se.
— Um pedido?
— Sim. Não sou muito de enrolar, sou prático. Gostaria de namorar você.
A moça surpreendeu-se. Murmurou:
— Namorar?!
— Sim, namorar. Desde que saímos e lanchamos na semana passada, fiquei encantado.
— Não foi o que pensei.

— Por quê?

— Ora, você não me telefonou. Fiquei aguardando uma ligação, e com o passar da semana fui me esquecendo.

— Oh, desculpe. Não tive a intenção de...

Clarice fez um gracioso gesto com as mãos.

— Sei que não teve a intenção. Eu é que estava na expectativa de receber ligação sua.

— Corri a semana inteira, mas, se servir de consolo, confesso que não deixei um dia de pensar em você.

— Eu também não.

— Vejo que é tão direta quanto eu — disse ele, rindo.

— Sou sincera. Gostei de você tão logo o vi. Depois, quando saímos da reunião na casa de Gustavo e fomos lanchar, senti emoções adormecidas há muito tempo. Durante esta semana fiquei avaliando tudo que venho sentindo.

— Corri muito a semana toda. Dei muita atenção à minha mãe.

— Fiquei sabendo que seu pai voltou para casa.

— Por pouco tempo. Eles vão mesmo se divorciar. Conversaram e mamãe vai ajudá-lo a achar uma casa, um apartamento.

— São civilizados — disse ela rindo.

— Nem tanto. No começo foi duro. Ela não queria assinar os papéis do divórcio. Brigaram muito, mas agora estão se entendendo.

— Ela ainda gosta dele?

— Não. Eles nunca se amaram.

— E por que... — Clarice interrompeu-se. — Desculpe, não tenho nada a ver com isso.

— Não há segredos. Mamãe engravidou, papai se sentiu na obrigação de reparar o erro, coisas assim. Mamãe reconhece que errou e nunca o amou.

— E seu pai?

— Ele também não a ama. Na verdade, ele sempre gostou de outra.

— De outra?

— É. Confidenciou-me quem foi o grande amor da vida dele.

— E onde ela está?
— Acho que mora no interior de Minas Gerais.
— No interior de Minas?
— É. Há um funcionário da Paladar em Belo Horizonte que é parente dela, coisa assim.

Clarice intrigou-se. Em sua mente choviam pensamentos os mais diversos. Ela pensou:

Será? Mas não pode ser possível. Seria muita coincidência. O doutor Eugênio não teria nada a ver com...

Mário arrancou-a de seus pensamentos:
— Ei, esqueceu-se de mim?
— Imagine! Estava pensando.
— Um beijo pelo seu pensamento.

Clarice riu.
— Nada em particular.
— Sabe que desde nosso último encontro não fiquei um segundo sequer sem tê-la em meu pensamento?
— Você fala último encontro como se já tivéssemos saído antes.
— A impressão que tenho é a de que a conheço há anos.
— Também tive sensação semelhante.
— Nunca senti nada parecido antes por mulher alguma.

Mário pousou suas mãos nas de Clarice, puxou-as de encontro aos lábios e beijou-as. Clarice sentiu um arrepio percorrer-lhe o corpo. Um calor tomou conta de seu ser. Ela respondeu emocionada:
— Oh, Mário, o que será que está nos acontecendo?

Ele se animou:
— Não quero ser precipitado, mas acredito que estamos apaixonados.
— Será?
— Isso somente o tempo poderá revelar.

Mário sentiu um brando calor invadir-lhe o peito. Levantou-se da mesa e abaixou-se ao lado de Clarice. Seus lábios encontraram-se e eles se beijaram com ardor. Ele a abraçou, aspirando o delicado perfume em seu pescoço.

— Oh, Clarice, como a quero! Quero-a como minha mulher.
Ela retribuiu o abraço e os beijos.
— Também o quero. Quero aproveitar este momento mágico para conversarmos, para nos conhecermos melhor.
Mário levantou-se e voltou para sua cadeira.
— Está certa. Gostaria muito de conhecê-la, saber de sua vida, como uma moça tão linda ainda está solteira...
Ela deu uma gargalhada.
— Não sei se vai gostar de ouvir minha história.
— Por que não?
— Foram tantos dramas, e minha história não é diferente da vivida pela maioria das pessoas. Nasci pobre, vim do interior de Minas Gerais, coisas do tipo.
— Adoraria ouvi-la. Soube que trabalhou na fábrica da Paladar, em Belo Horizonte.
— É verdade.
— Estive tantas vezes na fábrica... Não me lembro de tê-la visto.
— Mudei muito, esteticamente.
— Então me conte tudo, estou muito curioso.
— Quer mesmo ouvir minha história?
— Sem dúvida, minha princesa. Agora me conte.
Assim, Clarice começou a discorrer sobre sua vida, começando com sua infância pobre e sofrida no interior, a vida rude no campo, o namoro com Heitor, a vida com Eustáquia. Mário ia bebendo cada palavra, fascinado com a maneira graciosa com que Clarice lhe contava.
— E quase trabalhou na Paladar anos atrás? Muita sacanagem desse cara, não?
— Faz parte do passado. Heitor não teve culpa. Não gosto desta palavra. Ele sempre foi inseguro, eu percebo isso hoje, e deve ter ficado com medo de eu ser aceita e ele não. Imagine para um homem de mentalidade machista ter sua vaga de emprego preenchida por uma mulher?
— Ele era tão ignorante assim?
Clarice fez ar de dúvida.

— Acho que ainda é.
— Você tem contato com ele? — perguntou Mário, um pouco contrariado.
— Ué, está com ciúme?
Ele riu.
— Um pouquinho, mas só um pouquinho.
O garçom trouxe os pratos. Serviu o casal e retirou-se. Antes de continuar a conversa, Mário pegou novamente na mão dela.
— Bom apetite, princesa.
— Obrigada. Bom apetite.
— Continue. Fale-me mais sobre esse Heitor.
— Ele trabalha no escritório da Paladar.
— Ah, agora entendi.
— Entendeu o quê?
— Nada, maneira de me expressar. Acredito que ele tenha ficado desconcertado ao vê-la como secretária da presidência.
— Ficou um pouco. Mas praticamente não nos falamos. E, antes que você tire conclusões precipitadas, ele namora Mirna.
— Aquela moça que estava em sua casa? Mas ela estava tão...
— Machucada?
— É. O que ela estava fazendo em seu apartamento?
— O assunto é desagradável. Foi uma briga que tiveram.
— Mirna estava machucada daquele jeito porque apanhou de Heitor, é isso?
— É.
Mário deu um soco na mesa. Clarice assustou-se.
— Calma, não fique bravo. Não sabemos o que aconteceu. Não conhecemos a intimidade do casal e não podemos julgar.
— Não é questão de julgar, mas é inadmissível. A violência nada resolve. E, ainda por cima, violência dentro de casa.
— Não sei ao certo o que aconteceu. Conversamos muito pouco. Se você visse o estado em que ela chegou em casa... Dava pena!

— E por que não foi registrar queixa na delegacia? Quem garante que esse tal de Heitor não voltará a molestá-la?

— Mirna tem medo de prestar declarações. Um dia, no escritório estávamos falando sobre brigas de marido e mulher. Falamos sobre a mulher prestar queixa, denunciar o marido agressor, mas o assunto deixou Mirna perturbada. Naquela época, ela já falava que nada adiantaria ir até a delegacia, que isso fazia o marido ficar com mais raiva etc. Achei tão estranho.

— Vergonha, humilhação. É duro para uma mulher depor contra o homem que ama. Quer dizer, acho que Mirna não sente mais nada por esse cara.

— Não sei. Apesar de tudo, Mirna é grata a Heitor. Ele a ajudou muito.

— Mas a agressão que ela sofreu tira todos os méritos dele.

Mário pensou por instantes e tornou:

— Fico preocupado com um possível ataque dele. Quem garante que nada mais irá fazer? E no escritório? Será bom mantê-lo próximo dela? Sabe que só os gerentes têm salas; o resto do pessoal trabalha em ambiente aberto.

— Rubinho, além de amigo, é chefe de Heitor. Vai conversar com ele na segunda-feira.

— Quero participar da conversa.

— Não sei se deveria.

— Como não? Eu também sou dono daquela empresa, Clarice. Também zelo pela integridade física dos funcionários lá dentro. Não posso permitir que uma briga caseira se repita no ambiente de trabalho. E a briga deve ter sido feia. Eu vi o estado da moça.

— Pois é, mas ela vai ficar comigo ou com Heloísa, até arrumar um apartamento. Heitor expulsou-a de casa. Parece que agora terminaram de vez.

— Por que você não conversa com Heitor?

— Eu?! Está louco?

— Não. Você o conhece desde criança, sabe do temperamento dele. Talvez, conversando, ele possa ouvi-la. Afinal, namoraram muito tempo — disse ele em tom malicioso.

Clarice deu leve tapa na mão de Mário.

— Bobo! Aquilo foi coisa de adolescentes. Mas não custa tentar. Vou ver se converso com ele antes do expediente.

— Está certo. Agora coma, senão vai esfriar.

Assim, de mãos dadas, ficaram conversando e trocando juras de amor.

Passava das duas da manhã quando Mário parou o carro na porta do prédio de Clarice.

— Que pena! Vim andando em marcha lenta, para que o momento não se acabasse. Sinto-me tão bem a seu lado.

— Eu também. Gostaria de continuar. Quer subir e tomar um café? Sei que é tarde...

— Mesmo? Está me convidando para subir?

— Por certo.

Mário exultou de alegria. Saiu do carro, correu até o outro lado e abriu a porta para Clarice. De braços dados, subiram até o apartamento. Clarice abriu a porta e ficou surpresa.

— Veja só: Rubinho fez o jantar e deixou tudo em ordem.

— É mesmo, nem parece que aquela trupe toda estava aqui. E Mirna, está dormindo?

— Está, mas não aqui. Heloísa e Rubinho a levaram. Estamos sós.

— Humm, é mesmo?

Mário abraçou-a pelas costas. Beijou-a repetidas vezes no pescoço.

— Pare! Assim não terei tempo de fazer café.

— Achei que o café fosse desculpa.

— Meia desculpa — disse ela rindo, enquanto se desprendia dos braços dele e corria até a cozinha.

Clarice tirou os sapatos de salto e ligou a cafeteira. Voltou até a sala e sentou-se próximo a Mário.

— Adoro a tecnologia. Em cinco minutos o café estará pronto.

— Vou conhecer um pouco de seus dotes culinários.
— Não se anime, não sou cozinheira profissional.
Ele se sentou bem próximo de Clarice e pegou as mãos dela.
— Quero-a como minha mulher. Isso basta.
Antes de Clarice responder, Mário envolveu-a num abraço apaixonado. Beijou-a com amor. Ela retribuiu. Depois de muitos beijos e carícias, ele se levantou do sofá.
— Vou desligar a cafeteira. Tomaremos café mais tarde.
Clarice respondeu fazendo gesto afirmativo com a cabeça. Ele voltou e pegou-a nos braços.
— Onde é seu quarto?
Clarice, emocionada, apontou com o dedo. Ele a conduziu até o quarto e deitou-a delicadamente sobre a cama. E, assim, entregaram-se a uma noite repleta de carinho e amor.

O sol já estava alto quando Heloísa acordou Mirna.
— Bom dia! Como se sente?
Mirna espreguiçou-se deliciosamente.
— Bom dia. Nunca dormi tão bem. Parece que fui abençoada.
— Deve ter sido mesmo. Tenho certeza de que alguns amigos espirituais vieram lhe ajudar.
— Acha mesmo? Não sei se sou merecedora de ajuda.
— Que pensamento mais negativo! De onde tirou essa ideia disparatada?
Mirna sentou-se na cama e agarrou-se aos joelhos.
— Sempre me senti assim. Sempre me achei pequenininha assim — fez ela com os dedos —, e em casa falavam que eu nunca seria nada na vida.
Heloísa sentou-se na cama.
— Sua mãe sempre a tratou assim?
— Mais ou menos. Quando éramos só nós duas, ela era carinhosa, tratava-me com amor. Lembro-me de uma fase muito gostosa de minha infância.

— E daí?

— Bem, ela se casou de novo e foi quando a confusão se instalou naquela casa.

Mirna mantinha os olhos distantes, tristes.

— Nem sempre é fácil adaptar-se.

— De uma hora para outra era tudo para ele. Minha mãe cozinhava o que ele queria, arrumava a casa do jeito dele. Tudo era para o marido. Eu fiquei em segundo plano. Até que um dia...

Ela não conseguiu articular palavra. Heloísa passou delicadamente a mão sobre os cabelos de Mirna.

— Se quiser, pode parar. Eu a respeito.

— Não, tudo bem. Hoje vou começar a terapia, preciso botar para fora tudo que guardo há anos. É bom já ir começando. Confio em você.

— Obrigada.

— Um dia mamãe foi visitar uma tia doente, num bairro distante. Ficaria o dia inteiro fora. A vizinha veio e me levou para almoçar em sua casa. No meio da tarde meu padrasto apareceu para me levar. Eu era menina, ingênua, e fui com ele para casa. A vizinha de nada suspeitou, pois o conhecia e o respeitava. Assim que entramos, ele começou a fazer umas brincadeiras comigo.

— Ah, não acredito!

— É, sim. Ele abusou de mim. Não chegamos a ter relações íntimas, mas ele me tocou e me obrigou a fazer o mesmo com ele.

Heloísa estava penalizada.

— E não contou nada para sua mãe?

— Ele me ameaçou, dizendo que eu devia manter o bico fechado. Mas, assim que mamãe chegou, corri a seu encontro e contei tudo. Estava desesperada, aos prantos. Minha mãe ouviu tudo quieta. Lembro que ela correu até o quarto e começou a brigar com meu padrasto. Depois ela veio até a sala e, sem mais nem menos, deu-me um tapa na cara, que sinto até hoje.

— Como assim?

— Ela me bateu, me deu uma surra. Disse que eu era uma sem-vergonha que tentava acabar com o casamento dela, seduzindo seu marido. Disse que ela não ia permitir uma coisa daquelas. Fiquei tão chocada que corri até a vizinha e lá fiquei.

— Sua mãe acreditou na versão de seu padrasto?

— Acreditou. Na mesma noite minha mãe foi até a vizinha e me trouxe de volta para casa. Lembro-me do olhar vingativo de meu padrasto. Foi a primeira vez que senti ódio de alguém. Tinha vontade de matá-lo. E o pior é que ele me abordou outras vezes depois disso.

— E como continuou vivendo naquela casa?

— Eu tinha treze anos. Era novinha, não sabia para onde ir. A única parenta era uma tia doente, que morreu logo depois. Essa nossa vizinha mudou-se para outra cidade. Foi quando minha mãe e meu padrasto passaram a dizer que eu não prestava, que não ia dar certo na vida, que ia ser uma perdida.

— Uma perdida?

— É. Isso eu ouvi demais. "Você vai se perder na vida"; "Você vai ser uma perdida"; "Nunca vai ser nada na vida".

— E você foi intoxicando sua mente com essas frases e aceitando-as como verdadeiras?

— Sim. Fui sentindo o peso dessas formas e, de repente, eu, tão moleca e cheia de vida, me fechei, me senti tão frágil, tão pequena, tão nada.

— Você alimentou crenças negativas a seu respeito. Os pais às vezes não percebem, mas intoxicam os filhos de pensamentos negativos, de medos, inseguranças. Colocam muito medo na gente. O excesso de preocupação estraga.

— E a falta dela também. Sempre me senti só, sem proteção.

— Aí entraremos em outro campo. Adelmo vai lhe ajudar. Só posso lhe dizer que tudo está certo e, por pior que possa parecer a situação, nosso espírito precisa dessas experiências para crescer.

Mirna zangou-se.

— Não acho justo. Por que tinha de nascer ali e sofrer esses abusos?

— Às vezes os problemas não se encontram nesta vida, mas em outras.

— Você diz vidas passadas?

— Sim. Já se interessou pelo assunto?

— Muito superficialmente. Como eu lhe disse certa vez, cheguei a frequentar um centro espírita no Espírito Santo. Mas fiz um tratamento de passes e só.

— Nunca leu nada a respeito?

— Há uns meses uma amiga me emprestou o *Evangelho*. Ela me convidou para tomar passes no centro que frequenta e participar de palestras. Mas, toda vez que eu quis ir, alguma coisa dava errado e eu deixava para depois.

— Humm, interessante. E o *Evangelho*, chegou a ler?

— Também não. Quando pegava para ler tinha sonolência, uma coisa esquisita. Deixei de lado.

— O que achou da reunião na casa de meu tio, no domingo passado?

— Adorei. Senti que preciso aprender muito, ler, mas me encontro num estado tão lastimável que não tenho vontade de nada. Preciso resolver minha história com Heitor. Estou cansada de levar esta vida...

Mirna começou a chorar. Heloísa abraçou-a.

— Calma, tudo vai se resolver. O problema é chegar até a estrada. Você já chegou. Agora começa outra fase: a de caminhar por ela. Tem muita coisa para aprender e tenho certeza de que sua vida será melhor daqui para a frente.

— Não sei ao certo, tenho medo. Meu passado me condena.

— Matou alguém?

— Imagine! Isso nunca. Mas há coisas que fiz que uma mulher decente jamais faria.

— Estou vendo que é cheia de ilusões. E que tem mania de se comparar aos outros.

— Não tenho referencial.

— Comece por você. É única, não existe outra Mirna no mundo. Pode haver alguém parecido, semelhante, mas nunca igual. Ninguém passou pelas experiências que você acumulou nestes anos todos, ninguém está aí dentro — apontou para o peito de Mirna — para avaliar os sentimentos. Dê a si mesma a chance de se olhar e de se aceitar. Isso vai contar muito em sua melhora. Acredite e confie.

— Prometo que vou começar. Estou confiante na ajuda que receberei de Adelmo.

— Fico feliz. Agora vamos para o café. A mesa está pronta.

— E Rubinho?

— Foi fazer mercado. Precisamos cuidar de você.

Mirna emocionou-se.

— Obrigada. Não sei como irei retribuir a ajuda. O que estão fazendo por mim não tem preço.

— Gostamos de você e queremos que o melhor lhe aconteça. Eu e Rubinho estamos ajudando-a de coração. Sei que isso é difícil nos dias de hoje, porque as pessoas sempre fazem algo por interesse. Estamos fazendo porque queremos. Agora levante-se e vá tomar um banho. Seu rosto desinchou bastante. Temos hora no salão.

— Vai dar tempo para tudo?

— Sim, senhora. Vamos tomar café, aí vamos para o salão. Depois lhe dou carona até a clínica de Adelmo.

— Nunca cuidei direito do cabelo.

— Tem um cabelo lindo, Mirna. E olhos expressivos. Um bom corte de cabelo, e você ficará com outra aparência. Confie em mim.

— Confiarei.

Heloísa foi para a cozinha, ligou o rádio e ficou cantarolando.

Mirna foi ao banheiro e, antes do banho, encarou-se no espelho. Sua aparência estava bem melhor. Deu uma piscada para sua imagem refletida e abriu o chuveiro. Deixou que a água morna caísse e relaxasse mais ainda seu corpo descansado.

Capítulo 20

Rubinho estacionou o carro na frente da clínica de Adelmo. Mirna desceu, sentindo um friozinho na barriga.

— Vá em frente — disse Heloísa. — É natural nos sentirmos assim, inseguros. Não é fácil falar de nós mesmos a um estranho. Mas confie: Adelmo é um terapeuta de primeira.

— Obrigada. Quero mudar e vou mudar.

— Assim é que se fala, garota — ajuntou Rubinho. — E está muito bonita. Esse corte de cabelo realçou sua beleza. E a cor? Ficou um espetáculo!

Mirna baixou os olhos envergonhada. Sorriu.

— Foi invenção de Heloísa. Nunca pensei em ficar loira. Sempre achei um absurdo.

— E o resultado foi surpreendente — concluiu Heloísa. — Está linda.

— Agora vão. Obrigada.

— Ligue para casa quando terminar a sessão. Rubinho virá buscá-la.

— Não se preocupem. Fiquem à vontade, saiam e divirtam-se. Não fiquem presos em casa por minha causa.

— Qual nada! — retrucou Rubinho. — Vou pegar uns vídeos na locadora. Passaremos o sábado assistindo aos filmes românticos de que tanto gostamos.

— Eu voltarei sozinha. Quero respirar, caminhar.

— Está certo. Você é quem sabe. Boa sorte.

— Obrigada.

Heloísa despediu-se de Mirna beijando-a no rosto.

— Vá com fé. Não se esqueça de que vai ter de contar momentos doloridos e sofridos. Mas vai valer a pena. Até mais.

— Até.

Mirna ficou observando o carro de Rubinho até ele desaparecer de vista. Voltou-se e tocou a campainha. Uma senhora de meia-idade apareceu na porta:

— Pois não?

— Eu sou Mirna.

— Ah, a moça que vai bater as cartas.

— Sou eu mesma. Adelmo está?

— Sim, mas está atendendo agora. Eu sou Diva, a faxineira. Quer dizer, sou quase tudo aqui. Moro nos fundos e tomo conta da clínica. Só não sei usar a máquina de escrever.

Mirna sorriu.

— Pelo menos alguma coisa eu poderei fazer.

Diva convidou-a:

— Entre, menina. Venha. Você já almoçou?

— Sim. Almocei com um casal de amigos. Eles me deixaram aqui. Estou satisfeita.

— Aceita um café?

— Adoraria.

— Vou buscar.

Logo Diva apareceu com uma xícara.

— Tome, por gentileza. Acabei de fazer.

— Obrigada.

— Adelmo pediu para que eu lhe mostrasse o que fazer. Acompanhe-me.

Mirna terminou o café e acompanhou Diva até uma salinha. A clínica ficava num sobradinho gracioso todo ajardinado, em Ipanema. Por dentro era bem maior do que aparentava ser. Havia uma sala de espera muito bem decorada, uma estante com muitos livros sobre espiritualidade e autoajuda. Havia também a salinha onde Mirna ia bater a correspondência, e por fim a cozinha. No andar superior ficava a sala onde Adelmo atendia e uma outra, bem maior, que ele utilizava para seus cursos e palestras. Mirna olhava tudo com apreço. Sentiu-se muito bem naquela casa.

— O lugar é encantador.

— É mesmo. Todos adoram esta casa. É local abençoado. Consegue sentir a paz que há aqui dentro? Feche os olhos por um instante e sinta.

Mirna atendeu ao pedido de Diva e fechou os olhos. Sentiu uma brisa leve acariciar-lhe o rosto.

— Puxa, que sensação agradável! Que maravilha!

— Aqui acontecem verdadeiros milagres. Você vai ver.

— Espero.

Diva mostrou a Mirna onde ficavam os envelopes e trouxe uma caixinha com a ficha dos clientes. Mirna sentou-se e começou a fazer o serviço. Quando deu cinco da tarde, Adelmo entrou na sala.

— Boa tarde.

— Oh, boa tarde, Adelmo.

— Vejo que fez todo o serviço.

— Bati as cartas e ajeitei algumas coisas. Desculpe se...

— De maneira alguma — cortou Adelmo. — Ficou ótimo. Gosto de pessoas com iniciativa. Você deu um toque gracioso a esta sala. Vamos nos dar bem.

— Obrigada.

— Vamos começar?

— Ah, vamos. Estou meio nervosa.

— A primeira consulta é sempre a mais difícil. Quando confiar em mim, não sentirá mais vergonha e vai viciar-se.

— Será?

— Veremos. Vamos subir. Diva já fechou a clínica. Estaremos sossegados.

A jovem acompanhou Adelmo até o andar de cima. Gostou da sala quando entrou. A parede era pintada num tom de azul bem clarinho. Havia um quadro numa das paredes. Uma mesinha, uma poltrona, uma cadeira e almofadas, jogadas displicentemente sobre o chão acarpetado.

— Que salinha acolhedora!

— Gosto muito daqui. Sente-se. Você prefere ficar na cadeira ou quer ir para as almofadas?

— Prefiro me sentar no chão.

— Fique à vontade.

Mirna deixou-se sentar e Adelmo fechou a porta. Ligou o aparelho de som e deixou uma música bem suave tocando num volume quase imperceptível.

— Gosta de música?

— Adoro.

Ele foi para a poltrona. Encarou-a e perguntou, à queima-roupa:

— Por que tem tanta vergonha de si mesma?

Mirna não entendeu.

— Como? O que perguntou?

— De que tem tanta vergonha?

Ela se remexeu nervosamente nas almofadas. Mordeu os lábios, seus olhos revelavam sua inquietação.

— Eu fiz coisas que não deveria.

— Quem disse o que deveria ou não fazer?

— Fiz coisas erradas.

— E quem lhe disse o que é certo ou errado?

— Você não sabe.

Adelmo foi conduzindo o trabalho com maestria, usando técnicas terapêuticas das mais variadas. Até que, no ponto alto da sessão, Mirna gritou com toda a sua força:

— Você não entende! Eu fui prostituta, mulher de rua, de vida fácil. Não sou digna de amor, não mereço um homem à altura.

— E quem não é digna de amor merece apanhar, para abrandar a vergonha, certo?

— É — dizia ela aos prantos. — Nunca gostei de apanhar, mas as surras de Heitor serviam como um corretivo. A cada tapa, eu ouvia: "É isso mesmo, bata, porque eu mereço", ou "Eu sou suja, tenho de apanhar para tirar as máculas".

E assim Mirna foi soltando tudo aquilo que trazia represado dentro de si: suas mágoas, suas frustrações, a vergonha, o ódio que nutria pela mãe.

— E seu padrasto? Não sente nada por ele?

— Não. Minha mãe foi a culpada. Ela o defendeu e me expulsou de casa, dizendo que eu ia acabar com o casamento dela. Ela não merece meu amor.

Pela primeira vez na vida, Mirna desabafou, colocou tudo para fora. Adelmo ouvia em silêncio. Às vezes, fazia uma ou outra pergunta. A cada "por que" de Mirna, ele pedia para ela substituir por "como". Toda vez que ela perguntava: "Por que essa injustiça aconteceu comigo?", Adelmo trocava e pedia que ela refizesse a pergunta para: "Como atraí essa injustiça para minha vida?".

Dessa forma, ele foi conduzindo o trabalho e fazendo Mirna enxergar a vida como ela é, sem ilusões. Aos poucos ela foi serenando e compreendendo melhor os fatos que lhe ocorreram.

— Sinto-me cansada.

— A sessão foi boa. Está com a sensação de cansaço porque se libertou de muitas formas-pensamentos que lhe pesavam. A culpa e a vergonha nos trazem muitas perturbações, além de muito peso. Como se sente?

— Ainda cansada, mas bem. Adorei ter conversado com você. Juro por Deus que nunca imaginei que eu mesma fosse responsável por tudo aquilo que me aconteceu e me acontece. Ainda estou um pouco tonta com todas essas informações.

— A verdade sempre aparece, mais cedo ou mais tarde. Você está pronta para mudar. É difícil apanhar de alguém e perceber que de uma certa maneira atraiu o agressor para sua vida.

— É complicado. Acho meio esquisito. A sociedade não prega as coisas desta forma. Somos sempre vítimas, coitados, infelizes.

— Isso é fomentado sobretudo pela igreja. Quanto mais vítimas e coitados no mundo, mais adeptos. Muitos ainda acreditam que a punição e o sofrimento redimem e nos levam até o reino dos céus. A dor e o sofrimento atrasam nossa jornada evolutiva.

— Não fica bem ser feliz o tempo todo. Já viu como as pessoas ao redor nos censuram por excesso de felicidade?

— Infelizmente a maioria das pessoas está perdida em condicionamentos e crenças sem valor algum. Ninguém quer olhar para dentro de si e mudar. Querem que o outro mude, que o mundo mude. O trabalho de mudança é individual e intransferível.

— Você tem algum livro para me indicar? Há material que trate do assunto?

— Sim, há um excelente livro que, por meio de exercícios terapêuticos fáceis, consegue despertar um fluxo de ideias positivas e, consequentemente, mudar sua consciência.

— É mesmo?

— Sim. Tenho vários exemplares. E é praxe eu dar um de presente a meus clientes na primeira consulta.

Adelmo levantou-se e foi até pequena estante. Pegou o livro e entregou-o a Mirna. Ela sorriu agradecida. Olhou para a capa e leu: *Você Pode Curar Sua Vida*, de Louise L. Hay.

— Este livro é um complemento de nossa terapia. É como uma lição de casa, entende?

— Prometo que irei devorá-lo. Puxa, Adelmo, sinto-me tão bem. Gostaria que o próximo sábado chegasse bem rápido.

— Calma. Terá a semana toda para refletir, meditar sobre tudo que conversamos. Dê uma olhada no livro, vá devagar. E não se esqueça de que o tratamento já tinha começado no domingo passado.

— Com aquela captação energética?

— Isso mesmo.

— Só que pensei que fosse melhorar, mas tive uma semana tão difícil!

— No início é assim mesmo. Quando começamos a mudar, aparecem as resistências. Você é forte e vai vencer os obstáculos. Acredito em você.

Mirna emocionou-se com as palavras de Adelmo. Era a primeira vez que alguém a tocava tão verdadeiramente. Sentiu um calor agradável percorrer-lhe o corpo. Levantou-se e beijou-o no rosto.

— Obrigada. Estou feliz.

— Estou de saída. Quer carona?

— Eu ia para casa, mas estou querendo caminhar, respirar um pouco. Dá para me deixar na praia?

— Contemplar o mar é um excelente exercício de limpeza mental. Vamos. Onde quer ficar?

— Em Copacabana está bom. Fico mais perto de casa.

— Está certo. Vamos até Copacabana.

Adelmo foi dirigindo e conversando amenidades. Deixou-a próximo à praça do Lido. Despediram-se.

— Até amanhã, na reunião de Gustavo.

— Até amanhã, Adelmo. E, mais uma vez, obrigada.

Mirna foi caminhando pela orla, acompanhando com olhares curiosos os transeuntes. Admirava a paisagem, as estrelas despontando no céu, o barulho das ondas, que lhe traziam sensação agradável. Avistou um banco e sentou-se. Ficou por muito tempo fitando o mar, contemplando a beleza da natureza. Lágrimas vieram-lhe aos olhos.

— Mirna, que surpresa agradável!

Ela voltou a atenção para a voz familiar. Alegrou-se.

— Percival! Como vai?

— Pensei que fosse outra pessoa. Hesitei, mas reparei melhor e, quando vi os olhos brilhantes, não tive dúvidas. Sabia que era você.

Ela baixou os olhos.

— Obrigada. Gostou do corte de cabelo?

— Adorei. A tintura loira lhe caiu muito bem. Está radiante. Salvo esses arranhões. Algum acidente?

— Mais ou menos. Tive uma briga, mas já passou. Hoje foi um dos melhores dias de minha vida.
— O que aconteceu? Encontrou seu príncipe encantado?
Ela riu.
— De maneira alguma. Isso é algo de que não quero saber por muito tempo. Estou cansada de sofrer.
Ele se sentiu desapontado, mas procurou dissimular.
— Você não estava praticamente noiva de Heitor?
— Estava. Percebi que ele não é homem para mim.
Percival alegrou-se. Continuou a disfarçar.
— Desculpe me intrometer, mas ele nunca foi homem para você. Uma mulher assim merece alguém que lhe apoie, que lhe traga tranquilidade, que lhe dê segurança.
— Quem me dera encontrar um homem assim. Tenho tanto que mudar...
— Acho correto que procuremos sempre melhorar, alargar nossa consciência, mas você é moça, jovem, atraente. Não devem faltar pretendentes ao seu redor.
— Não quero saber de nada. Quero tratar de mim, cuidar de minha mente, de meu espírito.
— Difícil ouvir isso de uma moça tão jovem. As meninas em sua idade são muito fúteis, ligadas aos modismos. Você me parece diferente.
— Tive uma vida muito dura.
— Queria saber mais sobre você. Gostaria de ser minha amiga?
— Sinto-me lisonjeada de ser considerada sua amiga.
— O prazer é todo meu. Está com fome?
— Um pouquinho.
— Gostaria de ser minha convidada? Conheço um bom restaurante no Flamengo.
— Está me convidando para jantar?
— Sinto-me honrado com sua presença. Meu carro não está longe daqui.
Mirna levantou-se e enlaçou seu braço no de Percival. Foram caminhando até o carro. Mirna olhou para o céu e avistou

uma estrela brilhante. Emocionada, agradeceu a magia daquele momento. Sua vida começava a tomar um novo rumo. Ela queria e merecia ser feliz.

Na manhã de domingo, Heitor acordou com o toque insistente da campainha. Foi gritando do quarto até a sala:
— Já vai! Não sou surdo. Que droga!
Abriu a porta e ficou surpreso:
— Rubinho? O que faz aqui? Aconteceu alguma coisa?
— Aconteceu. Posso entrar?
— A casa já foi sua um dia. Não precisa de muita cerimônia. Entre.
Rubinho entrou e não acreditou. Aquele não parecia o apartamento que havia dividido tantos anos com Heitor. Garrafas de uísque e cachaça, algumas vazias, outras pela metade, estavam espalhadas sobre os móveis, pela sala toda. O ar estava pesado, as cortinas cerradas, as janelas fechadas. Sobre a mesa de centro, um prato de comida em estado de decomposição. O cheiro era terrível. Rubinho colocou a mão na boca e correu até a janela.
— Você não sente o cheiro? Isto aqui está pior do que chiqueiro.
Heitor deu de ombros.
— Mirna é a responsável pela limpeza. Discutimos sexta-feira, ela saiu de casa e desapareceu. Aposto que está na casa de Clarice. Agora as duas são assim — fez ele, encostando o dedo polegar no indicador. — Quando ela voltar, a casa vai ficar limpa.
— Ela não vai voltar.
— Como não vai voltar? Que história é essa?
— Depois do que você fez, ela não voltará.
— Tivemos uma discussão, mais nada.
Rubinho não se conteve. Explodiu. Agarrou Heitor pelo colarinho e prensou-o na parede.

— Você tem a coragem de me dizer que só teve uma discussão? Ela quase teve de ir para o pronto-socorro.

— Você está nervoso — Heitor se desvencilhou e ficou na defensiva. — Nós discutimos. Não me lembro direito. Brigamos, aí ela pegou uma sacola e saiu correndo. Ela é desequilibrada.

— Ela é que é desequilibrada? Você não fez nada?

— Que eu me lembre, não. Depois caí em sono profundo. Bebi um pouco ontem e dormi de novo. Pensei até que fosse ela tocando a campainha.

— Ela não colocará mais os pés aqui dentro.

— Duvido. Ela não tem para onde ir. Vai voltar correndo.

— Engana-se. Ela está morando comigo e com Heloísa.

— Com você e Heloísa? Essa é boa!

— Ficará conosco até se ajeitar.

— Humm... Com o que ganha naquela empresa, não vai conseguir alugar nem um quarto de pensão.

— Ela foi promovida. Vai ganhar mais do que você. Garanto que logo estará bem instalada.

Heitor sentiu o sangue subir-lhe nas faces.

— Não acredito nisso! Ela não tem competência, é meio lerda. Só fez curso de datilografia. Não é justo. Eu estudei e dei duro, dei meu sangue para a companhia, e uma qualquer que está lá há pouco tempo consegue um cargo melhor que o meu?

— Não é injustiça nenhuma. Ela é boa funcionária.

— O que está querendo me dizer com isso? Que eu não sou?

— Ultimamente não. Você anda bebendo além da conta, está agressivo demais, não entrega o serviço em dia.

— Era só o que me faltava. Vir até minha casa defender Mirna e falar mal de meu serviço? Eu posso com tudo isso?

— Não seja dramático. Devia torcer por Mirna. Mas parece que você fica infeliz quando alguém consegue uma promoção, uma melhora na vida. O que acontece? Você sente inveja dos outros?

— Não é inveja, mas acho que os outros não merecem. Por que eu não posso ter dinheiro, status, reconhecimento no trabalho? Só os outros merecem? Não é justo.

— Você não deu o melhor de si. Projeta-se nos outros, está sempre se comparando a alguém, e isso é muito ruim.

— Eu sou assim, nasci assim e pronto.

— Nasceu assim, mas pode mudar. Aliás, é por isso que está reencarnado.

— Você e esse papo besta de reencarnação. Claro, agora é gerente, ganha mais, está morando com a secretária da presidência, está com a corda toda. Tem o direito de falar sobre espiritualidade sem ser considerado ignorante.

— Você distorce as coisas. Não enxerga a vida como ela é.

Heitor deu nova gargalhada. Foi até a mesinha de canto e pegou uma garrafa de uísque. Pegou um copo sujo e o encheu. Bebeu de um gole só.

Rubinho conteve-se. O estado do amigo era pior do que poderia imaginar.

— Sou como São Tomé: preciso ver para crer. Como não vejo, não escuto e não sinto, então não posso acreditar.

— Acho uma pena. Enfim, cada um sabe o que é melhor para si. Como se recusa a falar sobre o incidente com Mirna, pelo menos podemos falar sobre seu trabalho. O pessoal do escritório está começando a não gostar. Você precisa chegar no horário, cumprir suas responsabilidades, senão...

— Senão o quê? Está me ameaçando, em minha própria casa? Sabe que posso abrir processo contra você?

— Homem de Deus, pare com isso. Eu vim para ajudá-lo.

— Ajudar? Você acolhe aquela mulherzinha em sua casa e vem dizer que quer me ajudar?

— Se visse o estado de Mirna... Jura mesmo que não se lembra?

— Posso ser tudo, menos mentiroso.

— E o que fez com Clarice na época em que procuravam emprego juntos?

Heitor franziu o cenho. Pegou o copo e atirou-o contra a parede.

— Aquela ordinária foi falar isso, é? Foi desenterrar o passado? Eu sabia que ela queria acabar comigo.

— Você a sacaneou, não foi?

— Sim, sacaneei. E daí? Ela era roceira, bronca, não tinha cultura. Fiz tudo para protegê-la. Ela não ia se dar bem em Belo Horizonte.

— Como pode garantir isso? Achava que você era Deus?

— Achava que Clarice não sobreviveria. Agi errado, eu sei, mas agora ela fica espalhando aos quatro cantos um fato que aconteceu há tantos anos. É outra que não presta.

— Não diga isso. Deus colocou mulheres maravilhosas em seu caminho e você as descartou como se fossem lixo.

— E são. Jamais me casaria com Clarice e percebo que Mirna também nunca foi o que eu sonhava.

— Isso está me cheirando a inveja. Não soube conquistá-las.

— E por que as defende? Aliás, por que defende tanto Mirna? Ela sabe que você e Heloísa ficavam enjoados só em chegar perto dela? Sabe por acaso que Heloísa dizia que não ia com a cara dela?

— Já conversamos a respeito. Sentíamos uma energia estranha ao redor dela, mas faz um tempo, foi quando ela entrou na firma. Agora isso não acontece mais. Talvez uma hora venhamos a saber por quê. Mas nós mudamos, ela mudou. Nada impede que possamos ser amigos. Ela é uma boa pessoa.

— Como posso confiar em você? Não ia com a cara dela e agora a defende. É um duas-caras, isso sim. Agora saia de minha casa.

— Eu saio, mas antes quero salientar que tome cuidado. Se continuar chegando atrasado, terei de tomar providências.

Heitor irritou-se. Gritou:

— Saia daqui, já disse. Rua!

Rubinho baixou a cabeça e saiu. Heitor bateu a porta com força. Serviu-se de mais uma dose de uísque.

— Eles querem puxar meu tapete, mas eu vou me sair melhor. Segunda-feira eles ficarão surpresos comigo. Aguardem.

Capítulo 21

Clarice tocou a campainha e Mirna atendeu.
— Menina, como está diferente! Nem parece a mesma de sexta-feira!
— Obrigada. Veja como melhorei.
Mirna deu uma rodopiada na sala, mostrando a roupa nova, os cabelos tingidos e bem-arrumados. Clarice estava admirada.
— Heloísa fez um excelente trabalho. Desculpe meu sumiço.
Mirna riu maliciosa.
— Fiquei sabendo que estava trancada no apartamento. Pensei em chamar os bombeiros.
— Ah, Mirna, o amor é tudo. Estou tão feliz. Desci porque Mário foi para a casa dele trocar de roupa. Daqui a pouco vem nos pegar para a reunião na casa de Gustavo.
— E como estão as coisas?

— Ele é maravilhoso. Estamos nos entendendo. Fico com um pouco de receio da mãe dele, parece ser muito apegada ao filho.

— Vai ser difícil ela não gostar de você.

— Deus a ouça. E você, está tão bem!

— Menina, nem lhe conto. Fui ao salão ontem, melhorei a aparência. À tarde fui ao consultório de Adelmo.

— E então?

— Ele é fantástico! Fiquei mais de duas horas trancada com ele na sala e falei tanta coisa, que nem eu mesma sei se teria coragem de dizer novamente.

— Adelmo deve ser mesmo excelente terapeuta. Lembra que lhe disse que ele é tido em alta conta aqui no Rio?

— Realmente, ele faz jus à fama que tem. É muito bom. Adorei a consulta. Ele me passou umas dicas de relaxamento e me deu um livro de presente. Espere que eu vou buscar.

Mirna correu até o quarto e voltou com o exemplar na mão. Clarice emocionou-se.

— Ele lhe deu este livro? Oh, foi um dos que ganhei de dona Eustáquia, há algum tempo. Esta obra ajudou muito a melhorar e manter minha autoestima em alta. De vez em quando dou uma olhadinha, refaço alguns exercícios. Adelmo não poderia lhe dar coisa melhor. Mas não sei... Você está com um brilho diferente no olhar. Aconteceu mais alguma coisa?

Mirna assentiu.

— Ontem, no fim da sessão, pensei que meu dia de glória já estava acabado. Adelmo me deixou na praia. Eu queria andar um pouco, refletir. Aí encontrei Percival.

Clarice virou os olhos para o alto. Sorriu maliciosa.

— Ah, então o brilho nos olhos se deve a Percival?

— É, sim. Ai, Clarice, sinto um frio só de pensar na noite de ontem.

— O que aconteceu?

— Ele me levou para jantar num restaurante chique no Flamengo. Pagou a conta e tudo. Falou tanta coisa bonita. Ele é tão positivo, alegre, nem parece um quarentão.

— Percival tem quase cinquenta anos. Está muito bem. E, pelo que sei, se está interessado em você, é porque o negócio é sério.
— Jura? Acha mesmo?
— Acho. Garota de sorte! Mas, me diga, como vai encarar Heitor?

Mirna fez muxoxo.

— Não sei. No escritório, quando estávamos juntos, não nos falávamos. Agora não quero nem saber.
— Não sente mais nada por ele?
— Acho que na verdade nunca senti. Ele me amparou, me ajudou. Isso é coisa que não vou esquecer jamais. Ele pode ter me agredido, pode ter passado da conta. Ainda sinto raiva, mas sei que tudo vai passar. No começo me empolguei, porém com o tempo percebi que não ia dar certo. Heitor reclama de tudo e é machista.
— Sempre foi. No interior, sempre falava que mulher tinha que isso, homem tinha que aquilo, e por aí afora. Graças a Deus a vida nos colocou em caminhos diferentes.
— Pensei que ele ainda gostasse de você.
— Nunca gostou. E naquela época ele já era reclamão.
— Jura? Pensei que fosse coisa recente.
— Qual nada! Ele sempre tinha uma queixa — Clarice imitou a voz e o jeito de Heitor: — Puxa, Clarice, a vida é difícil, é tudo complicado.

As duas riram a valer.

— De que tanto riem? — perguntou Heloísa em tom gracioso.
— Nossa! Você e Rubinho demoram mesmo no banho, hein?
— Nossa, Clarice, você não sabe como tem de ensaboar...

As três gargalharam. Estavam contentes. Heloísa cumprimentou Clarice.

— Sumiu por um bom motivo, né?
— Por um excelente motivo.
— E cadê o namorado?
— Foi se arrumar em casa e pegar Maria Helena. Vamos os três. Vim para pegar Mirna.

— Não. Mirna agora foi adotada. Ela vai conosco. Eu e Rubinho tomaremos conta dela.
— Estou sozinha naquele apartamento. Não é justo que Mirna fique aqui.
— Nem pensar. Eu e Rubinho estamos juntos há um tempo. Você está começando a relação com Mário. Acho que não vai ser possível os dois namorarem na casa do doutor Brandão, não é mesmo?
— É verdade.
— Então! Aproveite. Mirna ficará conosco. E, pelo andar da carruagem, acho que ela não vai ficar por muito tempo.
— É, Percival está arregaçando as mangas.
— Sou uma mulher de classe — sentenciou Mirna.
As três riram e ficaram conversando animadas até a hora de irem para a reunião.

Gustavo estava, como de costume, recebendo os colegas na porta principal de casa. Foi com os olhos brilhantes que recebeu Maria Helena.
— Está radiante. Linda como sempre.
— Obrigada.
Ele conduziu todos até a sala de reuniões. Somente uma luzinha azul iluminava o ambiente. O salão era amplo e agradável. Num canto ficavam as cadeiras para a sessão de desobsessão, quando era o caso. No centro ficava uma mesa oval. Sobre ela uma toalha branca rendada, uma bandeja com jarro de vidro com água e copos, e mais no canto uma pequena pilha de livros. Os médiuns estavam sentados em seus lugares. Após se acomodarem todos, Gustavo fez a prece de abertura.
Uma senhora sentada ao lado de Gustavo sentiu o corpo tremer e começou a falar, com modulação de voz alterada:

— Queridos amigos, boa noite. É com imensa alegria que sou convidada a participar desta reunião, no meio de tantas pessoas amadas e queridas.

"Sabemos que a morte é ilusão e que a vida é eterna. O corpo físico morre, mas o espírito continua vivo, com suas alegrias e tristezas, consciente de tudo que fez em vida. Os mais lúcidos, assim que se recuperam, começam a ativar suas memórias de vidas passadas e então percebem que Deus está por trás de tudo.

— O pai que foi maltratado pela filha percebe quanto se maltratou e quanto a maltratou em outra vida; a mãe que perdeu o filho percebe quanto desprezara a maternidade em outra existência; e assim os fatos vão se encaixando e percebemos que a vida nunca erra e, acima de tudo, nunca estamos sós. Tanto Deus, esta força que nos sustenta e alimenta, nos mantendo vivos, quanto os amigos espirituais estão sempre ao lado de vocês, amparando, ajudando, sussurrando palavras de conforto e até interferindo, quando há permissão.

"Fico feliz de ver amigos de outras existências vivendo em harmonia, em equilíbrio. Mas agora o tempo urge, pois temos muito trabalho a fazer. Peço a todos, especialmente à querida Mirna, que tenham paciência. Não existe injustiça. Não se esqueçam de que este lugar que agora frequentam é o local ideal para aprender sobre as leis da vida. As experiências que estão por vir nada mais são do que situações para que vocês desenvolvam e aperfeiçoem suas qualidades espirituais.

"Por isso o recado é tanto para você, Mirna, quanto para os demais: confiança. Confiem e desenvolvam a fé. Só ela será capaz de mantê-los em equilíbrio pelas situações que virão. Estaremos ao lado de vocês sempre, pois, afinal, nunca estamos sós. Fiquem em paz."

A médium exalou profundo suspiro e aos poucos foi voltando a si. Terminada a sessão, Gustavo deu uma aula sobre a culpa, mostrando que ela só serve para nos oprimir e punir. Foi uma aula muito interessante, e todos ficaram maravilhados com a explanação. Gustavo possuía firmeza e gestos elegantes. Falava com naturalidade e possuía voz aveludada.

Ele encantava a todos com suas palestras. É claro que Maria Helena estava mais encantada do que os demais, o que naquela noite era visível.

Ao término da reunião, que pela instrução do espírito amigo terminou além do horário normal, as pessoas começaram a se despedir. Heloísa, Rubinho, Clarice, Mário, Maria Helena e Mirna formavam um grupinho. Clarice continuava com os olhos cheios d'água.

— Eu tenho certeza. Ela não se identificou, mas eu pude sentir dona Eustáquia. O jeito de falar, o perfume dela. Foi ela quem falou através da médium.

— O espírito não se identificou, mas disse que voltará. Quem sabe não vai se identificar numa próxima vez? — perguntou Mário.

— Em todo caso — salientou Rubinho —, sendo ou não dona Eustáquia, é um espírito que gosta muito de Mirna.

— É verdade — concordou Clarice. — Foi aí que fiquei na dúvida. Mirna e dona Eustáquia não se conheciam.

— Não agora, mas e em outras existências? — perguntou Rubinho, fazendo voz misteriosa.

O grupo caiu na risada. Clarice concordou:

— É verdade. Não sabemos as ligações do passado. Em todo caso, ela pediu para nós, especialmente Mirna, termos fé.

— Fiquei assustada — interveio ela.

Gustavo havia se despedido dos companheiros e aproximou-se.

— Não tenha medo. Não se esqueça, Mirna, de que às vezes precisamos passar por situações desagradáveis para nos libertar de crenças, formas-pensamentos que demorariam muito tempo para serem reformuladas. É como se as crenças antigas recebessem um susto e sumissem.

— Será que vou morrer? — perguntou ela em tom choroso.

— Garanto-lhe que não. Você tem muito a fazer. A propósito, poderiam me dar licença? Gostaria de falar com Mirna a sós.

O grupo se afastou e foi para outra sala. Gustavo fechou a porta do salão e fez a jovem sentar-se numa cadeira próximo à mesa de orações.

— Já chegaram a lhe dizer que sentiam energias estranhas ao seu redor?

— Sim. Heloísa e Rubinho me disseram isso quando os conheci. Aliás, isso era algo que os mantinha afastados de mim.

— Pois é, hoje fiquei sabendo o motivo de tudo.

— Era perturbação espiritual?

— Era. Um dos espíritos que a estava atacando veio acompanhando a senhora que conversou conosco na sessão.

— E por que eu receberia ataques? Será que meu padrasto morreu e veio se vingar? — perguntou aflita.

— Não, Mirna, não se trata de seu padrasto. Eu preciso ser claro, primeiro para você ver que espiritualidade é coisa séria; e, segundo, para saber que tudo que fazemos, de um jeito ou de outro, volta para nossa vida. Não importa. Tudo que disser, fizer, vibrar nesta vida, seja por você ou por outra pessoa, voltará para você na mesma intensidade.

— Sei, mas eu nunca fui de maldades. Tive alguns deslizes, mas nunca fui má.

— Ainda duvida da espiritualidade?

— Sinto algumas coisas, mas às vezes eu a coloco em xeque.

— Então vou lhe contar algo que só você sabe e mais ninguém. Os espíritos me avisaram hoje, para que eu entendesse melhor seu caso. Serve também para que você reforce sua crença na espiritualidade e de agora em diante reflita sobre tudo que for fazer.

Ela estava angustiada.

— Pode falar. Se for para me ajudar, não há o que possa me envergonhar.

— Antes de trabalhar na Paladar, o que fazia?

Mirna sentiu as faces arderem em brasa. Havia contado a Adelmo, mas confiava nele. Não acreditava que ele pudesse ter contado o que conversara com ela na sessão do dia anterior. Era antiético. Mas ela procurou serenar. Gustavo pegou um copo com água fluidificada e deu a ela. Mirna bebeu devagar e sentiu-se mais calma. Respirou profundamente e respondeu:

— Posso contar uma historinha?
— Claro que pode.
— Bem, minha mãe achava que eu queria seduzir meu padrasto. Apanhei muito por conta disso. Gritei, esperneei, mas ela não me deu ouvidos. Estava cega. Um dia, ela voltou mais cedo do serviço e pegou-o deitado sobre mim. Quando a vi, senti um alívio, disse a mim mesma: "Agora ela não tem como duvidar". Mas estava enganada: ela partiu para cima de mim como se eu fosse a culpada. Bateu, bateu e, quando as forças acabaram, ela me pôs na rua. Meu padrasto veio atrás, pedindo perdão. Eu saí correndo. Ele era mais forte e me alcançou. Colocou dinheiro na minha sacola, me agarrou e me beijou. Fiquei enojada. Mas ele chorava e dizia: "Eu te amo", "Eu te amo". Eu balancei a cabeça para os lados e gritei. Saí correndo e corri tanto que logo estava perto da rodoviária. Comprei passagem para a cidade mais longe que pude pagar. Caí no Rio de Janeiro. Sem conhecer ninguém, fui parar na Lapa.

Mirna deixava as lágrimas escorrerem. Gustavo pegou um lenço e delicadamente as secou. Ela continuou:

— Tornei-me prostituta, pela necessidade. Você não sabe o que é sentir fome e não ter o que comer. Eu sentia frio e não tinha onde dormir. Foi quando conheci Benê, um gigolô. Ele me deu um quarto de pensão e me colocou para trabalhar.

— Esse tipo de vida não é fácil. Geralmente é um caminho sem volta, como o das drogas. Parecido com o do vício. Você é uma mulher corajosa, valente. Viveu tudo isso e conseguiu dar outro rumo à sua vida.

Mirna assentiu com a cabeça, agradecida. Gustavo continuou:

— Os amigos espirituais estão me dizendo que o espírito que a perturbava estava zangado porque você prometera trazê-lo ao mundo e rompeu com o pacto.

— Eu? Não prometi nada a ninguém.

— Quando somos mais esclarecidos, temos o direito de escolher se queremos ou não ser pais. A espiritualidade faz um belo serviço. Os futuros pais são chamados e há uma reunião junto ao espírito que quer reencarnar. Se ficar tudo acertado, vem a gravidez. O mesmo ocorreu com você, embora não se lembre. Mas você o abortou.

Mirna colocou as mãos sobre a boca para abafar o grito. Ela estava horrorizada. Esta era a culpa que ela mais sentia pesar-lhe. Ao descobrir-se grávida, ficou confusa. Uma parte sua queria a criança e a outra rogava para que ela se livrasse do feto.

Gustavo segurou suas mãos.

— Tenha calma, isto é entre mim e você. Ninguém nunca saberá de nada. Os espíritos me disseram que você se assustou a princípio. Com o tipo de vida que levava, achou mais prudente abortá-lo. Você fez o que achou melhor. Ninguém a está culpando por isso.

— Mas disse que o espírito que seria meu filho estava me perturbando. Ele estava me culpando, e com razão.

— Ele estava atrás de você porque carregava uma culpa imensa. Na verdade, você o atraía, ele querendo ou não. Sua culpa criou um laço energético com esse espírito. Chegou um momento em que parecia que os dois eram um só: ele reclamando que teve negado o direito à vida e você se culpando por ter cometido um crime considerado bárbaro pela sociedade em geral.

— É o que sempre escutei: que o aborto é abominável. Errei e terei de pagar muito caro por isso.

— Engano seu. A culpa só destrói, não ajuda em nada. Temos de ter a lucidez e o discernimento de que cada caso é um caso. Não podemos generalizar. Há mães que abortam porque querem, seja por vontade própria, seja por interferência dos espíritos. Como também há casos de espíritos que provocam o aborto. Vai chegando o momento do parto e eles se sentem apavorados, recusam-se a nascer de novo. É quando surgem hemorragias e abortos inexplicáveis.

— Nunca olhei por esse ângulo.

— Pois está na hora de olhar. A maternidade é sagrada, é um dos espetáculos mais emocionantes da natureza. Ver uma mulher grávida é sentir a presença de Deus. Entretanto, cada um tem o direito de fazer o que quiser. O que nos põe em xeque é nossa consciência, jamais nossos atos. Você precisa se libertar dessa culpa. Ainda vai ser mãe.

— Será? Às vezes acho que serei punida com a esterilidade.

— Não se esqueça de que a vida é fruto daquilo que pensamos como verdade. Se acreditar e colocar força nisso, vai se tornar uma mulher estéril. Você é quem molda seu destino. Cuide melhor de seus pensamentos.

— Prometo que vou melhorar.

— E, afinal, quem sabe você não possa acolher novamente esse espírito?

— Acha que seria possível?

— A maternidade opera verdadeiros milagres. O amor de mãe é capaz de transformar até o mais bruto dos homens.

— Sinto-me aliviada. Ninguém, nem mesmo Adelmo, sabia sobre o aborto. Agora, mais do que nunca, acredito na espiritualidade. Agora sei que nunca estamos sós.

— É, minha amiga, há sempre alguém nos ajudando, nos amparando.

— Agradeço por estar aqui. Sinto-me lisonjeada de pertencer a seu grupo de estudos.

— Se está aqui, é porque tinha de estar. Agora vamos. Nossos amigos devem estar ansiosos. Ficamos muito tempo conversando.

— Nem me dei conta da hora.

Ambos levantaram-se. Gustavo passou o braço sobre o ombro de Mirna.

— Fique sossegada. Esta conversa ficará restrita a esta sala.

— Sei que posso contar com você. Mas tenho de falar. Há alguém que precisa saber de tudo isso.

— Percival é excelente pessoa.

— Como...

Gustavo riu.

— Coisas da mediunidade.

Ela também riu e o abraçou.

— Seu bruxo! Estou feliz. Sinto que ele é o homem certo para mim. Tenha certeza de que contarei tudo a Percival, no tempo devido.

Saíram da sala e os outros começaram a brincar. Rubinho foi quem começou:

— Estávamos começando a sentir ciúme. Heloísa diz que uma conversa com Gustavo vale por várias sessões de terapia. Também queremos.

Todos riram. Começaram a se despedir. Gustavo aproximou-se de Maria Helena.

— Está tarde para você?

— Não. Quer sair, jantar?

— Na verdade, gostaria de ficar em casa. Quer jantar comigo aqui? Depois a levo até sua casa.

— Adoraria.

— Então despeça-se de seu irmão. Ele a está esperando.

Maria Helena foi até a porta e despediu-se de Mário. Sussurrou em seu ouvido:

— Ele me convidou para jantar. Depois me leva para casa.

— Juízo, minha irmã.

— Isso é o que não terei esta noite. Estou caidinha.

— Você? Nunca caiu por homem nenhum.

— Gustavo é homem com agá maiúsculo: alto, porte atlético, bonito, cabelos grisalhos... Ele é encantador, além de inteligente.

— Chega, senão vou me apaixonar também.

— Bobo! — Maria Helena virou-se para Clarice, despedindo-se: — Você operou maravilhas em Mário. Nunca o vi tão tranquilo e feliz. Seremos ótimas cunhadas.

— Também espero. Eu a aprecio muito.

Mário disse:

— Amanhã eu e Clarice vamos jantar com mamãe. Quer participar, Maria Helena?

— Eu? Não — disse ela animada. — Ela vai querer avaliar a futura nora. Não quero atrapalhar. E tenho a impressão de que ela vai gostar de Clarice.

— Você acha? — perguntou Mário, admirado.

— Sim. Mas é óbvio que você terá de se casar e ir morar com Clarice em casa.

— Mário já me disse que esta é uma possibilidade — interveio Clarice.

— Uma possibilidade concreta, diga-se de passagem. Bem, aproveitem o resto da noite e durmam em paz. Amanhã temos de estar cedo no escritório. Vejo-os lá.

Maria Helena despediu-se e entrou. Gustavo estava sentado no sofá e logo que a viu levantou-se.

— Aceita um aperitivo?

— Não, obrigada. Estou com um pouco de fome. Não me alimentei antes de vir. Não sabia como seriam os trabalhos desta noite.

— Agiu corretamente. Eu sempre procuro me alimentar com comida leve, sem exageros. Em dia de sessão é bom se prevenir.

— Mas você está sempre em vantagem. Os espíritos conversam com você diretamente.

— Não é toda hora. Somente nos momentos necessários é que eles se fazem presentes. Estou habituado.

— Espero um dia me acostumar com isso.

— É uma questão de treino, de estar constantemente conectado à sua família espiritual. É um trabalho incansável, dia após dia.

— Sou perseverante. Vou conseguir.

— Sem dúvida alguma.

Gustavo estava na ponta do sofá. Levantou-se e sentou-se mais perto. Maria Helena podia sentir seu hálito quente e agradável. Um calor percorreu seu corpo.

— Maria Helena, quer me namorar?

— Assim, na lata?

Gustavo riu.

— É assim, na lata, sem rodeios. Sou direto e prático. Quer me namorar?

Ela estava estupefata. Sentiu as pernas moles. Sorte estar sentada. Antes mesmo que ela respondesse, Gustavo aproximou-se e seus lábios se encontraram. Beijaram-se repetidas vezes. Gustavo abraçou-a, beijou-lhe os cabelos, aspirou o perfume que dela emanava.

— Você é a mulher que esperei estes anos todos.

— Você é o homem que pensei que nunca fosse encontrar durante todos estes anos.

Entregaram-se aos beijos e esqueceram-se do jantar. Gustavo pegou-a no colo e subiu as escadas. Carregou-a até o quarto.

— Estava esperando ansiosamente por este momento — disse ele, voz rouca de paixão.

— Eu também. Oh, Gustavo, eu o amo.

Beijaram-se e, entre abraços, carícias e sussurros, entregaram-se ao amor.

Às oito da manhã da segunda-feira, quase todos os funcionários já estavam na Paladar. Clarice e Mário, Heloísa e Rubinho, Mirna e Percival. Estavam todos lá. Maria Helena telefonara a Heloísa dizendo que iria se atrasar. A noite havia sido muito boa e ela, como presidente da companhia, dava-se o direito de chegar mais tarde.

Mirna estava excitada. Era seu primeiro dia como assistente. Arrumou-se com apuro. Heloísa dera-lhe um lindo conjunto de paletó e saia. Os cabelos loiros estavam amarrados elegantemente em forma de coque. Mirna encarnava a executiva para ninguém botar defeito. Foi cumprimentada pelos colegas. Estavam todos felizes com sua promoção e com seu novo visual. Ela era muito querida pelos colegas de trabalho.

Percival mal disfarçava. Estava caidinho por ela. Tentara declarar-se no sábado, mas achou que seria precipitado. Agora, olhando para aquela mulher bem-vestida e bem conceituada, não tinha dúvidas: iria se declarar o mais rápido possível.

Heloísa deu um último retoque na maquiagem de Mirna. A base havia praticamente coberto os arranhões, e era quase impossível ver alguma marca da surra de sexta-feira.

Estavam todos trabalhando. Heitor, como de costume, atrasou-se. Já passava das nove quando chegou. Estava entrando na empresa quando foi abordado por um moreno alto, com trejeitos bem malandros.

— Tu é o Heitor?
— Sou, por quê? O que deseja?
— É o namorado da Carol?
— Acho que está me confundindo. Não conheço nem conheci nenhuma Carol.

O malandro sorriu, deixando entrever uma e outra obturação de ouro.

— Conheceu e levou ela para morar contigo. Agora vai ter que pagar pelos clientes que perdi.
— Pagar o quê? Já disse que não conheço ninguém com esse nome.
— E Mirna? Esse nome te é familiar, ô gente boa?

Heitor sentiu o ar sufocar.

— O que disse?!
— Isso mesmo, amizade. Mirna. Ela era da Lapa. Começou a namorar contigo e sumiu. Ela deve um dinheiro para mim.
— Que trabalho ela fazia?

O malandro sorriu. Benê exultava de alegria. Cada músculo paralisado na face de Heitor, cada gota de suor que lhe escapava da fronte era um trunfo.

— Tu é mesmo burro. Ela era de vida fácil, atendia uns clientes e me dava uma parte do que faturava. Entendeu ou eu tenho que ser mais claro e dizer que ela era prostituta?

Benê falou tão alto que a recepcionista no saguão voltou os olhos assustados para a portaria. Heitor sentiu as faces arderem em brasa.

— Fale mais baixo. Não tenho mais nada com ela. Se quiser, vá cobrá-la.

— Eu? Não posso chegar perto. Tô fazendo isso só pra me vingar dela. Pensei que ela tivesse namorando contigo. Ela sempre gostou de corno manso.

— Eu não sou corno.

— E acha que ela deixou a vida fácil depois que te conheceu? Tu é otário mesmo, né?

Antes de Heitor responder, Benê pegou um envelope pardo do bolso do paletó.

— Olha as fotos dela. Foram todinhas tiradas enquanto trabalhava. E tu já tava com ela.

Heitor pegou as fotos e mal conseguiu segurá-las. Sentia as mãos trêmulas, o suor escorrendo pelo corpo todo. Sentiu-se traído.

Benê ficou desapontado: pensara em ganhar dinheiro com aquelas fotos. Sabendo que Heitor não estava mais namorando Mirna, perdeu as esperanças. Mas sentiu-se vingado. Ele não recebeu o que julgava ser seu de direito e Mirna agora seria massacrada. Afinal, Heitor parecia a presa ideal para gerar um escândalo.

— Agora tenho que ir. Tu pode ficar com as fotos. É bom pra aumentar os chifres no meio da tua testa.

Benê disse e saiu ligeiro, gargalhando. Heitor fixou o olhar naquelas fotos. Pareciam ser de Mirna, mas na verdade não eram. Benê havia pegado algumas fotos de outras protegidas parecidas fisicamente com Mirna. Heitor não percebeu a farsa. Sentiu a ferida da traição machucar-lhe o coração.

Então ela era uma sirigaita? Não passava de uma rameira? E eu caí no papo de que ela cuidava de velhinhas durante a madrugada? Como pude ser tão imbecil, tão cego? E foi morar em minha casa? E, agora que não sirvo mais, ela se foi? Passei por otário. Mas ela vai me pagar. Juro que vai me pagar.

Heitor tomou o elevador mal sustendo a respiração. Como Mirna pôde ter sido tão vil? Como se aproveitara da boa índole dele? Era sempre assim: toda pessoa boa levava punhaladas pelas costas. Ele sabia que não adiantava ser bom, que ajudar os outros só trazia desgosto. Mas Mirna não ia ficar impune.

Abriu a porta do elevador e foi bufando pela seção. Os colegas olharam espantados para ele. Mirna estava saindo da copa com Clarice quando o viu. Não sabia o que fazer. Ainda sentia na alma a dor da surra. Clarice segurou-a pelo braço.

— Fique tranquila. Vai dar tudo certo.

Antes de falarem qualquer coisa, Heitor partiu para cima de Mirna e deu-lhe violento soco no nariz. Clarice estava amparando-a e foram as duas ao chão. Mirna começou a sangrar. Heitor começou a chutá-la.

— Maldita, traiçoeira! Você me fez de palhaço.

Os colegas levantaram-se correndo e atiraram-se sobre ele.

— O que é isso, homem? — perguntou um.

— Onde já se viu uma grosseria dessas? — interpelou um outro.

Heitor nada dizia. Estava com o envelope nas mãos. Seus olhos revelavam o ódio descomunal. Encarava Mirna entre ranger de dentes. Clarice levantou-se, recompôs-se e ajudou-a a se levantar. Rubinho veio correndo de sua sala.

— O que está acontecendo?

— Ele partiu para cima de Mirna — disse Clarice. — Não pensei que fosse capaz disso no escritório.

— O que fez foi grave — tornou Rubinho.

— Grave foi o que essa piranha fez. Ela me usou, abusou de mim.

Heitor estava fora de seu juízo perfeito. Começou a esbravejar, gritar, fazia questão de que todo o escritório ouvisse. Mirna encostou a cabeça no ombro de Clarice, aos prantos. Heitor continuou:

— Ela não presta. Vocês sabiam que ela é prostituta?

Todos olharam horrorizados para Heitor e para Mirna. Uma salva de "ohs" e "ahs" ecoou pelo salão. Mirna tentou se defender:

— Não sou.

— Se não é, foi. Estive com Benê há pouco. Ele me contou tudo. E agora, quem será o próximo otário?

— Não é verdade. Pare com isso.

— Não é verdade? E como negar? Você não presta. É uma rameira. Abusou de minha confiança. Agora estou com as fotos para todos verem.

Heitor abriu o envelope e jogou as fotos para o alto. Elas se espalharam pela sala toda. Percival veio da sala do conselho e instintivamente foi recolhendo uma a uma. Os funcionários ficaram imóveis, porque, assim que foram desviar o olhar para conferir as imagens, Eugênio apareceu, enérgico.

— O que está acontecendo aqui? Que bagunça é esta?

— Este funcionário perdeu o senso e agrediu a senhorita Mirna — disse Rubinho.

Brandão arregalou os olhos.

— Como pôde, rapaz?

Heitor tentou se defender:

— Ela abusou de mim. É prostituta. O senhor pode abrigar uma prostituta na empresa?

Percival interveio:

— Ele está fora de si, Eugênio. Estou namorando a senhorita Mirna e ela é da mais fina classe. Este senhor está insultando a ela e a mim também.

O escritório veio abaixo. Mirna, Clarice, Heloísa e Rubinho olhavam-se sem entender o que Percival queria dizer. Eugênio conteve-se. Heitor não aguentou. Explodiu quando Percival disse que a estava namorando.

— Então eu a boto para fora de casa na sexta e ela já se entrega a outro no sábado?! Não presta mesmo.

O alvoroço foi geral. Eugênio, como nunca fizera antes, gritou no escritório.

— Exijo silêncio! Aqui é um local de trabalho, sagrado, como a casa de vocês. Devemos manter o ambiente em harmonia. Nunca mais quero saber de confusão desta ordem. Senhorita Clarice, leve a senhorita Mirna até a enfermaria — e, virando-se para Heitor: — O senhor está despedido, e por justa causa. Passe no departamento de Recursos Humanos. Trate de pegar suas coisas e sair daqui agora.

Heitor não sabia o que dizer. Rubinho meneou a cabeça para os lados e foi com tristeza que encarou o amigo. Heitor baixou a cabeça e uma lágrima escorreu pelo canto do olho. Eugênio foi até um telefone e chamou os seguranças. Eles prontamente o atenderam e subiram. Ficaram ao lado de Heitor.

— Acompanhem este moço até a mesa onde trabalhava. Leve tudo embora e assine sua demissão. Os demais — disse enérgico, encarando os funcionários — voltem para seus afazeres ou serei obrigado a tomar atitudes radicais. Quero ordem neste lugar.

Os funcionários correram até suas mesas e logo retomaram o trabalho. Percival terminou de pegar as fotos e correu até a copa. Pegou uma panela grande, colocou nela as fotos e ateou fogo. Não quis saber se eram ou não verdadeiras, não lhe interessava. Terminou de queimá-las e foi até a enfermaria. Chegou com Rubinho.

— Como está?

— Percival — disse calmamente Clarice —, Mirna não está em condições de falar agora. Está em choque.

— Não vai ligar para um médico?

— Não há necessidade. Acabei de falar com Maria Helena e ela nos dispensou. Vou com Mirna até a casa de Gustavo. Ele está de folga hoje e poderá nos atender. Mirna necessita de um bom passe, de repouso e paz, muita paz.

— Quer que eu as acompanhe?

— De maneira alguma. O que fez hoje foi de grande valia. Mirna não ouviu o que disse, mas nós ouvimos. Dizer que a está namorando ajudou a manter uma imagem positiva dela aqui no escritório. Agradecemos de coração.

— Imagine. Fiz isso porque achei que era a solução ideal. Aquele crápula não podia continuar agredindo Mirna daquela maneira. E quer saber de uma coisa? Sinto-me feliz por ele ter sido demitido. Heitor não combinava com a Paladar.

Rubinho interveio:

— É uma pena. Embora estivesse nos dando trabalho ultimamente, chegando atrasado, entregando relatórios inacabados, Heitor sempre foi bom funcionário. Mas encontra-se num estado deplorável. Precisa de ajuda. Eu vou à casa dele hoje à noite.

— Acha prudente ir só? — indagou Clarice.
— Não vejo o que poderá acontecer. Não me sinto culpado de nada. Heitor procurou, não soube se comportar e misturou as bolas. Trabalho é uma coisa, vida pessoal é outra.
— Não sei — hesitou Clarice. — Ele parece que não anda batendo bem das ideias. Não acha melhor que Mário o acompanhe?
— Não há necessidade. Irei conversar. Nem ao menos sei se ele vai me atender.

Mirna, que até aquele momento estava alheia, tomou a palavra.

— Quero sair daqui. Preciso sair. Estou sufocando. Sinto vergonha. Não sei como irei encarar os colegas de trabalho.
— Calma! — ponderou Percival. — A confusão já foi instalada e leva um tempo para ser dissipada. Aguente as pontas e em uma semana todos esquecerão o incidente. Confie e acredite no que lhe digo.

Mirna pousou delicadamente as mãos sobre o braço de Percival.

— Obrigada. Você foi cavalheiro e me ajudou. Serei eternamente grata.
— Que nada! — retrucou ele, meio sem graça. — Fiz o que senti ser o melhor na hora. Você não merecia passar por aquilo.
— Bem, se merecia ou não, o fato é que já passou e vamos para a casa de Gustavo — sentenciou Clarice. — Sente-se melhor?
— Sim, estou bem. Mas o nariz dói muito.
— A dor logo passará. Vamos — e, virando-se para Rubinho: — Imagino que Heloísa esteja com o doutor Eugênio Brandão.
— Sim, ele a levou e trancaram-se na sala. Infelizmente, ele vai querer sondá-la e saber se pode mesmo manter Mirna no cargo. Heitor fez considerável estrago.

Mirna começou a tremer e a chorar.

— Não fique assim — rogou Clarice. — Confie e tudo vai se resolver.
— Pode deixar comigo — concluiu Percival. — Sou muito amigo de Eugênio. Conversarei com ele e tudo vai se resolver.

Rubinho e Clarice ampararam Mirna até o saguão. Percival foi até a sala de Eugênio, que terminava sua conversa com Heloísa.

— Vou pensar se quero ou não essa moça aqui. O cargo dela é de alto nível e preciso averiguar melhor os fatos. Por enquanto, quero que ela fique uma semana de folga. Você e Clarice podem dar conta do serviço?

— Certamente — respondeu convicta Heloísa. — Não se preocupe.

— Diga a Rubinho que preciso falar com ele mais tarde. Quero saber se há algum bom funcionário que possa substituir esse Heitor.

— Sim, senhor. Mais alguma coisa?

— Não, pode ir. Obrigado.

— Com licença.

Heloísa saiu e cumprimentou Percival, baixando levemente a cabeça. Ele fez o mesmo. Fechou a porta e sentou-se em frente à mesa de Brandão. O dono da Paladar estava chateado com o ocorrido.

— Veja só, Percival. Uma empresa com anos de tradição, conceituada, e nunca tivemos um problema que fosse. E olhe o que esse garoto aprontou aqui hoje. Pega mal, pega mal.

— Eugênio, o que ele fez foi motivado por ciúme, inveja. Esse moço aprontou muito com Mirna.

Eugênio levou o rosto para próximo de Percival. Baixou o tom de voz:

— Cá entre nós, acha que Mirna seja confiável?

— Sem dúvida.

— E aquelas fotos? E o que ele disse?

— Quanto às fotos, eu as queimei. E, quanto ao que ele disse, entrou por um ouvido e saiu pelo outro.

— Você não conta, não é mesmo, Percival? Está caidinho por ela. E os funcionários?

— Você se preocupa demais com isso, Eugênio. Está na hora de se tornar mais flexível. É muito rígido, moralista.

— E temos de ser assim, senão perdemos o controle. Temos de manter os funcionários com rédeas curtas.

— Não concordo. Como membro do conselho, acho que essa tática não funciona. Só faz o funcionário trabalhar o necessário. Não há estímulo. Está na hora de mudar as coisas por aqui. Se você mudou, por que seu negócio, esta empresa, não pode mudar?

— Meu divórcio não tem nada a ver com isso.

— Como não? Quis se acertar, mudar sua vida. Pode não ter reencontrado seu amor do passado, mas tomou uma decisão. Como pode um homem querer ser feliz no amor, ter uma vida afetiva de qualidade, se mantém padrões rígidos de comportamento dentro da própria empresa? Está na hora de rever seus conceitos.

— Acha mesmo?

— Tenho certeza. Vá viver sua vida. Maria Helena está se saindo muito bem na condução dos negócios. Mário, agora que está amarrado em Clarice, está vindo mais ao escritório. Por que não larga tudo na mão dos meninos e vai atrás de sua felicidade?

Eugênio remexeu-se nervoso na cadeira. Colocou o dedo no queixo, pensativo.

— Tenho medo de entregar a empresa na mão deles assim, de uma hora para outra. Eles são jovens, podem dar com os pés pelas mãos.

— Confie neles. Maria Helena é tão boa quanto você e já mostrou a capacidade que possui para gerir esta empresa. Mário, com suas descobertas, pode ajudar no desenvolvimento de outros produtos, novos temperos etc.

— Talvez.

— Não fuja — disse Percival, levantando-se da cadeira. — Toda vez que não quer largar algo, diz "talvez". Eu o conheço há muito tempo, somos amigos de adolescência. Experimente, tente. Você não criou um conselho?

— Sim.

— Eu faço parte desse conselho. Nada pode ser feito sem o consentimento dele. Seus filhos não poderão fazer as coisas do jeito deles. Terão de nos consultar e nos convencer a aceitar as mudanças que irão propor.

— É, não é má ideia. E está assim todo animadinho por quê? Está de olho em Mirna mesmo? Pensei que fosse brincadeira, mas você está levando a sério. Essa sua conversa de procurar a felicidade...

Percival riu.

— É verdade. Estou querendo me acertar e casar.

— Você?! Casar-se? Essa é boa.

— Eu disse que mudamos com o tempo. Quero me dar esta chance. Sinto que Mirna é a companheira ideal.

— Mesmo sabendo do que aquele rapaz disse agora há pouco?

— Eugênio, não importa o que dizem por aí. O importante é o que eu sinto por ela. Eu vou guiado pelo meu coração, não pelo que as pessoas acham ou não correto. Você deveria fazer o mesmo.

— Eu?!

— Sim, senhor. O divórcio vai sair. Leocádia até ficou sua amiga e torce por sua felicidade. Você é livre. Por que não vai atrás daquela pequena?

— De quem está falando?

— Daquela que você largou para se casar com Leocádia.

— Isso é conversa para boi dormir. Não sei onde essa mulher está. Nem sei se está viva. Não quero me iludir.

Percival deu um tapinha nas costas do amigo e foi para a porta. Antes de sair, porém, disse em tom firme:

— Não minta, pois sei que andou sondando Mariano. Se eu vasculhar suas gavetas, vou encontrar um relatório completo.

— Como sabe?

— Eu o conheço há anos, homem! Pague para ver. Deixe de ser resistente e vá atrás dela. O resto que se dane!

Percival saiu e fechou a porta. Eugênio ficou sentado olhando para um ponto indefinido da sala.

— Será que ela me aceitaria de volta? Depois de tantos anos? Tenho tanto medo.

Com um friozinho na barriga, Eugênio deixou-se conduzir pelos pensamentos que lhe fervilhavam a mente.

Capítulo 22

Heitor chegou em casa arrasado. Sentia o corpo pesado, uma dor de cabeça tão forte que chegou a embaralhar-lhe a vista. Fechou a porta do apartamento e jogou-se no sofá. Pegou uma garrafa de uísque na mesinha ao lado e bebeu no gargalo até engasgar-se. Tirou a camisa e deitou-se.

Sentiu emoções estranhas. Não sabia o que seria dele dali para a frente, como também não tinha condições sequer de sentir alguma coisa. Sentia a mente confusa, os pensamentos embaralhados. De repente, entrou num pranto convulsivo. Heitor chorou, gritou, esmurrou a mesinha à sua frente, chutou almofadas. Nunca havia extravasado tanto sua dor como naquele momento. Sentia-se impotente, sem forças para continuar.

Afinal de contas, de que adiantava estar vivo? O que ganhara depois de tantos anos dando duro, estudando, trabalhando horas a fio? Nada. Absolutamente nada. Ganhou um grande pé na bunda, isso sim. Nem os direitos trabalhistas iria receber. Foi demitido por justa causa. Pegara no caixa da empresa o saldo de salário e de férias, mais nada.

Heitor olhou para o envelope com o dinheiro.

— O que é isto? Depois de anos de trabalho duro, que me deu até uma úlcera de presente, só recebi esta porcaria de dinheiro? E ainda tive de sair escoltado por dois seguranças? Além de ficar na miséria, saí humilhado. Mirna deu-se bem. A vagabunda foi socorrida pelos amigos. Como os valores estão invertidos! Eu sou decente, honesto, trabalhador e quem recebe ajuda é a rameira! Está tudo errado.

Ele voltou a chorar. Sentia raiva dos amigos. Um a um desfilava à sua frente, em imagens rápidas. Rubinho não havia sequer lhe dado uma palavra; virara-lhe as costas. Heloísa nunca fora mesmo com sua cara. Clarice, bem, aquela deveria estar se contorcendo de prazer. Provavelmente àquela hora devia estar se sentindo vingada. E Mirna, bem, essa então era de amargar. Acolhera a moça em sua casa, dera-lhe motivação para crescer e ela o fez de palhaço. De todos os falsos amigos, Mirna era a pior, a detestável, a víbora, a desgraçada que um dia iria pagar muito caro por tudo aquilo. Ela não perdia por esperar.

— Justo agora que está chegando o fim de ano? Fui mandado embora numa época terrível. Onde vou arrumar emprego em dezembro ou janeiro? Quem emprega nestes dois meses? Ninguém. Não tiveram piedade de mim.

Heitor estava fora de si. Sentia o ódio vibrar por todo o seu corpo. De repente, teve uma ideia.

— É isso mesmo. Já que nada mais vale a pena, vou torrar todo este dinheiro. Que se dane o aluguel, a comida, as contas para pagar! Vou me colocar em primeiro lugar. Não é isso que Rubinho e sua turma tanto pregam? Então agora sou eu e mais eu. Vou me dar de presente um réveillon inesquecível. Eles pensam que vou estar aqui chorando, triste, destruído. Mas verão só uma coisa. Vou mostrar com quem eles estão lidando.

Irritado e zangado, Heitor foi esmurrando, empurrando e chutando tudo que via pela frente. Deixou o apartamento batendo a porta com força. Saiu do prédio, dobrou a esquina e pegou um ônibus com destino ao centro da cidade. Lembrou-se de uma garota que era caidinha por ele e que trabalhava numa agência de viagens. Iria barganhar um pacote turístico e ainda cortejar a moça. Nunca mais nesta vida iria ficar abaixo dos outros. Dali para a frente seria outro Heitor.

Isaurinha chegou de supetão à casa de Leocádia. Estava cismada com a amiga, que não retornava suas ligações e recusava-se a sair com ela. Queria resolver de uma vez por todas aquela história. Mesmo que tivesse de ficar plantada no jardim o dia inteiro, ela não iria sair enquanto Leocádia não a atendesse.

Lisete, sem saber o que fazer, correu até o quarto da patroa.

— Dona Leocádia, sua amiga está aí fora e disse que não arreda pé. Não sei mais o que fazer.

— Isaurinha está aí embaixo? Não vou atendê-la.

— Disse que não sai de jeito nenhum. Pode até chamar a polícia, que ela não vai sossegar enquanto a senhora não der um dedinho de prosa com ela.

Leocádia não gostava de ser pressionada daquela maneira. Prezava a amizade com Isaurinha, mas estava cansada da maneira tresloucada como a amiga agia. Queria manter sua individualidade, mas Isaurinha — ela já havia visto esse filme antes — não iria sossegar. Lisete torcia as mãos e esfregava-as no avental.

— Não acha melhor vê-la, conversar e acabar logo com isso?

— Lisete, isso são modos?

— Isso não é assunto meu. Desculpe.

Leocádia balançou a cabeça enérgica.

— Tudo bem. Sei que Isaurinha é capaz de nos tirar rapidamente do sério. Desça e peça para aguardar uns minutinhos. Sirva-lhe daquele chá que me fez hoje cedo.

— Sim, senhora. Um chazinho de cidreira pode acalmar a fera. Leocádia riu.

— Está bem. Segure-a por uns minutinhos. Vou ao banheiro me arrumar. Dez minutos serão mais do que suficientes.

— Sim, senhora.

Alguns minutos depois, Isaurinha entrou no quarto, como sempre sem bater à porta.

— Não sabe bater antes de entrar? — perguntou Leocádia, irritada.

— Nunca fiz isso com você antes — respondeu a amiga, nervosa. — E, afinal de contas, o que está acontecendo? Por que tem me evitado?

— Não a estou evitando.

— Ora, ora. Quer me fazer de palhaça? Eu a conheço há anos. Algo aconteceu e preciso saber o que foi.

— Sei lá, acho que mudei.

— Mudando ou não, apronte-se. Você tem de ir comigo até o terreiro. Pai Mané está uma fera. Disse que você não cumpriu com o prometido e ele iniciou o trabalho. Se não der o restante do dinheiro, ele disse que você vai ver só uma coisa.

— É uma ameaça? Estou ouvindo bem?

— Não se faça de tonta. Anda muito respondona. Desde quando discute nesse tom?

— Desde agora. Não vou mais dar dinheiro àquele sem-vergonha. E, de mais a mais, não vou mais me impressionar com isso. Nada é capaz de derrubar a força que há no bem. Estou do meu lado, quero viver melhor, com atitudes verdadeiras, sinceras.

— Sei, sei. E agora acha que pai Mané não tem força suficiente para prejudicá-la? Você realmente é muito ignorante nesses assuntos. Se não cumprir o prometido, ele pode fazer algo contra você.

— Ele não é mais forte do que eu. Além do mais, eu mesma sofri com isso no passado, mas minha lição foi aprender que a força do amor a mim mesma é a melhor arma contra qualquer tipo de feitiço, mandinga, trabalho ou qualquer outro nome que você queira dar. Pai Mané nunca será capaz de me derrubar.

Leocádia falou com tanta força que Isaurinha ficou muda por instantes. Nunca vira a amiga falar daquele jeito, com tanta segurança. Ficou impressionada.

Isso deve ser coisa dos filhos dela, pensou. Mário e Maria Helena devem estar enchendo a cabeça dela de minhocas.

Fingindo indignação, Isaurinha levou a mão à boca:

— Como pode ser tão vil? Esse homem a ajudou tanto, e agora você está dando para trás?

— Como me ajudou? Você é que é cliente dele há tempos. Fui lá quando eu e Eugênio resolvemos nos separar e...

Isaurinha cortou-a:

— Não se faça de besta. Agora está mansa? Então quer dizer que ambos resolveram se separar? Desde quando? — ela deu uma gargalhada descontrolada. — Acorde para a vida, criatura. Ele a deixou. Usou-a, espremeu até acabar a última gota. Assim que você secou, ele foi atrás de outra. Os homens são assim mesmo.

— Essa é a maneira como você enxerga as coisas. Eu não vejo dessa forma. Se não fosse assim, estaríamos discutindo em juízo.

— Vai deixá-lo partir de mão beijada? Sabia que nossas amigas de sociedade não querem mais convidá-la para os eventos? Se não fosse eu, você nunca mais entraria em nenhum chá beneficente.

— Agradeço sua intervenção, mas estou cansada de toda essa futilidade.

Isaurinha por pouco não gritou. Estava abalada. Tentou cutucar a amiga e sabia que os chás e os falatórios eram um dos pontos fracos de Leocádia. Não sabia mais o que fazer. Ela não aceitava de maneira alguma que a amiga estivesse tão serena e não quisesse briga. Enquanto discutia com Leocádia, foi examinando o quarto, na busca de algo que a ajudasse a entender a mudança. Foi quando leu, sobre a mesinha de cabeceira, o título dourado na capa do livro. Estava escrito *O Livro dos Espíritos*, de Allan Kardec. Isaurinha pegou o livro e, chocada, disparou:

— Como se atreve a ler isto aqui?

— Estou adorando. Tenho compreendido melhor as leis da vida e a própria espiritualidade.

— Quem foi que lhe deu?

— Meu filho Mário. Por quê? Quer um exemplar?

— De jeito algum. Não acredito nessas coisas.

Leocádia riu com gosto.

— Não acredita? E por que não sai do terreiro de pai Mané?

— É uma coisa completamente diferente. Ele mexe com centros de forças, que nos mantêm afastadas do perigo. Se não fosse ele, eu não estaria aqui hoje. Mas esse tipo de livro é pura perda de tempo. Fala em perdão, em compreensão e uma série de outras coisas absurdas, impossíveis de aplicar nos dias de hoje. Olhe o mundo à nossa volta, olhe como esta cidade anda sem proteção. Andamos todos inseguros. Acha que temos de exercitar o perdão? Está enganada, Leocádia. Temos é de nos manter fortes e aliadas a pessoas que entendem desse mundo invisível, que podem manipulá-lo e nos ajudar a viver longe de toda desgraça.

— É seu ponto de vista. Acredito que tudo que fazemos volta na nossa vida, de alguma forma. Não quero mais enxergar o mundo com os olhos da maldade. Quero exercitar a visão do bem.

— Leocádia, acorde! Pai Mané está rodeado de entidades que fazem tudo que queremos. É só pagar, dar uma pinga, fazer um despacho.

— E acha que acabou? Não acredita que essas entidades possam exigir-lhe mais pelo que fizeram?

— Bobagem! Eles nunca se atreveriam a me enfrentar.

— Quem garante?

Isaurinha estava cansada daquela conversa. Mudou o assunto, alteando a voz:

— Mas vai deixar de perturbar Eugênio? Não vai checar se ele anda com a secretária? Onde andam seus brios, sua integridade? Não se dá mais o respeito?

— Engano seu. Hoje, mais do que nunca, estou me respeitando. Eu dava muito valor a nossas falsas amigas, àqueles eventos em que o único prazer era falar mal da vida de alguém. Não quero mais participar dessa corja. Estou fora de tudo isso. Se falam ou não de mim, não é problema meu.

— Não acredito! Estou admirada com tanta minhoca que Mário deve ter metido em sua cabeça. Você está diferente, não é mais a minha amiga de anos.

— Sinto muito. Sou o que sou. Se você ainda preza minha companhia, então me respeite. Caso contrário, saia por aquela porta e não apareça mais aqui. Não quero ser incomodada.

Isaurinha condoeu-se.

— Está me mandando embora? É isso mesmo o que ouvi?

— Se me respeitar, pode ficar; caso contrário, rua.

— Você é uma ingrata e ainda me deixou em maus lençóis com pai Mané. Ele vai ralhar comigo.

— Problema seu. Não sei o que andou dizendo, o que andou inventando. Fui lá uma única vez e não quero mais compactuar com esse tipo de coisa. Já arrumei encrenca no passado por causa disso e vi que mandinga e macumba não servem para nada.

— Você ainda vai se arrepender. Está me chutando, como um dono quando não quer mais seu cão.

— Se você enxerga assim, nada posso fazer. Por favor, Isaurinha, vá embora.

Isaurinha começou a chorar.

— Eu venho à sua casa lhe trazer a solução para seus problemas, ajudá-la a se vingar de seu marido, e olhe o que levo: um chute no traseiro. Vim aqui também para convidá-la para passar o réveillon comigo, porque sempre a considerei minha melhor amiga. Estamos organizando uma grande festa numa embarcação só para chiques e famosos, e queria muito sua companhia. Adoraria vê-la aparecendo em todas as colunas de revistas e jornais, celebrando a virada do ano entre amigos, fazendo Eugênio morrer de inveja.

— Não quero mais atrapalhar a vida de Eugênio. Já errei bastante e agora quero cuidar de mim. Obrigada pelo convite, mas vou passar o réveillon com meu filho. Iremos fazer uma linda festa.

Isaurinha não tinha mais argumentos.

— Você vai me pagar caro por essa desfeita. Amiga que é amiga não faz uma coisa dessas. Vou contar a verdade sobre seu casamento fracassado para todo o Rio de Janeiro. A verdade deve aparecer. Acabou aqui nosso pacto de fidelidade. Na virada do ano, você vai ser a mulher mais malfalada desta cidade. E agora com licença. Passar bem.

— Que Deus a ilumine!

Isaurinha não ouviu. Saiu em disparada e bateu a porta com força. Estava decidida a nunca mais procurar Leocádia. A amizade de anos se rompia naquele instante. E Leocádia não perderia por esperar. Na embarcação, Isaurinha iria comentar os podres que sabia do casamento da amiga, das escapadas de Eugênio e outros assuntos de foro íntimo que Leocádia dissera a ela em momentos difíceis, acreditando ser Isaurinha sua confidente. Agora tudo estava acabado. Ela saía daquela casa humilhada, mas daria o troco.

Leocádia ficou sentada na cama, fitando o nada. Afora as discussões corriqueiras com Maria Helena, nunca havia desafiado ou argumentado com outra pessoa naquele tom. Sempre fora mais reservada, controlada. Estava surpresa com a atitude que tivera com Isaurinha. Mas sua amiga havia passado dos limites e agora ela queria mudar. Estava cansada de viver de aparências. Leocádia queria ser livre para pensar, agir. Chegara à conclusão de que seu casamento fora um equívoco, desde o início, e agora não queria mais saber de homem que fosse. Estava interessada em cuidar de si, somente. Claro que mentira para Isaurinha, pois nem sabia o que iria fazer no réveillon. Nem se apercebera de que o fim do ano estava próximo. Ficou pensativa por um tempo, e logo depois adormeceu.

Já era fim de tarde quando foi acordada por um beijo carinhoso no rosto. Acordou sorrindo. Reconhecia aquele perfume de longe.

— Filho querido!

Mário abraçou-a e deitou-se a seu lado na cama.

— Estava com saudade, filho. Não tem mais parado em casa. Isto está me cheirando a rabo de saia.

Ele riu.

— É verdade, mãe. Faz tempo que estou para lhe dizer.

Leocádia voltou seu rosto para o filho. Ele se parecia muito com Eugênio: era lindo tal qual o pai fora na juventude. Sentiu uma pontinha de ciúme, mas sabia que um dia ele iria encontrar alguém e tocar sua vida. Só tinha medo de que Mário, com um coração tão puro, fosse se envolver com uma mulher qualquer.

— Nem precisa dizer. Deve estar caidinho — disse, por fim.

— Estou. Como sabe?

— Você nunca falaria uma coisa dessas para sua mãe se não tivesse certeza. Sabe como sou encrenqueira e não suportaria a ideia de vê-lo nos braços de qualquer mulher. Mas seus olhinhos estão brilhantes, vivos. Sinto que é algo especial.

— É, mãe. Muito especial. Estou apaixonado e já faz um tempo.

— E por que não me falou nada antes?

— A senhora estava se cuidando, se refazendo da separação. Começou a ler os livros que lhe trouxe, foi mudando. Até Maria Helena comentou comigo que a acha diferente.

Leocádia sorriu.

— Sua irmã também está mais mansa. Ela anda saindo com um tal de Gustavo. É esse o nome?

— Isso mesmo. Ela também está apaixonada. Viu como o amor muda as pessoas?

— Deve ser verdade. Olhando para você e sua irmã, vejo que andam mais alegres, mais tranquilos.

— É a força do amor.
— Quisera eu descobrir essa força. Nunca amei de verdade.
— E papai, nunca o amou?
— Definitivamente, não. Eu sentia era paixão mesmo, aquelas coisas de dar calorão, deixar a gente mole, atração física, somente. No fundo eu sempre soube que não amava seu pai e que um dia a separação iria ocorrer. Só não quis enxergar por conveniência. Eu preferia a ilusão à verdade. Sempre achei que a verdade machucava e agora, anos depois, descobri que a verdade não dói e, de fato, sofremos com as próprias ilusões. E quer saber de uma coisa? Estou cansada de sofrer, de parecer uma morta-viva. Estava outro dia me olhando no espelho e quase o quebrei de raiva.

Mário riu do exagero da mãe.

— É verdade, meu filho. Você viu várias vezes as fotos de meu casamento, sabe quanto fui bonita. Quero recuperar minha beleza, quero resgatar a Leocádia moleca, que dava palpite em tudo. Eu deixava mamãe louca da vida com meu comportamento.

— É mesmo? Dava trabalho para vovó?

— E como! Eu andava descalça, não ligava para etiqueta. Gostava de tomar banho de cachoeira pelada.

— Mãe! A senhora nadando pelada? Não posso crer!

Leocádia ficou um pouco vermelha, mas sentia-se tão bem ao lado de Mário que continuou falando.

— Eu era soltinha, mesmo. Aí veio a gravidez, o casamento, e logo que você nasceu, eu já não suportava mais a união com seu pai. Mas o que poderia fazer? Não tinha forças para me desquitar. Naquela época não havia o divórcio. Fui levando, me apagando, ficando velha. E, como mãe, não podia mais despertar interesse nos outros homens. Isso era inadmissível. Então engordei, deixei de cuidar de minha aparência. Agora quero resgatar o tempo perdido. E você foi o meu melhor estímulo. Sua ajuda tem sido fundamental.

— Ora, mãe, eu a adoro, sei que atrás desse rosto marcado há uma mulher vibrante. Não sabia que era tão peralta
— disse rindo.

— Eu quero viver melhor. O contato com a espiritualidade tem me mostrado que a vida é eterna e por essa razão posso mudar quando quiser, nada está perdido. Antes, eu achava que estava velha e não adiantava mais lutar, não adiantava mais mudar. Hoje percebo que posso mudar a qualquer instante, que renascemos a cada minuto, de acordo com nossas escolhas. Estou com tanta vontade de mudar que recusei um convite de passar o réveillon com Isaurinha. Na verdade, coloquei-a elegantemente para fora de casa.

Mário estava estupefato.

— Não acredito! — disse ele, enquanto fingia medir a temperatura da mãe, colocando a mão sobre a testa de Leocádia. — E não está com febre! Cortou relações com dona Isaurinha?

— Parece que sim.

— E como se sente?

— Perdi nessa amizade o mesmo tempo que perdi no casamento com seu pai. Não quero mais relações infrutíferas em minha vida.

— Mãe, fico tão feliz com sua atitude!

— Só menti a ela dizendo que iria passar uma maravilhosa noite de Ano-Novo a seu lado.

— Como, mentiu? Podemos passar a virada do ano juntos. O que acha?

— Você está namorando e faz anos que não passamos o réveillon juntos. Eu me viro. Para dizer a verdade, estou cansada de festas. Prefiro ficar em meu canto. Vou aproveitar e começar o ano de maneira diferente dos anos anteriores.

— Poderia passar o Ano-Novo comigo e com Clarice.

— Ah, então esse é o nome da moça?

— Esse mesmo. Queria marcar um jantar aqui em casa para que a conheça melhor.

— Seu pai já a conhece?

— Sim, ela é secretária dele.

Leocádia sentiu um pequeno aperto no peito. Lembrou-se das palavras de pai Mané e de Isaurinha. Será que seria possível?

Mário percebeu a mudança no semblante da mãe.

— Alguma coisa? O que foi?

Ela procurou afastar o pensamento, fazendo gesto largo com as mãos. Por mais que quisesse alimentar a mente de pensamentos negativos, não conseguia imaginar seu filho namorando uma moça que pudesse ser a "tal" amante de Eugênio. Isso mostrava que pai Mané estava enganado. Percebia o rosto do filho tão iluminado que não suportava imaginar que ouvira uma barbaridade daqueles tempos atrás.

— Vamos fazer o seguinte: traga a moça para jantar aqui em casa. Amanhã está bom?

— Já amanhã?

— Por que não?

— Não sei, mãe, preciso saber se Clarice tem compromisso. Vou ligar agora e confirmar. Você vai adorá-la.

— Já estou vendo que vou ficar só mesmo.

— Nunca estamos sós, mãe. Não acredita em sua força? Não acredita nos amigos invisíveis e na força que Deus nos dá? Então, como pode dizer que vai ficar só?

— Eu não gostaria de ficar aqui nesta casa, tão grande. Acho um desperdício. Sei que você sempre gostou muito deste casarão...

— Espertinha, já sei aonde quer chegar. Por isso não quer saber de namorar. Quer ficar a meu lado. Por acaso quer viver comigo, mesmo casado?

Leocádia baixou a cabeça. Sentia-se envergonhada. Fez sinal positivo.

— Se você deixar, prometo que não vou atrapalhar em nada sua vida. Claro que primeiro preciso conhecer a moça, ver se vamos nos dar bem.

— Está certo, dona Leocádia. Vou ligar e confirmar. Tenho certeza de que vai adorar Clarice.

— Espero.

Heitor pesquisou, avaliou vários prospectos, mas não estava acostumado com aquilo. Não sabia o que escolher.

— Quero o melhor, Rita.

A moça, toda insinuante, falava fazendo beicinho.

— Você é tão fino que mal consegue escolher. Posso dar uma sugestão?

— Claro — disse ele apertando a mão dela.

— Este pacote inclui a virada do ano na baía de Guanabara. Imagine você vendo os fogos no meio do mar e longe daquela multidão. E ainda vai estar acompanhado só de gente fina, tipo artista, político, gente da alta sociedade mesmo.

— O que mais?

— A empresa oferece um jantar logo depois da queima de fogos, num restaurante badaladíssimo. Serão levados de limusine, em grupos de quatro. Você só terá de usar smoking. Tem um?

— Não, mas alugo um, ora. O que mais?

— Ah, você corre um grande risco de aparecer nos jornais no dia seguinte. Se quiser, posso juntar uns pauzinhos e falar com um amigo fotógrafo que vai estar nesse evento. Ele pode tirar uma foto sua ao lado de alguma famosa e depois inventar uma bobagem de rodapé. Vai fazer inveja a tanta gente!

Aquilo seduziu Heitor por completo. Em sua mente, Rubinho e sua turma abriam o jornal na virada do ano e viam seu rosto estampado em destaque, abraçado a alguma atriz ou socialite. Aquilo seria o máximo e faria seus falsos amigos engolirem a imagem que tinham dele. Tirou o talão de cheques da carteira.

— Pode falar o preço, Rita. É esse pacote que quero. Mas vai dar um descontinho, não vai?

— Ah, não sei. Vou ver o que posso fazer.

Ela se levantou e foi conversar com o gerente da loja. Voltou em seguida, com ar triunfante.

— Consegui dez por cento de desconto. Está bom para você?

— Está. Negócio fechado.

Heitor preencheu o cheque e pegou o bilhete de reserva. Esperou Rita terminar o serviço e foram para um motel.

Pronto: ele podia fazer o que quisesse de sua vida. Não tinha mais Mirna, mas podia sair com quem quer que fosse. Rita e qualquer outra mulher podiam saciá-lo tanto quanto aquela ordinária. E, dali a duas semanas, todos iriam se surpreender com sua foto nas colunas sociais dos principais jornais do Rio.

Capítulo 23

Clarice chegou um pouco apreensiva. Sabia que Leocádia era muito ligada ao filho. Receava não agradá-la. Mário passou o caminho todo dizendo que sua mãe mudara muito e não iria ser mal-educada.

Leocádia esperava-os no jardim de inverno. Também se sentia apreensiva. Ao ouvir o barulho do carro do filho, correu até o hall de entrada.

— Mãe, chegamos!
— Estão atrasados.
— Pegamos trânsito pesado. Quase desistimos.
— Nem me fale.
— Esta é Clarice — disse ele com um sorriso encantador nos lábios.

Leocádia teve excelente impressão da jovem. Sentiu uma simpatia imediata. Nunca gostara das poucas namoradas que Mário havia levado para casa. Mas aquela moça era diferente. Estava impecavelmente vestida e possuía sorriso encantador.

— Como vai, querida? Prazer em conhecê-la.

— O prazer é todo meu, dona Leocádia. Seu filho fala tanto na senhora que eu estava morrendo de curiosidade.

— Ele fala tanto assim de mim? Bem ou mal?

— Só comentários positivos, de que é a melhor mãe do mundo.

Leocádia exultou de felicidade.

— É mesmo? Isso é típico de Mário. Sabe, quando ele tinha dez anos, numa apresentação da escola para o Dia das Mães...

E assim Leocádia foi se dirigindo à sala de jantar segurando o braço de Clarice e contando-lhe as peripécias e gracejos do filho. Clarice ia ouvindo a tudo encantada. Também havia gostado muito de Leocádia. Mário ficou observando-as a distância. Estava boquiaberto, pois nunca vira sua mãe tratar namorada que fosse, mesmo amigas suas, daquela maneira tão cordial. Ele meneou a cabeça para os lados e abraçou-se a Lisete.

— Percebeu que minha mãe entrou com Clarice e foi direto para a mesa? Nem me levou junto.

— Sua mãe está mudando a cada dia que passa. Quando ela botou dona Isaurinha para fora daqui, pensei que estivesse fora de si. Então ela começou a mudar algumas regras de manutenção da casa, a mudar a posição dos móveis nos cômodos, começou a cuidar mais de tudo, da aparência. Ah, Mário, estou tão feliz. Adoro sua mãe e pensei que ela não fosse aguentar o golpe da separação. Ela está tão diferente! E essa moça, agora? Parece que são mãe e filha.

— Verdade... Nunca vi minha mãe assim tão íntima de uma pessoa estranha.

Quando Mário chegou à sala de jantar, espantou-se mais uma vez. As duas estavam sentadas uma ao lado da outra, falando sem parar. Lisete havia feito um comentário certeiro, pois Leocádia e Clarice pareciam mesmo mãe e filha.

Terminado o jantar, que decorreu agradável, foram para a saleta de leitura. Leocádia serviu licor a todos.

— Façamos um brinde.

Mário e Clarice pegaram suas taças e as encostaram levemente, fazendo tim-tim.

— Percebo sinceramente que meu filho descobriu uma joia preciosa. E espero que essa joia possa fazer parte da família. Seja bem-vinda, Clarice.

A moça emocionou-se. Abraçou Leocádia e beijou-a nas faces.

— Obrigada. Sinto-me honrada em fazer parte da família. Eu a quero muito bem.

— Ótimo. Então não percam tempo e tratem de correr com a papelada. Afinal de contas, esperar mais para quê?

Os três riram. Mário passou o braço pelos ombros da mãe.

— Se dependesse de mim, eu me casaria hoje mesmo. Confesso que adoro esta casa, sempre vivi aqui, embora viajando muito. Aqui estão minhas raízes. Sabe que preciso me entender primeiro com Clarice. Não sei o que iremos decidir em termos de moradia.

— Morem aqui, ora.

Clarice interveio.

— Não acho justo, dona Leocádia. A casa é sua, tem seu dedo em tudo. Sei que é muito ligada a Mário, mas não queremos invadir sua privacidade.

— Imagine, menina. Esta casa é muito grande. Há espaço para nós e para outros que virão — fez ela dando uma piscadela marota para o filho.

— Mãe, o que é isso?

— Maria Helena vai se casar logo; eu tenho faro para essas coisas. Temos tantos quartos nesta casa! Podemos viver em harmonia. Eu já disse que não irei me intrometer. Vou cuidar de mim, viajar bastante. Até já pensei nisso. Vocês se casam, vão viajar em lua de mel. Quando voltarem, a casa estará pronta para recebê-los e eu viajarei por uns tempos, a fim de que possam se adaptar tranquilamente à vida de casados, a esta casa. Depois eu volto e nos acertamos. O que acham?

— Mãe! A senhora já arquitetou tudo! Não sei o que tenho a dizer. Vou jogar a batata quente nas mãos de Clarice. Ela é quem vai decidir.

Clarice terminou de bebericar seu licor e quase se engasgou.

— Assim não vale! Jogar uma responsabilidade dessas em minhas mãos? — disse, rindo.

— Minha filha, pense durante o tempo que quiser. Vou lhe mostrar a casa. Garanto que vai se apaixonar. Venha, vou levá-la a todos os cômodos.

— E eu? — objetou Mário. — Vou ficar aqui sozinho?

— Vai, meu filho. Empreste sua namorada um pouquinho mais. Depois poderá ficar com ela a noite toda, se quiser.

— Mãe!

— Vamos, Clarice. Venha comigo. Vai ver que beleza de casa. É uma das mais belas construções das Laranjeiras.

E assim as duas foram andando, e era com interesse que Clarice observava cada cômodo, cada móvel. A casa era muito bonita, os aposentos eram espaçosos, a decoração primava pelo bom gosto. Leocádia, embora ainda com a aparência maltratada, era uma mulher fina. Explicava a Clarice a procedência dos móveis, os estilos, enfim, discursava com firmeza e encantava a moça, sedenta em aumentar sua bagagem cultural.

Mário se conteve. Colocou uma música no toca-discos e ficou a imaginar-se com Clarice, ambos vivendo naquela casa como marido e mulher. Sua mãe estava certa. Se Clarice quisesse, poderiam correr com os proclamas e casar-se em breve. Já tinham idade para pular o noivado.

Ao se despedirem, Leocádia insistiu:

— Quero muito que venha cear conosco, Clarice. Será maravilhoso passarmos o Natal juntas.

— Adoraria, dona Leocádia, mas minha tia vem de Minas Gerais passar o Natal comigo.

— Traga-a também. Será um prazer.

— Vamos ver. Não prometo nada. Mas o réveillon está acertado: passaremos juntas.

— Está bem, minha filha. Volte logo. Já estou com saudade.

Despediram-se, e foi com alegria que Clarice entrou no carro. Mário comentou:

— Não acredito em feitiço. Mas você fez algum trabalho, algum despacho? Minha mãe está caidinha por você. Apaixonou-se à primeira vista.

— Digo o mesmo, querido. Adorei sua mãe. Não sei como ela e Maria Helena tinham suas diferenças.

— Elas são idênticas. Farinha do mesmo saco, sabe como é.

Clarice deu uma gargalhada, depois disse:

— Maria Helena está mais branda. Acho que logo vai se mudar para a casa de Gustavo. Quem sabe não vamos nos casar todos na mesma época? Eu e você, Maria Helena e Gustavo, Heloísa e Rubinho?

— Poderíamos fazer uma linda festa em casa. Você viu o tamanho do quintal?

— É verdade. Atrás há um jardim e salão imensos. Imagine o casamento ao redor da piscina... Seria lindo! Adorei a casa. Mário, que mansão maravilhosa!

— Gostou mesmo? Não posso falar porque também adoro essa casa. Tem uma energia tão boa!

— Também senti. Sua mãe cuida da casa com muito amor.

— Ela pode não ter tido um casamento feliz nem ter cuidado da própria aparência, mas da casa ninguém pode reclamar. E, mudando de assunto, você toparia mesmo viver lá comigo e com minha mãe a tiracolo?

— E qual é o problema?

— Não sei. Quase nunca dá certo. Aí uma acaba invadindo o espaço da outra e já viu no que dá. É raro sogra e nora viverem em harmonia.

— Desde que elas não disputem entre si.

— Acha que vai ficar me disputando com mamãe?

— De jeito algum. Há coisas que só ela vai poder dar a você. Mas há coisas — disse Clarice maliciosa — que só eu poderei lhe dar. Então estamos quites. Adorei sua mãe e acho que vamos nos dar muito bem. Eu a vejo como uma companheira. Eu e você vamos nos casar, mas quero continuar trabalhando. Ela poderá me ajudar a criar as crianças. Vai dar tudo certo.

Mário encostou repentinamente o carro e parou.

— O que foi? — perguntou ela, assustada.

— Nada. Eu queria dizer que a amo, agora mais do que nunca.

Ele a beijou nos lábios repetidas vezes. Clarice entregou-se ao beijo. Após muitos carinhos e juras de amor, ela sentenciou:

— Vamos sair daqui. É tarde. Durma comigo esta noite.

— Se não me pedisse, eu iria implorar.

Eles riram. Clarice encostou a cabeça no banco do carro e foi deixando os pensamentos desfilarem por sua mente. Sua vida estava indo cada vez melhor, sentia estar vivendo um conto de fadas. Fez espontâneo e sincero agradecimento a Deus por estar vivendo daquela maneira.

Os dias correram rapidamente. Na Paladar, os funcionários logo esqueceram o incidente com Heitor. A cesta de Natal e as férias coletivas fizeram com que eles se esquecessem por completo daquele triste episódio.

Mirna havia se recuperado e adquirira equilíbrio emocional. As sessões com Adelmo trouxeram-lhe lucidez e clareza. Ela agora tinha condições de identificar suas formas-pensamentos destrutivas e eliminá-las por meio de exercícios constantes, que lhe traziam resultado satisfatório. Apesar disso, ela ainda tinha algumas recaídas. Queria uma vida afetiva saudável e duradoura, mas, por mais que fizesse seus exercícios e meditações, ainda sentia receio em se abrir, falar de si sem pudores. A única pessoa que a conhecia cem por cento era Adelmo. Como com ele só havia o vínculo terapêutico, tudo ficava mais fácil. E se tivesse de ser verdadeira com quem se envolvesse emocionalmente? A esse pensamento, Mirna chegava a suar, tamanha a preocupação.

Ela ficara íntima de Clarice e Heloísa, e era muito fácil encontrar as três conversando, saindo juntas para almoçar. Mirna ainda ficava incomodada em morar na casa de Heloísa e Rubinho. Sentia-se uma intrusa e, por isso, intensificou a procura por um apartamento.

Foi num desses dias de procura que encontrou Percival. Ela acabara de se despedir do corretor de imóveis e estava atravessando a avenida Nossa Senhora de Copacabana quando ele a interpelou:

— Como tem passado?

Ela reconheceu a voz e voltou o rosto para trás.

— Muito bem, Percival. E você, como vai? Faz tempo que não o vejo na empresa.

— Estou bem. Depois daquele incidente, Eugênio resolveu manter rédeas curtas. Ele prefere dedicar-se mais à empresa e resolveu que o conselho se reúne somente uma vez por mês.

— Ah, que pena! Gostaria de encontrá-lo mais vezes. Aliás, nem ao menos o agradeci pelo que fez por mim.

— Não fiz nada...

— Não seja modesto, Percival. Você nem levou em consideração o que o pessoal do escritório iria pensar de você. Mesmo com toda aquela confusão, disse que era meu namorado. Aquilo serviu para impor respeito. Ninguém mais abriu a boca, que eu saiba.

— Faria de novo, se fosse preciso.

Percival falou sem tirar seus olhos dos de Mirna. Ela sentiu uma onda de calor subir do ventre e invadir o peito. Exalou pequeno suspiro de emoção. Procurou mudar o curso da conversa.

— Viu como melhorei a aparência?

— Você está radiante. Linda! Confesso que quase não a cumprimentei. Está muito diferente.

— Obrigada. Tenho melhorado muito, e a paz que venho sentindo ultimamente tem me ajudado a me manter em equilíbrio. Melhoro a cada instante, seja no trabalho, seja nas relações de amizade.

— Só falta um companheiro.

Mirna meneou a cabeça para os lados.

— Bem que gostaria, mas sofri muito. Estou fazendo terapia e acredito que em breve vou superar os traumas e poder ter uma vida afetiva saudável.

— Não se sente em condições de começar uma nova relação?

— Sinto medo ainda. Adelmo, o terapeuta, bem que tem tentado. Claro que a responsabilidade é minha, mas ainda tenho medo. Não quero me machucar de novo.

— Bem, você tem todo o tempo do mundo para se refazer. Sua separação de Heitor ainda é recente. Mas nada como o tempo para nos ajudar a superar e a transformar a dor em aprendizado útil, que não mais nos incomoda.

— Sei que vou conseguir. Sou forte, acredito em meu potencial. Só preciso de tempo.

Percival pigarreou.

— O que vai fazer no Natal?

— Não pensei em nada. Nunca gostei muito do Natal. Prefiro a festa de fim de ano. Acho que vou ficar em casa no meu canto. Talvez passe o dia de Natal com Clarice.

— Gostaria de cear comigo na véspera?

— Adoraria!

— Então estamos combinados. A que horas eu a pego?

— Nada disso. Deixe-me seu endereço. Irei de táxi. Vou me sentir melhor assim.

— Está certo.

Percival retirou um cartão do bolso do paletó e deu-o a Mirna. Despediram-se formalmente e cada um seguiu seu caminho. A partir daquele instante, Percival começava a acalentar o desejo de ter Mirna em seus braços.

— Só mais um pouco de tempo. Tenha paciência, homem — dizia a si mesmo.

Mirna estava terminando de se arrumar. Exagerou um pouquinho no perfume, como de costume.

— Desse jeito vai matar o primeiro que abraçar — gracejou Rubinho.

— Estou tão aflita! Acha que causarei boa impressão?

— Mirna, você é um mulherão! Não precisa de muita pintura ou adereços para se fazer notar. Está radiante. Sem exageros. Percival vai ficar doidinho.

— Não fale assim com ela — interveio Heloísa. — Vai deixá-la mais nervosa.

— Mas não estou mentindo, amorzinho. Ela está linda, e o velho está caidinho por ela. Mirna já o conquistou. Ela pode aparecer de chinelos e malvestida que vai causar a mesma impressão.

Mirna estava visivelmente nervosa.

— É só um jantar.

— Mas você está uma pilha de nervos. É só mesmo um jantar? Ou está nos escondendo algo?

— Rubinho, não tenho nada a esconder, mas ele foi galante. Eu não sou besta e percebi que está interessado em mim.

Heloísa animou-se:

— Percival é um excelente partido. Bonitão, bem situado, coroa bem conservado. Em vez de se casar, aproveitou tudo que podia, viajou pelo mundo inteiro. Agora quer sossegar o facho e se casar. Conheço garotas que dariam a vida por ele.

— Exagerada! — exclamou Rubinho.

— Humm, é verdade. Eu até arrastei uma asa para cima dele.

— Não acredito!

Mirna ria sem parar.

— Heloísa, desse jeito vai deixar Rubinho morto de ciúme.

— Eu, ciúme? E ainda por cima de Percival?

— Ficou com ciúme, sim. Mas tenho de ir.

— Bem, nós também. Qualquer problema, estaremos na casa de tio Gustavo.

— Além de vocês e Maria Helena, quem mais vai estar?

— Meus pais e Clarice com a tia dela, de Minas.
— Fiquei sabendo que ela é uma gracinha.
— Dona Carlota? Uma simpatia. Nem parece mulher dos confins de Minas. Tão bonita, conservada. Só vendo!
— Quero conhecê-la — Mirna consultou o relógio. — Bem, desejo uma ótima ceia a todos.
— E amanhã? Vai almoçar conosco?
— Pode ser. Tudo vai depender desta noite — respondeu Mirna em tom malicioso.
— Acho que só a teremos por companhia no réveillon, e olhe lá — disse Rubinho rindo.
— Vamos descer. Preciso me despedir de Clarice, e aproveito para conhecer e dar um beijinho na tia dela.
— Você vai adorá-la. É uma senhora encantadora.
Saíram e desceram as escadas. Mirna tocou a campainha e Clarice atendeu.
— Olá! Gastou no perfume, não?
— Acho que abusei. Estou um pouco nervosa. Comprei um relógio para Percival. Acha que é um bom presente?
— Um relógio sempre é um bom presente. Percival adora trocar de relógio; tem vários modelos. Venha comigo e vou tirar um pouco desse perfume. Vamos ao banheiro.
— E sua tia?
— Está se trocando. Achou tudo muito corrido. Prefere a vida no campo.
— Estou doidinha para conhecê-la.
— Não quero chegar atrasada à casa de Gustavo.
— Mário vem buscá-la?
— Não. Hoje ele janta com a mãe. Ficarão sozinhos.
— E o doutor Brandão?
— Vai jantar no hotel, eu acho. Ele foi convidado. Quem sabe não aparece por lá?
— Vai ser nora do doutor Eugênio Brandão! Não é o máximo?
— Quem diria? Ele é um homem simples. Já tirei a impressão de austeridade que tinha em relação a ele.
Ouviram a porta do corredor e de lá saiu Carlota. Clarice foi até ela.

— Tia, gostaria de apresentá-la à minha amiga Mirna.
— Como vai? — perguntou Mirna, beijando-a nas faces.
— Bem, querida. Estou meio atrapalhada. A cidade é muito movimentada. Eu pertenço ao campo, mesmo.
— Mas é bom mudar de vez em quando.
— Não tenha dúvidas. Ficar ao lado de Clarice é um prazer para mim — Carlota deu meia-volta e abraçou-se a Mirna. Depois concluiu, de olhos baixos, segurando a mão da moça:
— Sinto muito pela relação turbulenta que teve com Heitor. Nunca pensei que ele chegasse a tanto.

Mirna emocionou-se.

— Imagine, dona Carlota. Eu sempre me culpei muito, sempre me maltratei. O que mais poderia esperar dos outros? Não estou defendendo a violência, mas pude perceber que meu comportamento, minha maneira de pensar, atraiu esse tipo de homem para minha vida.
— Mas não é justo. Heitor não pode ficar impune.
— Ele vai se ver com a própria consciência. É natural que mudemos, e Heitor não vai escapar da evolução, mesmo que isso aconteça por meio da dor.
— Você tem uma luz muito bonita. Gostei de você.
— Eu também gostei da senhora. É muito bonita, e nem cara de tia tem.

Todos riram. Mirna abraçou-se a Carlota e beijou-a nas faces. Clarice ensaiou uma ponta de ciúme:

— Ela é minha tia. Dessa maneira, vai ser sua tia e de Heloísa e Rubinho também.
— Ótimo, assim ela poderá vir mais vezes ao Rio.

As três caíram na risada novamente. Heloísa levou Mirna ao banheiro para tirar o excesso de perfume e Carlota ficou sentada no sofá, lembrando do tempo em que tinha a idade delas e o que sua família fazia nos Natais. Transportou-se ao passado e assim permaneceu até que Clarice a chamou para irem à casa de Gustavo.

Capítulo 24

O jantar na casa de Gustavo corria agradável. À mesa estavam, além dele e Maria Helena, Heloísa, seus pais Emiliano e Eunice, Rubinho, Adelmo, Clarice e Carlota. Todos enchiam Carlota de perguntas. Queriam saber de sua vida no campo, de sua relação com Heitor e seus pais, o porquê de viver sozinha e longe da sobrinha.

— Prefiro a vida no campo. Gosto do ar puro, da paisagem, do verde. Adoro acordar cedo, com as galinhas.

Gustavo salientou:

— É por essa razão que se encontra tão bem conservada.

— Eu sempre quis ser urbana. Fui morar em Belo Horizonte, mas não me adaptei e percebi que o campo era o meu lugar.

Todos continuaram a conversar e discutir sobre os prós e contras de morar numa cidade grande ou numa cidade do interior. Gustavo percebeu a contrariedade nos olhos de Carlota, mas, diante de sua discrição, conteve-se.

Terminado o jantar, foram todos para a sala de estar e sentaram-se próximo da árvore de Natal. As pessoas foram se acomodando e Gustavo sentou-se ao lado de Carlota.

— A senhora está gostando da reunião?

— Estou adorando. Fazia tempo que não me reunia com tanta gente. Em Minas só vou de vez em quando à casa de meu afilhado Mariano e sua mulher Antônia. Eles têm um casal de filhos, e criança dá um pouco de trabalho. Mas gosto de passar uns dias com eles, e depois volto para meu canto. Fico com minha horta, minhas galinhas, minhas porquinhas...

— E com toda a tristeza que aprisiona seu coração.

Carlota mal conseguiu engolir a saliva. Sentiu o sangue subir-lhe nas faces e a respiração ofegar.

— Não sei do que está falando, meu jovem.

— Eu também não. Foi um espírito amigo que disse, instantes atrás, no jantar.

— Um espírito? Você tem a capacidade de conversar com eles?

— Sim. Há anos venho desenvolvendo e educando minha mediunidade, e cheguei a ponto de escutar os espíritos e responder-lhes mentalmente. Um espírito em forma de mulher, que muito a aprecia, encontra-se aqui esta noite. Ela torce muito por sua felicidade.

— Não sei por que torceria. Não tenho mais o que fazer a não ser continuar em meu canto, vivendo dia após dia. Infelizmente este coração só vai se curar depois desta vida.

— Essa é uma crença sua. Acredita que as coisas só irão se resolver quando estiver no mundo dos espíritos? Por que não resolve essa questão agora?

— Impossível. Mesmo que quisesse colocar tudo em pratos limpos, não tenho mais idade para isso. Já passei da conta de...

Gustavo cortou-a:

— Outro preconceito, outra crença arraigada. Quem foi que lhe disse que está velha para resolver a situação?

— Ora, não fica bem. Todo mundo diz que só os jovens têm direito ao amor.

— Acredita mesmo nisso? Nossa vida nada mais é do que um reflexo daquilo que pensamos. Tome muito cuidado com o que pensa, pois o pensamento se materializa ao nosso redor.

Carlota não conseguiu impedir que as lágrimas escorressem por sua face. Gustavo tocou levemente em sua mão.

— Gostaria de conversar no jardim de inverno? Podemos ficar a sós, se quiser.

— Sim. Confio em você, e sinto-me mais à vontade conversando com um estranho, por incrível que pareça. Vamos.

Os dois se levantaram e foram até o jardim de inverno.

Maria Helena sentou-se ao lado de Clarice.

— Gustavo está diferente hoje. Percebeu?

— Percebi. Quando ele fica assim, é porque há alguma entidade por perto.

— Senti isso. Você também, Clarice?

— Sim. Desde que cheguei aqui hoje, senti uma sensação agradável e muita saudade, como se alguém muito especial estivesse aqui conosco.

— Algum parente desencarnado?

— Talvez. Há pouco, senti o perfume de dona Eustáquia. Tenho pensado muito nela ultimamente.

— O ambiente aqui está bem agradável. Mas, se Gustavo se retirou com sua tia, é porque deve ter algo muito sério para tratar com ela.

— Isso sim. Gosto muito de tia Carlota, mas sinto-a triste muitas vezes. Não sei o que é.

— Ela é viúva?

— Não. Nunca se casou. Uma vez a vi discutindo com meu pai. Eu era muito pequena, e ele falava do noivado dela, algo assim.

— Ela pode ter tido uma desilusão amorosa. Nunca comentou nada com você?

— Não. Sempre fui muito discreta, e sempre a respeitei. Mas uma vez eu estava jantando com Mário e ele me falou umas coisas. Fiquei um tanto intrigada.

— Estou curiosa. O que foi que ele disse?

Clarice dissimulou.

— Nada especial. Mas, falando em tia Carlota, eu a respeito muito. Jamais a cutuquei para saber de sua vida.

— Está certa. Não devemos ser inoportunos. Quando papai e mamãe se separaram, eu e Mário mantivemos uma relação de total discrição.

— Nunca sabemos o que vai no coração dos outros. Devemos respeitar os sentimentos de cada um.

— Mas no caso de meus pais há algo estranho.

— Como assim?

— Papai já soltou para Mário que casou porque fora obrigado — Maria Helena baixou o tom de voz. — Ele era apaixonadíssimo por outra mulher.

— Verdade? — interessou-se Clarice.

— A história é quentíssima. Papai era noivo, estava prestes a se casar com o amor de sua vida quando mamãe se viu grávida dele. Imagine que desgraça para ambas as famílias, ainda mais trinta anos atrás.

— Deve ter sido mesmo terrível.

— Agora ele se cansou da farsa. Mamãe também percebeu que nunca o amou e até torce para que ele reencontre a mulher, que, segundo as más-línguas...

— Conte logo. Estou curiosíssima.

— Parece que mamãe criou uma confusão e os afastou. Agora ela está arrependida, acha que, enquanto papai não encontrar essa mulher, ela não vai ter sossego. Culpa-se a todo instante.

— Dona Leocádia não pode entrar nessa faixa energética. A culpa nada nos traz de bom. Só pune e nos põe para baixo.

— Adelmo a tem ajudado muito. Acho que logo ela vai frequentar as reuniões aqui na casa de Gustavo. Sabe que aprendi a enxergar minha mãe como ela é e tenho mudado muito meu conceito em relação a ela?

— Isso é muito bom, Maria Helena. Vocês são iguaizinhas, por isso não se davam bem.

— Não nos dávamos mesmo. Agora tenho me esforçado bastante. Estamos mais amigas. Pretendo me unir a Gustavo e logo virei para cá, portanto tudo ficará mais fácil. Quando não vivemos sob o mesmo teto, a convivência se torna melhor.

— Estar longe ajuda um pouco.

— E parece que dona Leocádia adotou você. Fiquei pasma ao saber quanto ela a admira.

— Gostei muito de sua mãe, também.

— Será muito feliz naquela casa, Clarice. Sua presença será saudável para minha mãe. Tudo vai melhorar, tenho certeza.

Continuaram a conversar enquanto no jardim de inverno Carlota abria seu coração a Gustavo.

— Estou cansada de segurar este fardo há anos. Não suporto mais tanta dor. Eu aceitei o rompimento, mas às vezes fico pensando: por que não ficamos juntos?

— Porque a vida tem seus motivos. Não estavam maduros para viverem juntos. Se forçassem a convivência, poderiam estar se odiando hoje em dia.

— Acha mesmo isso possível?

— A vida sempre faz o melhor para nós, mesmo que não entendamos o que ela está fazendo. Às vezes dizemos que fomos amaldiçoados, que nada deu certo, que as coisas poderiam tomar outro rumo, mas quem disse que tudo isso é verdade? Fazemos muitas suposições do que deveria ter acontecido. Isso nada mais são do que ilusões. Quando as coisas não dão certo para mim, sempre digo: não era o melhor para mim. Com certeza o melhor virá.

— Nunca consegui pensar dessa maneira. Sempre achei que, quando as coisas não dão certo, é porque a vida está me punindo.

— Punindo de quê? Ora, Carlota, isso é a visão dos cristãos. Todos eles carregam a culpa, o medo, a punição. Acham que Deus pune, olham para as forças da natureza como se elas fossem seus próprios pais. Aprenderam a olhar Deus como os pais e confundiram tudo. Clarice me contou que você também se interessa pela espiritualidade.

— Sim. Desde que rompi meu noivado, comecei a buscar respostas para entender o que se passou comigo. A igreja não me deu consolo algum. O padre pedia para que eu me resignasse e rezasse não sei quantos Pais-Nossos e Ave--Marias. Isso de nada adiantou. Revoltei-me e abandonei a igreja. Foi nessa época que conheci o Espiritismo. Aí confundi ainda mais minha cabeça. Comecei a achar que havia perdido meu amor porque cometera algo terrível no passado. Não concordo com esse ponto de vista.

— Nem eu.

— Você também não? Mas Clarice me falou... Quer dizer, você conversa com os espíritos. Não segue a doutrina espírita?

— Não. Não sigo doutrina e não gosto de doutrinar ninguém. Sou um espiritualista moderno, ligado aos vários elos da fé. Na espiritualidade não há rótulos, é tudo uma comunhão com Deus. Nós aqui na Terra dividimos, criamos religiões, templos, doutrinas. Não gosto de impor nada a ninguém, gosto de trocar experiências e pontos de vista.

— Pensei que fosse kardecista.

— A minha formação é kardecista. Contudo, estou aberto a outras formas de entender a espiritualidade, seja ela de onde vier.

— Então você não acha que eu estou sofrendo por um erro do passado?

— De forma alguma. Se a vida nos coloca um véu e nos faz esquecer o passado, como podemos ser punidos por atos de que não nos lembramos? Isso seria injusto. O que ocorre é que nossa personalidade, nosso conjunto de crenças e atitudes, é mantida nas sucessivas reencarnações. Não importa o que viveu no passado, se foi rica ou pobre, se teve um corpo de homem ou de mulher. Tudo aquilo que fez, tudo aquilo em que você colocou força e acreditou como verdade continua em sua mente. A memória é eterna, está ligada ao espírito. E, quanto mais arraigadas nossas crenças, mais a vida repete as situações para que possamos refletir, mudar, amadurecer. Pode até ser que você tenha errado numa vida passada, mas seu conjunto de crenças, suas atitudes nesta vida atual a fizeram atrair a mesma situação do passado. Você perdeu seu amor porque pensava da mesma maneira que antes, entendeu?

— Mais ou menos — respondeu Carlota intrigada. Nunca havia pensado daquela maneira antes. — Isso mostra que eu sou a responsável por tudo que me acontece. É isso mesmo?

— Por certo. A vida lhe deu a chance de refletir e mudar a maneira de encarar os fatos. Vamos imaginar que no passado você tenha se relacionado com esse homem e as coisas não deram certo. Você ficou fula da vida, brigou com o mundo, fechou seu coração e tornou-se uma mulher amarga e triste. Vamos imaginar, somente supor, que você tenha desencarnado dessa maneira.

Gustavo falava e Carlota sentia-se fascinada. Na verdade, Eustáquia estava ao lado dele e o intuía. A entidade mostrava claramente o passado de Carlota na mente de Gustavo e ele ia transformando em palavras as cenas que apareciam em sua mente.

— Após seu desencarne, você praguejou, gritou, esperneou ao saber que havia sido enganada e perdera a maior parte de sua vida se lamentando. Um ódio surdo brotou dentro de seu ser e você jurou jamais perdoá-lo. Eis que a vida, sempre sábia, uniu-os em conversa no astral e ambos resolveram passar pela mesma experiência, só que desta vez procurariam reagir de outra maneira. Vocês toparam e tudo se repetiu. Quer de novo morrer triste e amarga e, mais uma vez, ao despertar na espiritualidade, odiar-se por não ter tomado outra atitude? Acha que vale a pena estender essa situação para tantas outras vidas, se pode mudar agora? O que está esperando? Por que não aceita que ele a abandonou?

Carlota deixou o pranto correr solto.

— É difícil aceitar que ele tenha me abandonado. O orgulho ainda me fere o coração.

— O orgulho está aí para feri-la, machucá-la. Não acha que está na hora de parar de sofrer e mandar o orgulho às favas? Não se considera capaz de atrair outro amor em sua vida?

— Não sei, não sei. Estou com medo, isso sim. Não quero morrer sem ter experimentado uma relação de amor ao lado de um homem. Não quero morrer solteirona de novo. Ajude-me.

Carlota atirou-se sobre o peito de Gustavo. O corpo dela tremia todo. Era a primeira vez em trinta anos que Carlota se abria e mostrava suas cicatrizes emocionais. Estava cansada de sofrer. Queria livrar-se do passado, mas, quanto mais tentava esquecê-lo, mais forte ele se tornava e a dominava. Precisava mudar. Era chegada a hora.

— Calma, minha amiga. Tudo está para se resolver. Você fez o que era preciso: limpou o coração de queixas e culpas. Sente-se melhor?

Gustavo estendeu-lhe um lenço. Ela assoou o nariz.

— Sim, sinto-me aliviada, o peito está mais leve. Até meus ombros doem menos.

— Você arrancou de suas costas uma grande forma-pensamento que estava aí havia anos, provavelmente desde a traumática separação.

— Tem algum livro que possa me emprestar?

— Tenho algo melhor. Você me dá um instante?

— Claro, fique à vontade.

— Eu já volto. Enquanto isso, aprecie a vista daqui do jardim de inverno.

— Vou fazer melhor, vou dar uma volta pelo jardim. Preciso de ar puro, do contato com as árvores. Diga a Clarice que estou bem.

— Ótimo.

Gustavo retirou-se e ao seu redor havia uma luz muito intensa. Ele percebera a presença de Eustáquia desde aquela manhã. À tarde, quando sentira um pouco de sono, sonhara com Carlota e vira cenas da última existência dela. Havia sido alertado de que só conversaria o necessário, de que outras situações vividas no passado não convinham ser relembradas. Ele fez o que fora pedido e agora tudo dependia de Carlota... E de seu amor.

Rubinho conversava animadamente com os pais de Heloísa. Esta, por sua vez, estava no outro canto da sala conversando com Maria Helena, Clarice e Adelmo. A tranquilidade reinava no ambiente. Um dos empregados veio até Gustavo, que acabava de entrar na sala de estar.

— Senhor Gustavo, o doutor Eugênio Brandão encontra-se no hall. Disse que o senhor o chamou.

— É verdade, preciso conversar com ele.

Gustavo afastou-se do empregado, voltou à sala, deu uma palavrinha com os demais e beijou Maria Helena. Ela brincou.

— Se bem o conheço, está aprontando uma das suas. O que fez com Carlota?

— Ela está bem e vai ficar melhor. Depois eu lhe conto tudo, meu amor. Seu pai acabou de chegar.

— Ele veio? Onde está?

— No hall. Quero dar-lhe uma palavrinha antes. Você se importa? Depois eu o trago aqui.

— Fique à vontade. Só de saber que ele está aqui me faz feliz. Não queria que ele passasse a noite de Natal sozinho. Ele não quis ficar em casa; estava inquieto, impaciente. Foi para um hotel jantar com Sousa. Afinal, é o primeiro ano que está separado. Não é fácil.

— Você vai ver como ele ficará feliz em vê-la e em nos ver a todos.

— Está escondendo algo, tio — comentou Heloísa, completando em tom de brincadeira: — Sei quando está aprontando uma das "suas" com os espíritos. O que está rolando?

— Você me conhece. Sabe que está tudo bem. Tive de atender a uma solicitação de um espírito amigo, nada mais. Logo estarei de volta. O doutor Eugênio me aguarda.

Gustavo foi até o hall.

— Como vai, doutor Eugênio?

— Bem, e você? Parece muito feliz. E eu também fico muito feliz de ver minha filha a seu lado.

— Obrigado, doutor.

— Sem tratamento. Eu sou Eugênio e você é Gustavo. Não se esqueça de que não temos muita diferença de idade.

Ambos riram.

— É verdade, Eugênio, não havia pensado nisso antes. Talvez a proximidade de idade nos torne mais amigos do que genro e sogro.

— Também espero. Mas por que me chamou? Eu não ligo para datas festivas. Por mim, passaria a noite no hotel, tranquilamente. Sousa é boa companhia. E estou redescobrindo a vida de solteiro.

— Vai ficar solteiro até quando? Não pretende casar-se de novo?

Eugênio deu uma gargalhada.

— Eu?! Casar de novo? Impossível! Já errei uma vez; não vou errar de novo.

— Quer me acompanhar até o escritório?

Eugênio seguiu-o até o escritório. Acomodaram-se em poltronas próximas. Gustavo continuou:

— Há tantas coisas a serem retomadas. O que deixou de fazer que gostaria de retomar?

— Não há muito. Tenho me dedicado mais ao escritório, ficando mais ao lado de Mário e Maria Helena. Tenho sentido firmeza em ambos e pretendo me ausentar cada vez mais. Esse é um projeto de mudança de vida ao qual dou partida já neste começo de ano.

— E o que vai fazer nas horas vagas?

— Não sei ao certo. Talvez me mudar. Estou cansado da correria aqui no Rio de Janeiro.

— Pensa em mudar-se?

— Sim. Leocádia tem procurado casa para mim, mas não tenho encontrado nada que me satisfaça. Maria Helena está bem encaminhada. Vocês estão indo bem e serão muito felizes. Mário encontrou Clarice, uma flor de criatura. Leocádia e eu nos tornamos grandes amigos, estamos nos entendendo melhor do que nos últimos trinta anos.

— Ambos se livraram de um fardo. O casamento sem amor não traz bons resultados. A união entre duas pessoas é coisa séria. Infelizmente, a maioria ainda está cheia de ilusões e se frustra com rapidez. É cada vez mais raro encontrar pessoas que estejam unidas pelo laço do amor.

— Eu não conheço nenhuma.

Gustavo espantou-se:

— E o que diz da união de sua filha comigo e da união de Mário e Clarice?
— É diferente. Vocês estão se conhecendo agora. Têm muita lenha para queimar. Eu acreditei no amor.
— E hoje?
— Não sei. Só senti amor por uma única mulher em toda a minha vida, e olhe que tive minhas escapadas durante o casamento.
— E por que não vai até onde está essa mulher?
— É coisa do passado, Gustavo. Faz muitos anos. Era como se eu e ela fôssemos uma única coisa.
— Isso é amor mesmo. Afinal, amar é reconhecer que nossas almas são na verdade uma só.
— Concordo, mas não acho que sentirei isso de novo. Em cada mulher com que me envolvia eu procurava sentir o que aquela mulher despertou em mim. Mas não encontrei ninguém. E acho que as coisas ficarão para outra vida, como minha filha costuma dizer.
— Você acredita em reencarnação, não é mesmo?
— Acredito. Não sou de frequentar reuniões ou de estudar, mas o assunto me fascina. Achava que era coisa de gente pobre, dependente, mas muitos amigos meus, nascidos em berço esplêndido, como dizemos, são estudiosos da espiritualidade. Aliás, meus amigos mais prósperos são os espiritualistas.
— É verdade.
— Por que me pergunta isso?
— Bem, Eugênio, sabe que mantemos reuniões aqui em casa e estou sempre em sintonia com os amigos espirituais.
— Sim, sei. Maria Helena me conta histórias fascinantes.
— Eu também tenho uma para lhe contar.
— Como assim?
— Não quero me intrometer, mas percebo que está na hora de parar de sofrer. Não sente que está na hora de acabar com esse vazio que o consome, antes que ele acabe com você e se arrependa amargamente no futuro?

Eugênio remexeu-se nervosamente no sofá.

— Não sei o que quer dizer.
— O poder de transformação está dentro de você.
— Hã?!
— É isso mesmo, você está pronto para mudar. Você tomou a iniciativa, teve a coragem de romper com um casamento infrutífero, que só trazia infelicidade tanto para você quanto para Leocádia. Vocês merecem a felicidade. Em seu caso, Eugênio, como tomou a iniciativa, a vida o está recompensando.
— Como assim?
— Você plantou a semente. Chegou aos cinquenta anos, olhou para trás, achou que deveria parar com tudo e mudar. Divorciou-se, está procurando a felicidade de alguma maneira.
— De que adiantou fazer tudo isso? Nunca terei o que quero.
— E o que você quer?

Eugênio fitou um ponto indefinido no escritório. Após derramar uma lágrima, disse:

— Quero meu amor de volta. Gostaria de reencontrá-la livre, disposta a me perdoar. Gostaria de lhe propor uma vida sem igual a meu lado, cheia de amor, longe desta correria de cidade grande. Gostaria de viver em amor e em paz, mais nada.
— E não acredita ser isso possível?

Eugênio riu.

— Só você mesmo, Gustavo, para me acender esta chama que teimo em apagar dentro de mim. Se tudo isso fosse capaz de acontecer...
— E não acha possível?
— Sei lá.

Eugênio exalou profundo suspiro. Gustavo fez-lhe um convite:

— Não gostaria de dar uma volta no jardim? Está uma noite tão agradável, a brisa suave. Aproveite e vá respirar um pouco de ar puro. Depois encontre-nos na sala de estar. Vamos distribuir os presentes.
— Maria Helena me espera. Avise-lhe que vou demorar um pouco mais.

— Pode deixar. Agora siga-me, por favor.

Eugênio deixou-se conduzir. Gustavo levou-o até o jardim de inverno.

— Dê uma volta e fique à vontade.

Eugênio foi caminhando pelas alamedas feitas de cascalhos e grama, aspirando o perfume delicado das flores, ouvindo o barulho dos grilos e da grama molhada. Estava absorto em seus pensamentos quando deparou com um vulto de mulher. Ele sentiu o coração bater descompassado, a boca seca, as pernas paralisadas. Com voz trêmula, balbuciou:

— Não é possível! Você?!

Carlota mal sustinha a respiração. Não havia palavras para expressar seu estupor. Com lábios trêmulos e mãos geladas, ela considerou:

— Eu sabia que um dia iríamos nos encontrar. Afinal, minha sobrinha vai se casar com seu filho.

— Meu filho? Quer dizer que você é a tia de Clarice?

— Veja como a vida apronta das suas. Considero Clarice praticamente minha filha, e ela vai se unir a seu filho. Espero que eles vivam o amor que não vivemos.

Carlota emocionou-se e começou a chorar. Eugênio estava pálido, ainda sentia o coração bater descompassado. Deu um salto e abraçou-a.

— Oh, querida, quanto tempo! Deixe-me abraçá-la, sentir seu perfume, sua pele macia...

Carlota, aos prantos, continuava a chorar, com a cabeça encostada no peito de Eugênio.

— Eu não gostaria de reviver isso tudo. Ainda sinto meu peito cheio de amor. Não quero me machucar de novo.

— E por que iria se machucar? Sou um homem livre.

— Eu sei. Sei muita coisa sobre você. Clarice sempre me colocou a par de tudo.

— Ela sabe de nossa ligação?

— Nem suspeita. Nunca falamos a respeito. Hoje, pela primeira vez em trinta anos, conversei sobre nossa relação com alguém — ela se cobriu de rubor.

— Como pode? Trinta anos depois. Deixe-me vê-la.

Eugênio levou-a para perto de um poste de luz. Vendo-a na claridade, não conteve o espanto:

— Continua linda como nunca! Ainda estou apaixonado. Você se casou?

— Não. Depois daquela separação traumática, nunca mais quis saber de homem algum.

Eugênio olhou para o alto e contemplou as estrelas. Com as faces banhadas em lágrimas, agradeceu comovido:

— Obrigado, meu Deus. Obrigado. Este é o maior presente de todos os tempos. Que o Natal seja abençoado!

Antes de Carlota dizer alguma coisa, Eugênio tomou-a nos braços e beijou-a nos lábios com ardor.

— Fique comigo. Case-se comigo. Vamos refazer nossa vida.

— Acha que poderemos, depois de tanto tempo?

— O que sinto por você continua vivo, como há trinta anos.

— Oh, Eugênio, como o amo.

Carlota deixou-se envolver novamente nos braços do amado. Próximo do casal, o espírito de Eustáquia sorria vitorioso. O casal seguiu de mãos dadas até a casa e Eustáquia seguiu-os com o olhar. Gustavo estava na porta do jardim de inverno.

— Como se sentem depois de tantos anos separados?

O brilho nos olhos de Eugênio e Carlota era indescritível. Ambos os rostos estavam iluminados, e seus lábios traduziam alegria e felicidade. Abraçados, foi Eugênio quem respondeu:

— Agora acredito em Papai Noel. Este foi o melhor presente que ganhei em toda a minha vida.

— Gostaria que entrassem e se juntassem aos demais. É quase meia-noite. Maria Helena e Clarice vão levar um susto. Esta eu quero ver!

Os três riram sonoramente e entraram. Os demais estavam conversando na sala e, com a chegada de Eugênio e Carlota, abraçados, todos ficaram mudos, estáticos. Clarice deixou entrever um sorriso. Ela tinha razão, sua mente não havia delirado. O que ela suspeitava acabava de se mostrar real. Eugênio cumprimentou as pessoas com um aceno e dirigiu-se até Maria Helena.

— Filha, gostaria de lhe apresentar minha futura mulher, Carlota.

Maria Helena engolia a seco as palavras do pai.

— Futura mulher? O senhor já conhecia a tia de Clarice?

— E como!

— Não estou entendendo nada.

Maria Helena disse aquilo de uma maneira tão engraçada que todos caíram em sonora risada. Clarice correu a abraçar a tia, e Gustavo considerou:

— Vamos nos preparar para os cumprimentos de Natal. Após os presentes, teremos tempo para ouvir a fascinante história deste casal. Eugênio e Carlota têm muita coisa a nos dizer.

Enquanto a azáfama se formava ao redor do casal, Gustavo foi até o canto da sala e agradeceu aos espíritos amigos que o ajudaram e orientaram. Eustáquia beijou-o candidamente na testa. Depois, ela fechou os olhos e agradeceu comovida às forças universais.

Capítulo 25

A semana entre o Natal e o Ano-Novo correu alegre e festiva. Eugênio e Carlota pareciam dois namoradinhos adolescentes. Não se desgrudavam, e Carlota deixou o apartamento da sobrinha. Eugênio também deixou sua casa e instalaram-se num hotel. Por pouco tempo, visto que ambos decidiram passar o réveillon sozinhos, na chácara de Carlota. A partir dali, decidiriam como seriam suas vidas. Estavam felizes e não deixavam de fazer planos e mais planos.

Maria Helena e Mário ficaram muito felizes com o namoro do pai. Acreditavam ser Eugênio um homem ardente e que combinava perfeitamente com Carlota. Aprovaram a relação com gosto.

Gustavo conseguiu convencer Maria Helena a mudar-se para a casa dele logo após as festas de fim de ano. Ela aceitou o convite com muita alegria. Mário aproveitou a onda de amor e uniões que estava pairando no ar e resolveu marcar o casamento com Clarice para depois do carnaval. Rubinho e Heloísa marcaram o casamento para a mesma época.

Leocádia surpreendera a todos. Ao saber que Eugênio reencontrara o amor do passado, sentiu-se aliviada, como se um peso fosse arrancado de suas costas. Ela havia truncado aquela relação anos antes por puro capricho e agora sentia-se feliz em poder juntá-los.

Embora alcançasse um progresso sem igual nas sessões com Adelmo e encontrasse na espiritualidade a chave para o reencontro consigo mesma, era difícil para Leocádia livrar-se de Isaurinha. A amiga ainda a perturbava com sucessivos telefonemas, insistindo para passarem a virada do ano juntas, mas Leocádia fazia conforme aprendera com Adelmo: dizia um sonoro "não", um atrás do outro, até que, irritada, Isaurinha deixou de ligar.

Mirna também se contagiara pelo clima de amor. Percival declarara-se na véspera de Natal e ela, comovida, aceitara o pedido de namoro. Mesmo ainda com medo de falar tudo a seu respeito, principalmente de seu passado, aceitou namorá-lo.

Foi na véspera do Ano-Novo que ela viu o ex-namorado. Ela resolveu comprar um biquíni novo, pois Percival a convidara para passar o réveillon em Angra dos Reis, na casa de amigos. Ao sair cantante e feliz da loja, deu de cara com Heitor abraçado a uma moça. Meio sem jeito, cumprimentou o casal:

— Como vai?
— Ótimo, como sempre. Esta aqui é Rita.
— Oi — disse a moça, displicente.
— Oi, Rita, tudo bem?
— Vamos indo.
— Essa é Mirna, de quem lhe falei.

A menina deu um risinho abafado.
— Ah, é ela? Mas é tão bonita!

Mirna sorriu.
— Aposto que ele disse que eu era feia.
— Disse mesmo.

— Cale a boca, Rita — esbravejou Heitor.

Ele deu um beliscão no braço da moça e ela reagiu com um grito de dor. Mirna balançou a cabeça para os lados.

— Você não muda mesmo. Nunca vai mudar. Por que tem de ser tão grosso e agressivo? O que ganha com isso?

Heitor deu um salto e colocou o dedo em riste.

— Você não manda em mim! Quem é você para falar-me algo? Não passa de uma rameira que deu o salto certo.

— Você está me insultando. Não sou obrigada a ouvir esses comentários. Passar bem.

Mirna retirou-se rapidamente e correu até a rua. Fez sinal para um táxi e entrou depressa no carro. Enquanto o motorista engatava a marcha, ela ainda escutou as palavras de Heitor, gritando feito louco no meio da calçada, para espanto de muita gente:

— Sua cadela ordinária! Ainda vai se ver comigo!

Ela chegou aflita em casa. Heloísa apavorou-se:

— Menina, que cara é essa? Por que está tão pálida?

— Encontrei Heitor na rua.

— Ele lhe fez alguma coisa?

— Estava com uma moça, parecia ser namorada. Foi tão grosso! Pude sentir a vibração de ódio que saía da boca dele.

Heloísa foi até a cozinha e pegou um copo com água e açúcar.

— Beba. Vai acalmá-la.

Mirna bebeu aos poucos.

— Obrigada. Sinto-me melhor.

— Deixe Heitor de lado. Já acabou, embora ele ainda esteja ligado a você.

— Como assim?

— Digo energeticamente. Existe algum ponto em você que acata as vibrações de ódio de Heitor. É como se você mesma tivesse um aspirador pronto para absorver as energias negativas dele.

— Está falando de afinidade? Adelmo já me falou a respeito. Pena que só teremos sessão daqui a quinze dias. Essas férias me deixam insegura.

— Não pode criar esse vínculo com o terapeuta. Olhe para Adelmo como um facilitador, como um orientador. Não queira que ele resolva todos os seus problemas. Precisa aprender a andar com as próprias pernas.

— Eu sei, mas senti muito medo de Heitor.

— Ele se sente rejeitado. Você o largou, mesmo naquelas condições terríveis. Mas ele não enxerga dessa forma. Para ele, você o abandonou; usou-o e jogou-o fora. Da mesma maneira, você se sente rejeitada. Sinto que ainda há momentos em que se coloca para baixo.

— Eu?! Imagine — tentou dissimular Mirna.

— Tudo bem. Você é seu juiz e sabe o que se passa aí dentro — fez Heloísa apontando para a cabeça de Mirna. — Mas há algo que você esconde.

— Como assim?

— Não sei. Somos amigas, você sempre será minha amiga, não importa o que aconteça. Mas sinto que esconde algo "terrível" de todos nós e parece que Heitor sabe de coisas que não sabemos.

Mirna sentiu as pernas falsearem. Se não estivesse sentada no sofá, iria ao chão. Trêmula, balbuciou:

— Bem... Eu... É que...

Ela não conseguiu mais falar. Jogou a cabeça sobre o ombro de Heloísa e deixou o pranto correr solto.

— Chore, minha amiga, chore. Faz bem. Será que posso ajudá-la? Eu só sinto as coisas, não as vejo. Quem sabe me contando o que se passa em seu coração eu possa lhe ajudar?

— Adelmo bem que tentou, mas não consigo me libertar. Sabe, há alguns anos, quando cheguei ao Rio...

Rubinho entrou fazendo festa. Trazia sacolas e mais sacolas de compras. Queria que ele e Heloísa vestissem roupas novas na passagem do ano. Desejava que ambos estivessem muito bem na festa na casa de Leocádia, onde iriam estar Mário e Clarice, Maria Helena e Gustavo. Ele notou os olhos inchados e vermelhos de Mirna e desconversou.

— Ora, ora... E então, Mirna, comprou aquele biquíni escandaloso?

Ela limpou o nariz com as costas da mão. Olhou para Heloísa, respirou fundo e respondeu com um sorriso tímido:

— Comprei um bem bonitinho. Percival quer me ver linda em Angra.

— Vai arrasar. Aí o velho não vai aguentar. Vai pedir sua mão.

— Longe disso. Estamos apenas namorando.

— Ele a paquera desde que entrou na empresa. E vocês não estão mais na idade de namorar, noivar e depois casar, não é mesmo?

Os três riram. Mirna estampou lindo sorriso.

— Só você mesmo, Rubinho, para me deixar alegre. Vou tomar um banho e me arrumar. Percival vem me apanhar logo mais.

Quando Mirna entrou no banheiro, Rubinho correu até Heloísa, em voz baixa:

— O que foi?

— Ela encontrou Heitor na rua. Parece que ele a xingou, para variar.

— Isso está virando caso de obsessão de encarnado, não acha?

— Não sei. Quando Mirna começou a falar, senti uns arrepios. Não sei, mas sinto que Heitor não está bem. Que Deus o proteja!

A noite chegou gloriosa. O céu do Rio de Janeiro estava carregado de estrelas e Heitor pressentia que a virada do ano seria repleta de alegria e felicidade. Ele estava se sentindo o máximo. Havia gastado quase todas as economias naquele cruzeiro chique ao redor da baía de Guanabara. Fizera questão de ir sozinho, pois acreditava poder encontrar uma moça de sociedade e se fazer impressionar. Torcia por encontrar alguém que gostasse dele, e assim ele mostraria aos falsos amigos quem era o melhor. E Mirna ainda iria suplicar para voltar a seus braços.

Ele antegozava o prazer de ver Mirna em seus braços quando uma senhora pisou sem querer em seu pé, ao entrar na embarcação. Heitor deu um grito sentido:

— Ai!
— Desculpe. Não tive a intenção. Machucou?

Foi quando ele notou tratar-se de mulher conhecidíssima da alta sociedade carioca. Engoliu a dor que o salto agulha provocara em seu pé e ensaiou um sorriso:

— De maneira alguma. Como uma mulher tão leve quanto a brisa que envolve esta baía poderia me machucar?

Ela se sentiu lisonjeada.

— Como é galante, além de muito jovem!
— Nem tão jovem assim. Tenho trinta anos.
— Uma idade excelente: nem tão novinho, nem tão maduro. Ideal para uma mulher que se encontra na casa dos cinquen... — ela pigarreou. — Quer dizer, dos quarenta.

Ele pegou levemente uma das mãos dela e beijou-a com ternura.

— Encantado. Meu nome é Heitor.
— O meu você já deve saber. Sou Isaurinha Ferreira Millon.
— Conheço-a das revistas, mas pessoalmente é muito mais bela.

Isaurinha sentiu um ardor percorrer-lhe o ventre. Fechou os olhos e esperou pelo beijo. Heitor olhou para o alto e agradeceu.

Esta aqui está no papo, pensou radiante.

Em sua mente começou a imaginar-se desfilando com Isaurinha pelos quatro cantos do Rio, frequentando as melhores e mais disputadas festas da elite. Foi quando gritos de terror ecoaram por toda a embarcação. Isaurinha abriu os olhos espantada.

— O que é isto?!
— Não sei, deve ser alguém que caiu.

De repente os gritos ficaram cada vez maiores. Ouviu-se alguém gritar desesperado:

— A embarcação está afundando e não há salva-vidas!

Heitor sentiu um nó em seu estômago. Isaurinha agarrou-se a ele, trêmula.

— Deus do céu, eu não sei nadar.

Ela começou a gritar feito louca.

— Eu não sei nadar! Eu não sei nadar! Ajude-me, pelo amor de Deus!

Heitor abraçou-a pela cintura e estava quase pulando para o mar quando um dos mastros do barco caiu, atingindo-o em cheio na cabeça. Heitor desprendeu-se de Isaurinha e perdeu os sentidos.

Enquanto milhões de pessoas assistiam à espetacular queima de fogos recepcionando a chegada de mais um ano, a tragédia tomava proporções cada vez maiores.

Foi com pesar que o país acompanhou aquela trágica passagem de ano, destaque em todos os meios de comunicação. Artistas, políticos, empresários, gente da alta sociedade, enfim, várias pessoas dos mais diversos segmentos da sociedade tiveram suas vidas ceifadas pela negligência de alguns gananciosos, mais interessados em obter lucro do que oferecer segurança aos passageiros.

Os corpos de Heitor e Isaurinha foram um dos últimos a serem resgatados, na primeira manhã do ano que se iniciava.

Capítulo 26

    Leocádia assistia impassível ao noticiário na televisão. Estava chocada. Olhava os corpos enfileirados, envoltos em plástico preto. Uma lágrima escorreu pelo canto do olho ao ouvir, entre os nomes das pessoas mortas, o de Isaurinha.

— Meu Deus! E eu até senti ímpetos de ir. Eu poderia estar entre os mortos.

Mário abraçou-a.

— Calma, mãe. Não fique assim. Veja como a vida lhe protegeu. Não era sua hora ainda de partir para o plano espiritual. Chegou o momento de Isaurinha. Em vez de ficar imaginando o que teria acontecido à senhora, vamos fazer uma prece? Nesta hora esquecemos de rezar, e um tipo de morte assim deixa o espírito perturbado.

— Está certo, meu filho. Que maneira de começar o ano, não é mesmo?

— A vida tem suas regras, mãe. As pessoas que partiram tinham de ir. Veja que houve sobreviventes.

Estavam conversando quando o telefone tocou e Lisete atendeu. Era a ligação de um funcionário da Paladar para Maria Helena. Ela atendeu e, após alguns minutos, desligou o telefone, com pesar.

— Heitor está na lista dos mortos.

Leocádia perguntou espantada:

— Quem é Heitor?

— Um funcionário da Paladar. Quer dizer, ele foi demitido há uns quinze dias, mas não assinou a demissão. Recebeu o dinheiro, foi tudo meio confuso. Vou falar com Rubinho. Precisamos localizar seus parentes.

Clarice interveio:

— Os únicos parentes de Heitor são o pai e o irmão. Eles não se falam há anos, pelo que sei. Acho que devemos ligar para eles mais tarde. Tia Carlota tem contato com Ivan, irmão de Heitor. Podemos fazer o que for possível, cuidar da identificação e liberação do corpo, coisas assim.

— Eu posso fazer isso — disse Rubinho, logo que entrou na sala.

— Eu vou com você — ajuntou Mário.

— Vão e nós ficaremos bem — tornou Gustavo. — Vamos ficar em oração para que tanto a amiga de Leocádia quanto Heitor despertem bem no mundo espiritual.

Rubinho e Mário saíram naquela manhã para o reconhecimento e liberação do corpo de Heitor e para os preparativos do velório e enterro, que correria por conta da Paladar.

Leocádia chorava sem parar. Agradecia a cada instante por estar viva e por não ter aceitado o convite de Isaurinha. Embora acreditasse na vida após a morte, não se sentia preparada para deixar a Terra. Pela primeira vez, sentiu uma vontade enorme de estudar, de crescer, de realizar, de aprender. Sentiu vontade de "começar de novo", uma força estranha, mas de renovação, que nunca sentira antes na vida. Sentiu alguém passar o braço em seus ombros.

— A vida prega cada uma, não?

— Oh, Maria Helena, ainda não sei se tudo é verdade. Estou confusa, mas me sinto tão agradecida! Como pude perder tanto tempo numa relação infrutífera ao lado de seu pai? Como pude tolher minha felicidade por um capricho de juventude, pelo orgulho de uma menina que nunca aceitou um "não" da vida?

— Você tem direito à felicidade. Papai está tentando seguir o caminho dele, mesmo que tantos anos tenham se passado. Você também tem o direito de mudar e viver melhor.

— Fiquei contente por ele reencontrar seu grande amor. Senti como se um peso enorme fosse arrancado de mim. Eu me sentia responsável pelo fracasso do casamento. Atrapalhei a vida de seu pai.

— Não atrapalhou em nada. Papai também foi o responsável. Note, mamãe, que não há culpados nem vítimas. Todos nós somos partidários, responsáveis, atraímos as situações em nossa vida, sempre por meio do livre-arbítrio. É nossa maneira de pensar e agir que atrai determinadas situações na vida para nós. Você é livre para escolher. E graças a Deus está aqui, viva.

— Acredito na vida após a morte, mas tenho tantos planos! Quero cuidar dos netos, voltar a estudar...

— Que bom! Esse choque que recebeu despertou-a de suas ilusões. Agora está pronta para enxergar a verdade e viver feliz. E fico contente em vê-la assim. Sabe que somos muito parecidas, não?

— Você sempre foi igualzinha a mim. Por isso eu a tratava diferentemente de Mário. Não queria que você acabasse como eu, num casamento sem amor.

Maria Helena comoveu-se.

— Jura mesmo que em todos estes anos nossas brigas e mal-entendidos eram porque queria me proteger e jamais para me machucar?

— Eu nunca quis machucá-la. Fui estúpida, bati algumas vezes, mas é porque eu ficava com medo de que você, com temperamento parecido com o meu, cometesse os mesmos erros que cometi. Fiz por proteção, afinal de contas você é minha filha e eu a amo.

Maria Helena mal acreditava no que ouvia. Era a primeira vez na vida que ouvia da boca da mãe que era amada. Aquilo lhe trouxe uma sensação de bem-estar muito grande, como nunca sentira antes na vida. Abraçou-se a Leocádia e beijou-a repetidas vezes no rosto, como também nunca havia feito antes.

— Mãe, como eu precisava ouvir isso de você. Por essa razão a vida não a deixou partir para outra dimensão. Não sabe como me deixa feliz ao ouvir isso. Eu também a amo muito.

— Muito bem, muito bem — disse Gustavo, entrando no cômodo. — Vamos deixar o amor de lado, afinal terão muitos anos para se entenderem. Agora vamos aproveitar este clima de amor e compreensão e mandar uma boa vibração para Isaurinha e Heitor, onde quer que estejam.

Leocádia e Maria Helena levantaram-se. Heloísa e Clarice fizeram o mesmo. Formaram um círculo e deram-se as mãos. Gustavo percebeu que o espírito em forma de mulher estava a seu lado. Intuído por ela, começou a falar:

— Pedimos neste momento que os amigos que acabaram de desencarnar, Isaurinha e Heitor, recebam nossa vibração de amor e aceitem, da melhor maneira possível, esta nova etapa da vida em que se encontram. Que assim seja!

— Que assim seja! — responderam os demais.

Eustáquia despediu-se de todos, passando levemente a mão no peito de cada um, e partiu, agradecida.

Leocádia abraçou-se a Maria Helena.

— Não imagina quanto estou feliz. Deveria estar triste, aflita, pensando na possibilidade de estar morta, mas sinto um bem-estar, um alívio, não sei explicar. É como se meu peito estivesse dominado por uma nova vontade de viver.

— Isso é muito bom, mamãe. Fico feliz que tenha despertado para os verdadeiros valores do espírito. A senhora vivia muito apegada à igreja, estava presa aos condicionamentos sociais, que só atrapalham e atrasam a evolução de nossa

consciência. Acho que a partir de agora poderá frequentar as reuniões na casa de Gustavo.
— Eu adoraria! Posso ir com vocês? Mesmo?!
Gustavo abraçou-a por trás.
— Claro que pode. Você será muito bem-vinda. Possui mediunidade e, estudando-a e educando-a, fará grandes progressos.
Ela se espantou:
— Eu tenho mediunidade? Não pode ser!
— Como não?
— Pensei que só pessoas especiais tivessem esse dom.
Gustavo riu.
— Todos somos especiais e todos possuímos mediunidade. O que varia é o grau de sensibilidade de cada um. Uns são mais sensíveis, outros menos. E, quanto mais usamos essa sensibilidade, mais a fortalecemos e poderemos tirar grandes proveitos em benefício próprio.
— Quero aprender, quero mudar meus condicionamentos. Estou cansada de viver de aparências. Veja o que aconteceu a Isaurinha: estava sempre ligada aos condicionamentos sociais e agora se foi. E, desde que ouvi seu nome no noticiário, uma dorzinha aqui no peito teima em incomodar-me. Sinto que ela não está bem.
— A senhora sente isso, mãe?
— Sinto — Leocádia fez com que os demais se sentassem. Suspirou e falou: — Bem, Isaurinha sempre gostou de frequentar terreiros.
— Ah, isso a gente sempre soube — comentou Maria Helena. — Ela sempre foi chegada a uma macumba.
— Mas ela abusou. Ouvi coisas de sua boca que até Deus duvidaria. Quando aparecia uma nova dama na sociedade que fosse capaz de ofuscar seu brilho, Isaurinha não titubeava: mandava logo uma mandinga. E não é que funcionava? As pessoas ficavam doentes, desapareciam. Coisas muito estranhas.
— Em algum momento ela vai ter de olhar para trás e rever esses acontecimentos — interveio Gustavo. — Foi por isso

que pedi que rezássemos por ela e por Heitor. Não quero que fiquem impressionados, mas acho que eles não irão ficar bem.

— Acha que já sabem de seu real estado? Acredita que eles já saibam que estão em outra dimensão? — perguntou Heloísa com interesse.

— Não, querida. Geralmente, nas mortes trágicas, ou o espírito é logo encaminhado para um posto de socorro próximo do orbe terrestre ou fica desacordado, largado em algum lugar do Umbral. Vai depender muito da maneira como irão despertar. Há espíritos, pelo que sei, que querem ajudar Heitor. Quanto a Isaurinha, não sei. Foi por isso que pedi para que orássemos. Eles vão precisar muito de nossas vibrações positivas.

Os parentes de Heitor foram avisados, mas não compareceram ao velório, tampouco se preocuparam em enterrar o corpo no cemitério da família. Depois que Heitor saiu de casa, fez questão de não ter mais contato com o pai ou com o irmão. Agora que estava morto, eles não tiveram interesse em fazer nada por ele.

Por esse motivo, Mário tomou todas as providências e fizeram um funeral simples, enterrando o corpo de Heitor no cemitério São João Batista, onde a família Brandão possuía um mausoléu. A empresa pagou todas as despesas e também fizeram a rescisão de contrato de Heitor como se ele tivesse sido demitido sem justa causa, ou seja, com todos os direitos de lei. Mário pediu para Mariano, na sede da empresa em Belo Horizonte, cuidar de tudo e enviar o cheque para a família do falecido.

Heitor figurara nos noticiários televisivos e nas primeiras páginas dos principais jornais do país no dia da tragédia. Pouco tempo depois seu nome fora esquecido, como o de muitos outros anônimos que tiveram suas vidas ceifadas naquela madrugada, na baía de Guanabara.

Não foi o que aconteceu com Isaurinha Ferreira Millon. Conhecida nacionalmente, seu nome ainda foi destaque por muitos dias. Seu velório foi manchete nas emissoras de televisão e o enterro foi disputadíssimo. Toda a nata da sociedade brasileira ali estava, no primeiro dia do ano, vestindo roupas pretas caríssimas e óculos escuros importados, os rostos contorcidos, fingindo, na maioria dos casos, uma dor profunda.

Um mês depois da tragédia o nome de Isaurinha também deixou de figurar nos jornais, revistas e emissoras de televisão. Agora, o país preparava-se para um ano agitado politicamente, quando, pela primeira vez em quase trinta anos, os brasileiros iriam finalmente eleger seu presidente pelo voto popular direto.

Rubinho e Heloísa casaram-se logo após o carnaval. Uma semana depois, chegou o dia de Mário e Clarice se unirem pelos laços do matrimônio. Gustavo cedeu sua casa na Gávea para a cerimônia, mas Leocádia fez questão de que os noivos se casassem nos jardins de sua mansão.

Mirna, uma das madrinhas de Clarice, estava terminando os últimos retoques juntamente com Maria Helena.

— Estou tão feliz! Percival tem me dado tanta alegria!

— Você é uma mulher de sorte. Ele a adora. Olhe que eu o conheço há anos, desde menina, e nunca o vi tão devotado e apaixonado. Você tem poder de fogo!

Mirna riu descontraída, enquanto tentava colocar um lindo brinco de brilhantes que Percival lhe dera naquela semana.

— Maria Helena, sabe que fiquei um pouco chateada com a morte de Heitor, mas depois senti um alívio tão grande... Não sei o que poderia ser de minha vida se ele estivesse vivo.

— Eu penso diferente.

— Como assim?

Maria Helena estava com a fisionomia séria. Enquanto terminava de se maquiar, disse:

— Se tivesse de resolver alguma questão com ele, preferiria que estivesse vivo. Pelo menos saberia onde ele está, poderia ter meios seguros de me defender. Mas morto? E se ele estiver solto por aí? Como você vai lidar com essa situação?

Mirna bateu três vezes na madeira.

— Vire essa boca para lá! Eu, na verdade, não tenho nada a resolver com ele. Quer dizer, terminamos, ficou um clima hostil, mas ele até estava com uma namoradinha quando nos vimos pela última vez. Por que viria atrás de mim?

— Não sei. Conversaram depois que você saiu do apartamento dele?

— Deus me livre! Isso era impossível. Acho até que Heitor estava envolvido com alguns espíritos bem vulgares. Não havia clima para conversa. Ele também não me procurou mais, principalmente depois do incidente no escritório.

— Fiquei sabendo. Ainda bem que estava com Gustavo. Não precisei ver esse escândalo. Mas fiquei intrigada com uma coisa...

Mirna terminava de ajeitar os cabelos e colocava uma gota de perfume em cada pulso.

— Com o quê?

— Por que Heitor a atacou com tanta veemência? Por que a xingou de rameira para baixo? O que ele ficou sabendo que o deixou tão fora de si, segundo o que Heloísa e Clarice me contaram?

Mirna sentiu o sangue fugir-lhe das faces. Tinha pavor só de imaginar que alguém de seu novo círculo social descobrisse seu passado podre. Aquilo poderia colocar fim a suas novas amizades, a seu trabalho e, pior de tudo, poderia arrancar-lhe o homem que ela sinceramente começava a amar. Não! Isso ela não poderia deixar acontecer. Ela não iria perder tudo por conta de um erro do passado.

Embora continuasse frequentando as sessões com Adelmo e as reuniões espirituais na casa de Gustavo, sentia-se culpada e suja por aquilo a que se submetera anos atrás. E o único que descobrira a verdade foi Heitor. Mas, graças a Deus, ele estava morto e Mirna se sentia protegida. Ela se lembrou de Freitas, o porteiro, porém ele estava tão distante de sua vida que não chegava a ser uma ameaça.

Maria Helena percebeu que Mirna ficou parada, olhando um ponto indefinido no quarto. Chamou-a algumas vezes, até que ela respondeu, balbuciando:

— Que... foi?

— Ei, saiu de órbita? Onde estava este tempo todo?

— Nada, estava pensando na vida. O que foi que perguntou mesmo?

Leocádia naquele momento entrou no quarto, esbaforida:

— Estamos atrasadíssimas! Os convidados estão chegando. Vamos, meninas. Até as noivas já estão prontas.

— Estamos indo, mamãe. Mais cinco minutinhos e estaremos prontas.

Mirna inalou o ar pelas narinas e expirou profundamente, numa forma de agradecimento. Leocádia a salvara de uma conversa que não gostaria de travar naquele momento. Fingiu estar calma e tranquila, contudo, dentro de si, vibrava uma gigantesca onda de inquietação. O medo e a culpa a massacravam, criando buracos em sua aura. Somente os mais sensíveis seriam capazes de perceber o real estado de Mirna. A maioria das pessoas pensaria que ela estivesse um pouco abatida, nada mais.

Elas terminaram de se aprontar e deixaram o quarto. Sentado na cama estava um vulto negro de homem, olhos esbugalhados e vermelhos de ódio. Uma baba espessa escorria pelo canto de seus lábios. Ele gargalhava sem parar, como se tivesse achado um tesouro.

— Você facilitou as coisas e eu a achei, ordinária. Estava atrás de você e não conseguia encontrá-la. Agora sua culpa me nutre, e eu vou me vingar de todos, começando por você.

Era o espírito de Heitor, ensandecido, fora de si, gargalhando feito um louco, pronto para perturbar e sugar as energias de Mirna.

Capítulo 27

Logo que Heitor e Isaurinha perderam os sentidos, seus espíritos foram arrancados e jogados no Umbral. Por dias, ambos ficaram desacordados e sem serem molestados por quem quer que fosse, devido às vibrações provindas das orações feitas por Gustavo e os outros quando souberam do desencarne de ambos.

Uns vinte dias depois, os dois acordaram. Heitor sofria uma dor aguda na cabeça e sentia o sangue escorrer-lhe pela fronte. Isaurinha via-se sufocar e sentia as vestes rasgadas e molhadas. Ambos mantiveram as últimas impressões registradas na hora da morte.

Isaurinha mal conseguia enxergar à sua frente, e foi se arrastando naquele lugar escuro e sombrio. Começou a tiritar de frio. Sentiu uma mão forte tocar-lhe o braço. Estava afônica e não tinha como gritar, como também estava fraca demais para esboçar qualquer outra reação.

— Sou eu, Heitor. Você está bem?
— Ah, é você. Graças a Deus! Onde estamos?
— Não faço a mínima ideia. Estávamos no barco, ouvimos gritos. Acho que escapamos de algo pior.
— Será que fomos resgatados? Não sei que lugar é este.
— Vamos andar um pouco e tentar obter informações.
— Você está sangrando! Precisa de socorro urgente. Não pode ficar assim.
— Deixe para lá. Só sinto a cabeça doer. Noto que sua garganta está inchada.
— É, parece que engoli um barril de água. Às vezes penso que irei sufocar. Mas consigo me levantar.

Heitor levantou-se e estendeu a mão para Isaurinha. Passou o braço pela cintura dela.

— Apoie-se em mim. Vamos procurar informações.

Começaram a andar por uma trilha, como se estivessem num vale semiárido. O cheiro às vezes se tornava acre e azedo, e por algumas vezes tiveram de parar de andar. Estavam muito fatigados. Após algumas horas, avistaram uma mulher, cabelos engordurados, vestes maltrapilhas. Isaurinha deu um salto e perguntou:

— Como faço para chegar à Barra da Tijuca?

A mulher deu uma gargalhada, deixando entrever os poucos dentes escuros em sua boca.

— Barra? A madame quer ir até a Barra? Infelizmente estou sem motorista hoje.

Isaurinha irritou-se:

— Estou sendo educada e pedindo informações. Por acaso sabe com quem está falando?

— Nem imagino.

— Pois bem, sou Isaurinha Ferreira Millon, a socialite mais requisitada do Rio de Janeiro e talvez de todo o Brasil.

A mulher deu outra gargalhada e soltou um palavrão. Depois disse:

— Estou pouco me lixando para sua posição social. Aqui não existe isso, não. Acho que ainda não sabe o que lhe aconteceu.

— E o que me aconteceu?

Antes de a mulher responder, um homem de quase dois metros de altura, com uma capa preta e algo parecido com um capacete guarnecido por dois chifres, apareceu montado sobre elegante cavalo. Estava vestido como um viking, com escudo e lança. Sua voz parecia fazer o chão tremer. Isaurinha, ao vê-lo, agarrou-se a Heitor. O cavaleiro gritou:

— Estava procurando você, Isaurinha. Faz vinte dias que estou com sua ficha. Sabia que estaria por estas bandas. Tem de me acompanhar. O chefe quer vê-la.

A mulher correu em disparada. Heitor ficou paralisado, e Isaurinha fez pose, altiva:

— Que chefe? Quem é seu chefe? Não vou a lugar nenhum.

O homem soltou uma risada tão forte que Isaurinha sentiu o corpo todo vibrar.

— Ele a ajudou muito e chegou a hora de acertar as contas. Você agora é nossa funcionária. Vai ter de ficar conosco — ele pegou um aparelho parecido com uma calculadora, mexeu aqui e ali, por fim concluiu: — Quarenta e sete anos, oito meses e doze dias. Depois deste prazo, estará livre.

— Que ideia mais estapafúrdia é essa? Que negócio é esse de funcionária?

— Vai ter de me seguir, por bem ou por mal.

Heitor colocou-se na frente de Isaurinha.

— Não vai fazer mal nenhum a esta dama. Trata-se de dona Isaurinha Millon e...

O cavaleiro cortou-o:

— Cale a boca! Não se meta nos assuntos dos outros, paspalho. Se intrometer-se, vai conosco. Quer ser nosso funcionário, também?

O homem falava com tanta raiva que Heitor acocorou-se num canto. Empurrou Isaurinha e respondeu, trêmulo:

— Faça o que quiser. Não tenho vínculos com essa mulher.

Isaurinha gritou colérica:

— Desgraçado, você me paga. Quando voltar para casa, vou acabar com você. O Rio de Janeiro saberá como tratá-lo depois do que eu disser a seu respeito.

Antes que Heitor respondesse, o cavaleiro ordenou:

— Agora suba no cavalo e vamos. O chefe nos espera.

Isaurinha ficou estática. Parecia conhecer aquela voz. O cavaleiro leu o pensamento dela e respondeu:

— É isso mesmo: sou eu. Não disse há algum tempo que você iria trabalhar muito? Pois bem, chegou sua hora.

Mesmo lembrando-se da noite no terreiro de pai Mané e sentindo o medo quase paralisá-la, gritou enraivecida:

— Não vou subir! Sou uma dama.

O cavaleiro não esperou mais. De trás de sua capa tirou uma rede, das usadas por pescadores, e jogou-a sobre Isaurinha. Ela se debateu, entretanto, quanto mais se mexia, mais ficava presa à rede. Gritava sem parar, enraivecida. O cavaleiro deu um nó na rede, prendeu-a numa das celas do cavalo e partiu, arrastando Isaurinha pelo chão.

Foi estarrecido que Heitor assistiu à partida de Isaurinha. Ela se debatia e urrava de dor conforme seu corpo atritava o solo duro. Heitor podia sentir o cheiro de pele queimada. Um horror sem proporções. Isaurinha chorava, gritava de dor e implorava para que o homem parasse, mas em vão. Aos poucos, os gritos dela foram se perdendo, foram sumindo, e tanto ela quanto o cavaleiro desapareceram no meio do vale escuro. Heitor sentiu medo. Aquela cena o chocara tanto e ele sentia o corpo tão fatigado que logo adormeceu.

Acordou três dias depois.

Olhou para os lados e não podia acreditar: estava numa cama! Olhou para o lado e viu pequena cômoda. Sobre ela, uma jarra com água e um copo. Na frente da cama, um guarda-roupa de duas portas. O quarto era claro e limpo. As persianas cobriam a janela e não deixavam que os raios de luz penetrassem o ambiente. Uma pequena luz verde iluminava o ambiente. Ele passou a mão pelo rosto: não havia mais sangue.

Aos poucos levantou-se. Fitou sua imagem no espelho, atrás da porta. Estava com um pijama azul-claro e com bom aspecto. Antes de vir qualquer pergunta à sua mente, a porta abriu-se.

— Como vai, Heitor?

— Quem é você?

— Sou Denise, a enfermeira. Gostou do quarto?

— Adorei. Puxa, tive um sonho tão estranho. Na verdade, estava numa embarcação, ela virou, depois me vi com uma senhora que conheci no barco e estávamos num lugar horrível.

— Quando estamos nesta dimensão, os sonhos parecem verdadeiros, até somos capazes de senti-los.

— Que hospital é este?

— Um dos prontos-socorros ligados à cidade de Nosso Lar. Já ouviu falar dela?

Heitor passou a mão pelo queixo.

— Humm, acho que não. Fica no Rio de Janeiro?

— Bem, para dizer a verdade, ela fica acima do Rio. É como se fosse o Rio de Janeiro, mas em outra dimensão, entendeu?

— Mais ou menos.

— Bem, Valdo logo vai chegar. Atrasou-se porque houve um grave acidente e ele teve de socorrer muitas vítimas.

— Quem é Valdo?

— Nosso chefe. Ele supervisiona esta área.

— Ah, sei.

— Se quiser, pode banhar-se — Denise indicou a porta do banheiro, no fundo do corredor.

— Além de tomar banho, gostaria de comer algo. Estou com fome.

— Bom sinal. Vou providenciar um lanche para você. Fique à vontade.

Denise saiu e Heitor foi tomado pela curiosidade.

— Que hospital bonitinho, bem ajeitado! Vai ver que estou aqui graças a Isaurinha. Eu não tinha convênio médico. Nunca poderia bancar um hospital particular.

Ele se dirigiu até o banheiro e tomou uma ducha reconfortante. Ao voltar para o quarto, cruzou com outro paciente.

— E aí, tudo bem? — disse o outro.

— Tudo — respondeu Heitor.

— Chegou quando?

— Não sei, acho que ontem.
— Morreu de quê?
— Hã?! Não entendi sua pergunta.
— Ah, você é cru ainda. Espero que não dê trabalho. Eu gosto de dormir durante a noite. Nada de chiliques e frescuras.
— Por que eu teria chiliques? Sou macho, homem mesmo.
O paciente deu uma risada irônica.
— Quero ver se é macho para aguentar a verdade.
— Que papo de maluco! Não estou entendendo nada que está falando.

Antes de o paciente responder, Denise apareceu.
— Durval, volte para seu quarto. Já pedi que não conversasse com os pacientes recém-chegados.
— Desculpe.
— Agora vamos — ela pegou Heitor pelo braço. — Valdo está no quarto. Venha.

Ela o conduziu até o quarto. Quando Heitor entrou, admirou-se. Valdo aparentava ter pouco mais de vinte anos. Heitor fitava-o de cima a baixo. Sabia que o conhecia de algum lugar, mas de onde? Aquilo só podia ser brincadeira, ter uma ala do hospital supervisionada por um garoto. Era só o que lhe faltava.

— Como vai, Heitor? Descansado?
— Estou melhor. Queria saber quem me internou. Não tenho muitos recursos e...
— O dinheiro aqui não é o mais importante. Se não pode pagar, não paga. Essa é a lei.
— Que maravilha! Estou sempre apertado. Ainda mais agora, que fui demitido.
— Sabemos de seu caso. Gostaria de se sentar? Precisamos conversar.

Valdo apontou uma cadeira para Heitor e ele se acomodou.
— Não é muito novo para um cargo tão importante?
— As aparências enganam. Sou mais velho do que pareço.
— Sei. Então vamos logo ao assunto, doutor.
— Está bem. Você já ouviu falar em vida após a morte, em reencarnação, coisas do tipo?

Heitor remexeu-se na cadeira.

— Já, mas é um assunto mórbido para se conversar, não acha?

— Por quê?

— Porque não gosto de nada ligado à espiritualidade. Não vejo, não sinto, então não posso acreditar.

— Sei, mas como você enfrentaria a morte?

— Que pergunta mais besta, doutor!

— Então sinta-se à vontade. Não quero perturbá-lo. Voltarei outro dia, está bem?

— Não, não. Vamos continuar a conversa. Não sou moleque. Acho que, quando vem a morte, tudo se acaba e pronto. Deixamos de respirar, paramos de sofrer e ponto final.

— Mais nada?

— Acho que não.

— Então não tem graça viver, não acha?

— Por quê?

— Ora, seria muito fácil ficar de braços cruzados, não estudar, não trabalhar, não tratar do corpo. Não precisaríamos despertar nossa fé, cultivar bons pensamentos sobre nós mesmos e sobre os outros. Segundo sua óptica, vivemos sem função alguma no mundo. Os que trabalham têm o mesmo valor dos que assaltam e matam, porque quando morrem vão para o nada. É isso?

Heitor remexeu-se novamente, inquieto.

— Nunca havia pensado nisso. Mas acho fantasioso morrer e ir para outro plano. Se bem que faz sentido o que me diz: seria muito fácil viver sem fazer nada e esperar pela morte.

Valdo continuou, amável.

— E se eu lhe dissesse que isso é verdade, que o corpo físico morre e continuamos mais vivos do que nunca?

— Doutor, desculpe, mas acho isso uma palhaçada. O dia em que eu morrer, prometo que venho correndo contar para o senhor — disse Heitor com desdém.

— Jura mesmo?

— Palavra de Heitor. Venho e conto tudo, como foi a "passagem", como despertei para o mundo das luzes. Vou rever amigos e parentes mortos e venho com todos eles até aqui.

— Vamos deixar as gozações de lado. Há alguém de quem você gostava muito e que morreu?

Heitor olhou para o teto, pensou.

— Humm, deixe-me ver. Ah, minha avó Ernestina. Olhe que ela morreu há mais de vinte anos. Mas me lembro de seu rosto até hoje.

— É mesmo?

Valdo fez sinal para Denise e ela abriu a porta. Na soleira surgiu uma senhora de baixa estatura, com cabelos brancos presos em coque, pele lustrosa e sedosa. Possuía um sorriso encantador. Ela se dirigiu até Heitor e, abrindo os braços, disse em tom amável:

— Meu neto querido, quanta saudade!

Heitor sentiu o ar lhe faltar. Ele empalideceu, o coração batendo descompassado.

— Não pode ser! Isto é ilusão de óptica, uma brincadeira de mau gosto.

— Por que faríamos isso com você?

— Você se parece com minha avó, mas ela tinha o rosto carregado de rugas.

— Melhorei bastante desde que cheguei. Quis manter os cabelos brancos porque sempre gostei desta cor. Mas prefiro um rosto sem rugas e sem marcas de expressão.

Heitor levantou-se inquieto.

— Vamos parar com esta besteira. Querem me contar onde estou? Quero saber o que aconteceu comigo.

Ernestina piscou para Valdo. Pegou na mão de Heitor, porém ele se afastou, com medo. Ela fitou o neto:

— Como foi sua passagem de ano?

— Gastei os tubos. Torrei todo o meu dinheiro num cruzeiro.

— Eu sei. E como foi a virada? O que fez no primeiro dia do ano?

Heitor mordeu os lábios. Virava os olhos de um lado para o outro. Tentava buscar na memória a continuidade das cenas, todavia só se lembrava dos gritos, do corre-corre e de uma batida forte na cabeça. Ernestina continuou:

— E depois da batida na cabeça? Você acordou e viu a queima de fogos? Como foi?

— Não consigo me lembrar.

— Tente.

— Não consigo! Parece que minha mente estacionou. Depois da batida, lembro-me de um sonho com Isaurinha, aliás um sonho terrível.

— Heitor, seu corpo físico morreu, mas seu espírito continua vivo. Não está conversando comigo, sua avó? Há quanto tempo eu deixei a Terra?

— Estou conversando, sinto meu corpo. Tomei banho e sinto fome. Como posso estar morto?

— Seu corpo astral é uma cópia de seu corpo físico. Quando morremos, mantemos os mesmos hábitos, temos as mesmas vontades de quando estávamos encarnados. Tudo é um ciclo, e o seu se encerrou agora. Precisa renovar suas atitudes, crescer, aprender novos valores e, quem sabe, ter uma nova oportunidade de reencarnar na Terra.

— Voltar? Àquele mundo difícil? Não quero. Só tive desgosto e inimigos. Os amigos me apunhalaram pelas costas.

Ernestina aproximou-se e pousou suas mãos nas de Heitor.

— Não diga isso. Foram as orações de seus amigos que nos permitiram trazê-lo até este lugar de refazimento. Não é qualquer um que tem esse privilégio. Veja o que aconteceu a Isaurinha. Infelizmente, não pudemos intervir.

Heitor franziu o cenho.

— Ela também morreu?

Valdo respondeu:

— Sim. Mas não pudemos socorrê-la.

— Não pode ser! Ela tinha amigos influentes, era conhecida no país todo, famosa, rica.

— Isso não conta na hora da morte. O que vale mesmo é o que fizemos de bom para nós mesmos, deixando velhos condicionamentos de lado, cuidando de nosso crescimento interior. Todo aquele que na Terra estiver disposto a enxergar a verdade, conhecer as leis universais e desejar fortemente o encontro com Deus será sempre bem acolhido quando a morte lhe chamar. Infelizmente, Isaurinha nunca fez nada por si e envolveu-se com espíritos do astral inferior. Agora ela terá de acertar as contas.

— Ela tinha muito prestígio. Deve haver algum jeito de ajudá-la.

— Quem sabe você não poderá ajudá-la no futuro? Terá muito tempo para aprender, estudar, reavaliar seus valores, entender melhor os mecanismos da riqueza.

— Você disse que rezaram por mim?

— Sim, foi graças a essas vibrações de amor emanadas por amigos na Terra que pudemos localizá-lo e trazê-lo até aqui.

— Quem foi?

— Gustavo, Heloísa, Clarice, Rubinho e até mesmo Mirna.

— Não posso acreditar. Isso é balela. Eles me odeiam. Ainda sinto como se Mirna estivesse perto de mim.

— Mas rezaram. Você percebe as energias que emanam de Mirna, por isso acha que ela está por perto. Vocês têm padrões de pensamento muito parecidos, e isso é o que ainda os mantém atraídos. Conforme forem melhorando e entendendo os mecanismos da vida, então se separarão.

— Quem cuidou de meu velório e de meu enterro?

— Por que essa pergunta agora?

— Curiosidade.

— Mário e Rubinho cuidaram de tudo. A família Brandão foi muito prestativa. Ainda enviaram uma quantia em dinheiro a seu pai.

— Essa é boa! Ele nunca fez nada por mim e quando morro leva a melhor?

— Não fale assim de seu pai.

— Desculpe, vó. Sei que é seu filho, mas ele nunca deu a mínima para mim. Sempre o protegido era Ivan.

— Era sua maneira distorcida de enxergar os fatos. Mas esse é um assunto que vamos discutir depois, quando você tiver acesso a suas memórias passadas.
— Memórias passadas?
— Sim, de outras vidas. Acha que só viveu essa?
— Interessante. Estou começando a gostar de estar morto.

Ernestina e Valdo riram. Este passou a mão sobre o ombro de Heitor.

— Então, agora que está a par da verdade, precisamos fazer um tratamento.
— Como assim?
— Você mantém no corpo impressões muito negativas da relação que teve com Mirna. Isso não vai fazer bem a você nem a ela. Mirna está recebendo ajuda de amigos espirituais e de amigos encarnados, como Gustavo e Adelmo. E, claro, também podemos contar com o amor de Percival.

Heitor estancou o passo. Empurrou Valdo para o lado. Ficou colérico:

— Quer dizer que ela ficou bem e ainda está com Percival? Não acredito!
— Qual é o problema, Heitor? Agora estão em mundos diferentes. Deixe-a tocar sua vida e você vai tocando a sua.
— Ela passou por cima de mim, me humilhou. Ela também ficou bem. Então, todo mundo ficou bem, é? O otário é que morreu! Palmas para mim! O lixo, o peso, a pedra no sapato deles está morto.

Valdo procurou serenar:

— Não fique assim. Esse estado só vai afastá-lo daqui. Se continuar a entrar nessa vibração de revolta, nada poderemos fazer, e você vai ter de sair daqui. Não piore as coisas, Heitor. Eu e Ernestina iremos cuidar de você. Esqueça o passado.

Heitor deu um grito enraivecido.

— Ninguém manda em mim, entendeu? Tenho contas para ajustar com Mirna. Quando ela levar o troco, eu volto.

Heitor ainda pôde ouvir Ernestina em súplicas:

— Não faça isso, meu neto...

Em vão. Numa questão de segundos, Heitor estava no mesmo lugar onde estivera antes com Isaurinha. Seu único objetivo era encontrar Mirna.

— Por onde vou? Que caminho tomar?
— Está perdido?
— Quem é você?
— Eu sou eu. Não interessa. Que tanto fala e roda para lá e para cá?
— Quero sair daqui.
— Quer ir aonde?
— Tenho umas contas para ajustar com uma rameira.

O espírito gargalhou.

— Vingança. Sei, sei.
— Então, quero sair. Preciso alcançá-la.
— Está fazendo tudo errado.
— Como?
— Está tudo errado. Primeiro tem de trazer à sua mente a imagem da rameira.
— Isso é fácil.

Em instantes a imagem de Mirna surgiu na mente de Heitor.

— E agora?
— Se ela estiver protegida pelos seres de luz, não vai conseguir chegar perto. Mas, se ela fraquejar, você pode até grudar nela.
— É o que quero. Quero me grudar até que ela não aguente mais e morra.
— Se ela estiver na mesma vibração que você, vai ser fácil encontrá-la. Mas, se ela estiver cultivando pensamentos positivos, pode esquecer. É caso mais que perdido.
— Ela não era do tipo que cultivava bons pensamentos.

O espírito animou-se:

— Ela tem algum ponto fraco?
— Como assim?
— Ah, uma culpa, um medo bem grande. Tem? Acho difícil um encarnado que não tenha.

Heitor pensou por um instante. Logo deu um grito triunfante:

— Claro que tem! Ela tem um passado dos mais negros.

— Então é só atiçá-la, ajudá-la a entrar em pânico. Aí vai estar a chave para juntá-los.

— Primeiro preciso sair daqui.

— Concentre-se com força na imagem dela. Vai chegar até ela por meio da vibração, da energia, mas já vou avisando: se ela for protegida, só a distância. Demora mais.

Heitor agradeceu o espírito e continuou a caminhar. Avistou um banco feito de galhos retorcidos e sentou-se. Fixou na mente a imagem de Mirna. Em alguns segundos ele estava no quarto de Maria Helena.

Olhou fascinado ao seu redor. Sentou-se na cama e tentava tateá-la, mas sua mão atravessava o colchão. Ficou tentando pegar os objetos sobre a mesa de cabeceira, porém sua mão também os atravessava. Ficou brincando, divertindo-se, até que ouviu vozes. Duas mulheres saíram do banheiro e sentaram-se em frente à penteadeira. Eram Maria Helena e Mirna.

— Humm — disse ele com alegria. — Finalmente a encontrei.

Heitor levantou-se e jogou-se sobre Mirna, no entanto, uma forte luz ao redor dela arremessou-o ao canto do quarto. Ele caiu tonto. Levantou-se com dificuldade. Começou a sentir as dores na cabeça e o sangue a escorrer-lhe novamente pela fronte. Olhou para as duas e viu também um brilho ao redor de Maria Helena.

Uma luz forte fez-se à sua frente e logo surgiu um vulto de mulher. Heitor deu um passo para trás.

— Você é um intruso — disse-lhe a mulher. — Não devia estar aqui. Ernestina me garantiu que o manteria afastado.

— Mas não conseguiu. Meu ódio por Mirna é maior do que tudo.

— Não se aproxime dela.

— Como este mundo invisível é maluco! Uma rameira merece proteção? Que loucura!

— Quem é você para julgar? Já não bastam as surras violentas que ela levava? Não a maltratou além da conta? Agora chega. Vá estudar, crescer, preparar-se para uma nova jornada. Não se meta com Mirna.

— Se estou aqui, é porque ela ainda está ligada a mim. Ela não pode ter melhorado tanto assim.

Nesse instante Maria Helena perguntava sobre o incidente no escritório.

Aos olhos dos encarnados, Mirna conseguiu mascarar sua vergonha. Todavia, para Heitor, o show começava naquele momento. Conforme Mirna ia se cobrindo de culpa e medo, a luz ao seu redor ia diminuindo de intensidade. Eustáquia tentou a todo custo afastá-lo, mas não pôde fazer muito. Ela orou e seu espírito alçou voo até o pronto-socorro, a fim de conseguir ajuda.

Heitor deliciou-se com a fraqueza de Mirna. Gargalhava sem parar. Uma luz em tom marrom formou-se ao redor dela, e foi com facilidade que ele se grudou a ela.

— Agora você não escapa, vadia. Morri por sua causa!

O espírito de Heitor praticamente se colou ao campo energético de Mirna. Ela foi descendo as escadas e começou a sentir dores na cabeça e enjoo. Maria Helena assustou-se:

— O que foi? Não está passando bem?

— Não sei. Estou com uma dor de cabeça tão forte!

— Vou pegar um comprimido.

Maria Helena acomodou Mirna numa poltrona. Gustavo estava na sala e sentiu energias estranhas no ambiente. Fechou os olhos e concentrou-se. Pouco depois ele viu claramente o espírito de Heitor ao lado de Mirna. Ligou-se a seus mentores e logo dois deles apareceram à sua frente. Gustavo perguntou:

— O que posso fazer? Ele está ligado a ela porque ela assim o permite. Sinto-me impotente.

Um dos guias sugeriu:

— Ele não pode nos ver por causa da vibração, mas pode ver você. Tente conversar mentalmente com ele. Chame-o.

Foi o que Gustavo fez. Mentalmente dirigiu-se a Heitor:

— Por que está fazendo isso?

Heitor assustou-se. Olhou com espanto para Gustavo e este lhe fez sinal afirmativo com a cabeça.

— Como pode me ver? Estou morto!
— Heitor, tenho a mediunidade bem desenvolvida. Posso vê-lo e ouvi-lo.
— Mas não vai me deter. Tenho contas a ajustar.
— Depois do que fizemos? Nem agradece pelas orações?
— Obrigado, mas agora isso não vem ao caso. Ela me humilhou.
— Ela o humilhou? E suas surras?
— Ela mereceu.

O guia dirigiu-se a Gustavo, sem que Heitor percebesse.

— Já sei o que vamos fazer. É delicado, mas acho que vai valer a pena. Mantenha Heitor aqui na sala e convença-o de que Mirna precisa estar bem para o casamento. Depois da festa, faremos com que ela adormeça e vamos desencaixar seu perispírito do corpo físico. Vamos levá-los os dois até Nosso Lar e esclarecer algumas coisas. O que acha?

— Fico preocupado se alguém tentar acordá-la.

— Faça com que ela e Percival bebam um pouquinho mais do que o costume. A bebida ajuda a deslocar mais facilmente o corpo astral do físico. Uns goles de champanha somente. Amanhã, ela vai achar que teve um sonho, mais nada.

Gustavo concordou.

— Está bem. Farei o que pedem.

Ele conversou bastante com Heitor, que por fim cedeu.

— Está bem, mas não vou ficar na sala. Tenho de estar por perto. Ela não me escapa.

— Tudo bem. Mas desgrude-se dela. Não vê que um fio escuro os liga?

Heitor olhou em sua cintura e viu que da altura de seu estômago saía um fio que se ligava ao estômago de Mirna.

— Impressionante! Estamos ligados?

— Infelizmente, sim. Isso já vem de outras vidas. Um dos dois deverá ceder e mudar, então esse nó energético sumirá como num passe de mágica.

— Eu é que não vou ceder. A vagabunda terá de pastar muito.

— Está certo, mas deixe-a em paz até a festa acabar. Fique à vontade. Pode ter certeza de que esse fio que os liga não vai se desprender agora. Sossegue.

Heitor convenceu-se, por fim. Afastou-se e Mirna registrou sensível melhora. Maria Helena veio com uma aspirina.

— Tome.

Mirna pegou o comprimido e o pôs na boca. Bebeu um pouco de água e o engoliu.

— Preciso estar bem.

— Vamos correr. O casamento já vai começar.

Mirna levantou-se e foram para o altar lindamente decorado, nos jardins da casa de Leocádia. Eugênio foi padrinho de Mário; Carlota foi madrinha de Clarice. Ambos foram muito discretos e se comportaram como amigos. Leocádia realmente percebeu que nada sentia por Eugênio, a não ser respeito. Agora, como ex-casados, estavam reavaliando suas crenças. Eugênio procurava resgatar os anos que estivera afastado de Carlota. Leocádia procurava aceitar as coisas como eram. Agora estava mais próxima de Maria Helena, e isso a deixava muito feliz. Fazia planos para depois do casamento de Mário e Clarice. Tinha reformas para fazer na casa, móveis a serem trocados, enfim, tinha com o que se ocupar, além, é claro, de frequentar com assiduidade clínicas de rejuvenescimento e as reuniões na casa de Gustavo.

A presença de Carlota na festa não incomodou Leocádia. De uma certa maneira, ela se sentia aliviada e com paz na consciência. Sentia-se a responsável por ter afastado o casal, e agora era com prazer que os via reunidos. Os convidados não perceberam o envolvimento de Eugênio e Carlota, que naquela noite eram apenas o pai do noivo e a tia da noiva.

Após a cerimônia, muito bonita, seguiu a festa com alegria. Uma orquestra fora contratada para entreter os convidados. Um magnífico jantar fora servido e assim a festa caminhou até alta madrugada. Após a despedida dos convidados, os recém-casados dirigiram-se até um hotel na cidade e no dia seguinte embarcariam rumo ao Nordeste em viagem de lua de mel.

Eugênio e Carlota foram para o apartamento de Clarice, que deveria ser entregue naquela semana à imobiliária. Carlota ajeitaria o resto da mudança para a sobrinha e partiria rumo a Minas Gerais, acompanhada de Eugênio, que já deixara os negócios nas mãos dos filhos. Ele queria, de agora em diante e mais do que nunca, dedicar-se àquela relação de amor.

Maria Helena ficou na casa da mãe para lhe fazer companhia. Gustavo explicou-lhe em poucas palavras o drama de Heitor.

— Nossa, estou até arrepiada. Ele continua aqui em casa?

— Sim. Enquanto não conversar com Mirna, não vai sossegar.

— E o que posso fazer para ajudar?

— Convide Mirna e Percival para dormirem em casa esta noite. Fiz com que eles bebessem um pouco acima da conta, e não é bom que dirijam. Percival tem bom senso e vai aceitar. Depois, vá para o escritório e faça uma oração. Vibre por Heitor, por Mirna. Ajude-me a mantê-los numa cúpula violeta, a fim de evitar as interferências de encarnados e desencarnados.

— Eu gostaria de participar — sugeriu Adelmo.

— Ótimo — respondeu Gustavo. — Quanto mais forças positivas, melhor.

Maria Helena beijou delicadamente os lábios de Gustavo.

— Que Deus nos proteja! Que aconteça o melhor!

— Assim seja — responderam os dois em uníssono.

Epílogo

Era madrugada quando Mirna e Percival se deitaram. Gustavo nada disse a ela, a fim de não a sugestionar. Eustáquia e Valdo estavam prontos no quarto para ajudá-la a se desprender do corpo físico.

Heitor não arredava pé do quarto. Estava inquieto, porque não conseguia chegar perto de Mirna. As vibrações de Gustavo, de Maria Helena e de Adelmo haviam criado uma barreira energética que impedia o contato entre ambos.

— Não estou gostando disto, não.

— Você não tem de gostar ou não — retrucou Eustáquia. — Estamos fazendo o possível. Logo conversaremos.

O corpo astral de Percival dormia a uma altura de uns trinta centímetros acima de seu corpo físico. O mesmo ocorria com Mirna. Eustáquia passou a mão delicadamente sobre os cabelos dela. Sussurrou:

— Acorde, querida.

Mirna abriu os olhos um pouco tonta, pois seu corpo astral absorvera uma boa dose de bebida alcoólica. Valdo ergueu os braços em direção ao alto e logo uma luz colorida começou a sair de suas mãos. Ele as direcionou sobre todo o corpo astral de Mirna. Após alguns segundos fazendo movimentos que iam de cima para baixo, ela finalmente sentiu-se melhor.

— O que foi?
— Sou eu, querida. Não se assuste.
— Mamãe, quanto tempo!
— Sim, filha amada. Gostaria de conversar com você. Venha comigo.

Ela se desprendeu com facilidade do corpo físico e foi amparada por Eustáquia e Valdo.

— Para onde vamos?
— Vamos para um lindo jardim. Temos coisas para tratar.
— Está certo.

Valdo contou até três e logo alçaram voo até a colônia Nosso Lar. Avistaram um lindo jardim e acomodaram-se num banco. Heitor vinha acompanhado dos dois mentores de Gustavo. Sentaram-se num banco bem em frente àquele em que estava Mirna.

— Como posso falar, com todos vocês aqui em volta? Ela está meio grogue, nem sabe que estou aqui.

Valdo, educadamente, convidou-o a ficar em silêncio.

— Veja, Heitor, gostaríamos de esclarecê-lo de alguns fatos. Poderia olhar para esta tela à sua frente?
— Que tela?

Num instante, uma tela em forma de cristal líquido apareceu à frente de Heitor e Mirna. A princípio ela estava escura, mas aos poucos foi mudando de cor, até que imagens se formaram.

Heitor assistia àquilo como a um filme. Logo, um homem montado sobre um cavalo apareceu, ofegante e irado.

— Ei, eu conheço esse cara! Mas... Sou eu! Como pode ser possível? É outro homem, mas sinto que ele sou eu.

Valdo tranquilizou-o.

— Sim, é. São imagens de sua última encarnação na Terra, antes desta. Preste atenção.

E a história continuou. Heitor correu até a porta de um grande casarão. Saltou do cavalo com maestria e correu para a sala.

— Tia, não pode mandar Hilda e Cecília para o convento. Isso não!

— Elas são minhas enteadas — vociferou Vani. — Estou fazendo o que é melhor para todos. E, além do mais, Cecília quase destruiu meu primeiro casamento. Ou pensa que casei com o pai dela por amor?

— Isso faz parte do passado.

Vani ria feito louca.

— Faz parte do passado uma ova! Cecília seduziu meu primeiro marido. Ela não presta.

— Ela era garota, não tinha noção...

— Chega! Elas vão para o convento e pronto!

— Mas Hilda vai se casar com Pedro, e eu estou apaixonado por Cecília. Não faça isso.

— Jamais! Você não passa de um pé-rapado. É pobre, nunca poderia se unir a qualquer de minhas enteadas. Como ousa, Leopoldo?

— Eu a amo.

— Mentira. Cecília é uma deflorada, não pode se casar. Você a quer por causa do dinheiro.

Leopoldo mordeu os lábios com raiva.

— Farei Cecília feliz — mentiu.

— Não pode amar se não tem como sustentar financeiramente essa união. Prefiro vê-las num convento a vê-las casadas com dois irmãos pobres. Agora que o conde morreu, faço o que quiser delas. Sorte grande tirou Ofélia, que se casou com Malaquias e se foi. Ela que não apareça mais por aqui.

— Não vou deixá-la fazer isso. Vou chamar meu primo Túlio. Talvez ele e Rosali possam me ajudar.

— Chame quem quiser. Se intrometer-se, darei cabo de sua vida.

— Tia! Como pode? Não, por favor, eu amo Cecília.

As cenas iam se sucedendo mais rápidas, às vezes mais devagar, dependendo da emoção que despertavam em Heitor e Mirna. Após uma pausa, Valdo deu sequência às cenas.

Não adiantaram as súplicas de Leopoldo. Ele se atirou aos pés da tia, gritou, esperneou. Cecília e Hilda foram confinadas num convento. O tempo foi passando e Leopoldo voltou à sua vida humilde na corte. Vivia sempre se queixando:

— A vida não vale nada. Ser pobre é terrível. Que desgraça! Como Deus foi injusto comigo...

Pedro, conformado com a situação, voltou-se aos estudos e, depois de muito sacrifício, conseguiu um bom emprego numa instituição bancária. Começou a progredir. Em vez de se queixar, uniu todas as suas forças e dedicou-se ao trabalho e à renovação de seus valores morais. Uniu-se a um grupo de espíritas recém-chegados da Europa, cheio de novidades acerca das verdades espirituais.

A distância entre os irmãos foi crescendo, até que Leopoldo atirou-se à bebida e aos jogos. Pedro tentou ajudar o irmão, mas não obteve sucesso. Leopoldo não o ouvia e ainda o acusava:

— Se ao menos tivesse tentado. Você foi um frouxo. Deixou de amar por conta daquela velha maldita.

— Não acho que ela seja culpada. Ela está fazendo o que acha melhor. Está protegendo as meninas.

— Protegendo?! Você é louco!

— Sim, para Vani a vida no convento será melhor para as enteadas. Elas herdaram uma fortuna do pai, e a madrasta teme que elas caiam no golpe do baú. Aprendi muito com a espiritualidade. Gostaria de frequentar uma sessão?

— Jamais! Você é fanático. Meteu-se com um bando de ignorantes, charlatães.

— Quero ajudá-lo.

Leopoldo levantou-se irritado.

— Estou cansado de um irmão frouxo. Fomos humilhados por aquela velha só porque ela tem dinheiro, e nós, não. Quem diria? Ela tem nosso sangue, tem por obrigação nos ajudar. Mas ainda vou ter muito dinheiro. É difícil, eu sei, mas, com um contato e outro aqui na corte, logo poderei ganhar um título.

Pedro meneou a cabeça para os lados.

— Olhe seu estado, Leopoldo. Está cheirando mal, sente-se seu hálito de bebida a grande distância. Saia dessa vida sem rumo.

— Ninguém manda em mim. Saia daqui, vá embora. Não quero mais vê-lo.

E assim os dois irmãos nunca mais se viram. Com o passar dos anos, Vani morreu. Ofélia, mais seu marido Malaquias, contando com a ajuda de um casal muito amigo da família, Eduardo e Teresa, tirou as irmãs do convento.

Naquele tempo, a Igreja Católica tinha um grande domínio sobre a sociedade e foi a ferro e fogo que as madres responsáveis pelo convento, com a ajuda de políticos comprados por Vani, mantiveram as meninas enclausuradas. A ordem de Vani era que as duas jamais saíssem do convento, mas Ofélia ofereceu uma pequena fortuna às madres. Num prazo de alguns dias, as irmãs estavam livres.

Foi com grande emoção que Ofélia abraçou-se às irmãs. Vinte anos haviam se passado, Cecília e Hilda beiravam os quarenta anos, uma idade considerada avançada para os idos de 1880. Malaquias e Ofélia levaram-nas para casa e trataram-nas com amor e carinho. Eles haviam tido muitos filhos e eles papricavam as tias, fazendo de tudo para que elas se esquecessem daqueles anos tristes na clausura.

Algum tempo depois, numa saída ao centro da cidade, Hilda precisou ir ao banco para retirar uma quantia em dinheiro. Foi quando avistou Pedro sentado atrás de uma mesa. Ele estava mais velho, cabelos quase brancos, mas ela sentiu dentro de seu ser o mesmo amor que vibrara anos antes.

Pedro ainda estava solteiro, e foi com lágrimas de gratidão que se declarou a ela. Ele passou a lhe fazer a corte e frequentar a residência. Ofélia e Malaquias ficaram muito felizes com a união dos dois. Cecília ainda sentia saudade de Leopoldo, mas soube por Pedro que ele caíra no vício e vivia metido em tavernas. Não era o tipo de companheiro que ela desejava a seu lado. Durante os anos seguintes, foi se esquecendo de Leopoldo até que ele finalmente desapareceu de sua memória.

Foi durante um jantar que Malaquias e Ofélia ofereceram à Princesa Isabel que Cecília conheceu o barão Corte Real. Ele era viúvo, não tinha filhos e queria se casar. Durante o jantar, ele foi apresentado a Cecília. Daí para o rápido namoro e casamento foi um pulo. Cecília ainda conservava rara beleza, mesmo aos quarenta e cinco anos de idade. Sentia-se culpada por ter seduzido o marido de Vani e por ter se entregado a Leopoldo antes do casamento, mas, na atual situação, o fato de não ser mais virgem não impedia sua união com o barão Corte Real.

A festa de casamento foi discreta, e logo os noivos partiram em lua de mel. Um ano após a cerimônia, Cecília foi até o porto receber um lote de tecidos que encomendara da França. Ela e o barão estavam de mãos dadas, andando pelo cais, quando um homem malvestido e malcheiroso se aproximou.

— Então ficou presa num convento, não é? Por que a mentira?

Cecília estremeceu. Conhecia aquela voz, mas não conseguia associá-la àquele homem de aspecto horroroso e decadente.

— Não sei por quem me toma.

O barão interveio:

— Isso são modos de tratar uma dama?

O homem gargalhou:

— Uma dama? Essa dama nada mais é do que uma rameira. Eu fui para a cama com ela, sabia?

Cecília reconheceu-o imediatamente. Deu um grito de susto.

— Leopoldo?! É você?

O barão não entendeu nada.

— Conhece esse sujeito? De onde?

— Não... Quer dizer... Ele me fez a corte no passado, mais nada.

Leopoldo explodiu em raiva.

— Eu lhe fiz a corte? Então dormir com uma donzela é fazer a corte? E não fui o primeiro, porque quem a deflorou foi o comendador Justino, que você tanto atiçou.

— Pare com isso. Não quero escutar. Você não sabe o que aconteceu.

— Como não? Então agora você é a baronesa Corte Real... Fui enganado. Fiquei neste estado por culpa sua.

— Eu não tenho culpa de nada. Você não sabe da missa um terço.

— Cale essa boca, ordinária!

O barão tentou intervir, mas Leopoldo estava colérico. Empurrou o barão com força e pegou um pedaço de pau. Partiu para cima de Cecília.

— O que vai fazer? Pelo amor de Deus, Leopoldo, deixe-me explicar o que aconteceu nos últimos anos.

Cecília implorava e chorava. O barão estava caído, machucado, e tinha dificuldade de se levantar. Começou a chover e as pessoas corriam buscando proteção. Cecília gritava e pedia, por misericórdia, que Leopoldo não avançasse. Mas ele avançou.

Heitor gritou:

— Pare! Pelo amor de Deus, pare! Não quero que essa cena se repita. Isso não. Não posso mais aguentar.

Ele se atirou no chão e começou a chorar sem parar.

— Fiquei anos me atormentando com essa cena. Não me mostre mais, não me mostre mais...

Mirna, mesmo um pouco alheia, reviveu em sua memória todo o ocorrido. Levantou-se do banco e aproximou-se de Heitor.

— Eles não precisam mostrar a cena. Ela estará sempre dentro de nós.

— Mirna, perdoe-me. Pelo amor de Deus, perdoe-me. Eu não tive a intenção e por não ter dinheiro a perdi. Compreenda que fiquei revoltado.

Valdo interveio.

— Acho que a noite foi de bastante proveito. Mirna, sente-se forte para se desligar de Heitor?

— Pude perceber que a postura de vítima em nada nos beneficia. Eu me achei fraca e assim só pude cultuar a desgraça, que resultou em mais desgraças na minha vida. Estou cansada de sofrer. Não quero mais ter medo de ser quem sou. Sinto que estou pronta para adotar posturas mais sadias.

Naquele momento, o cordão denso de energia ligando Heitor e Mirna se rompeu. Eustáquia exultou de alegria.

— Minha filha, como tenho esperado ouvir isso de sua boca! Desde que parti naquela vida, fiquei preocupada com seu futuro e o de Hilda. Sabia que Vani esperava pela morte do conde para fazer o que fez. Culpei-me por muitos anos. Nesta última encarnação atenuei meu sentimento de culpa ajudando Hilda. Por outras razões, só pude vibrar por você, aqui do astral.

Mirna abraçou-a comovida.

— Suas vibrações me ajudaram muito. Sei em meu íntimo que, se não fosse sua proteção, eu teria continuado na vida mundana e não teria seguido o caminho que havia escolhido. A senhora é tudo para mim, mamãe. Sempre tive a sensação, mesmo nos piores momentos, de que nunca estava só. Obrigada.

Ambas se abraçaram e deixaram as lágrimas correrem soltas. Valdo pigarreou:

— Mirna, pode partir. Obrigado pela disponibilidade. Agora acredito que vai reavaliar suas crenças com mais vigor. Esta reunião de hoje lhe mostrou que a culpa só traz consequências danosas ao espírito.

— Vou conversar com Percival. Preciso contar-lhe tudo que aconteceu comigo, tudo que fiz.

— Se acha que isso vai sossegar seu coração e acabar com essas formas-pensamentos destrutivas, vá em frente. Estaremos a seu lado, irradiando ondas de amor e compreensão. Percival gosta muito de você e não vai se indispor pelos seus desatinos. Todo ser humano é passível de erro.

Você tropeçou e pagou um preço muito alto. Agora tem a chance de ter uma vida harmoniosa e feliz.

— Guardarei essas palavras, Valdo. Muito obrigada.

Eustáquia sorriu.

— Bem, agora vou acompanhá-la. A madrugada está se findando.

Mirna despediu-se dos mentores e de Denise, que chegou na hora em que o filme estava sendo projetado. Antes de partir, caminhou até Heitor, ainda caído no chão. Ela se abaixou e pousou delicado beijo em sua testa.

— Torço por você. As coisas vão se ajeitar. Que Deus o ilumine sempre! Até mais.

Heitor nada disse, mas um sentimento de gratidão profunda brotou em seu peito. Ele a olhou e baixou rapidamente os olhos, comovido.

Após a partida de Mirna, os mentores de Gustavo também partiram. Denise ficou apreciando a paisagem enquanto Valdo conduzia Heitor até um banco próximo.

— Sente-se. Está melhor?

— Estou. Um pouco confuso, mas estou bem. As emoções foram muito fortes. Eu não esperava reviver toda aquela desgraça. Como pude ser capaz de um ato tão cruel?

— Faz parte do ser humano. Você agora tem todo o tempo do mundo para reavaliar sua postura, seus valores. Estarei sempre a seu lado.

— Obrigado. Mas não me conformo de ter nascido pobre de novo. Por quê? Foi punição de Deus? Isso me deixou intrigado.

Valdo exalou profundo suspiro. Balançou a cabeça e pôs suas mãos sobre as de Heitor.

— Deus jamais nos pune. Ele é só amor. Vamos aos fatos. Após aquela encarnação, no final do Império, você ficou perambulando por muitos anos no Umbral. O remorso o consumia, e não havia meios para que você se perdoasse. Fizemos uma reunião antes de seu reencarne para traçar, em linhas gerais, a nova oportunidade que a vida lhe concedia. Você mesmo pediu para nascer num meio pobre, porque tinha dentro de si pensamentos arraigados de pobreza. Você teria chance de crescer, se desse crédito à prosperidade e à riqueza. Mas preferiu dar crédito à falta, enquanto seu irmão deu crédito à abundância.

— É, Pedro está se dando muito bem. Ele merece.

— Desta forma, tudo está certo no Universo. Atraímos o lar de acordo com o teor, com a qualidade de nossos pensamentos. Por esta razão, ninguém nasce num barraco ou num palacete por mero acaso. Isso não tem nada a ver com maldade ou punição divina. Dá para começar a entender os mecanismos e as leis que regem o cosmos?

Heitor começava a compreender.

— Sim. Como fui tolo. Perdi uma oportunidade sem igual.

— Outras virão. Você agora tem chances de progredir bastante. Sabe, a inteligência cósmica rege a vida. Ao entender os mecanismos de conhecimento, atraímos abundância e sucesso para nossa vida.

Heitor fez sinal positivo com a cabeça.

Valdo continuou:

— A vida não quer escassez ou sofrimento. Muito pelo contrário: ela nos dá os meios para evitar tudo isso. Agora feche os olhos e aspire o ar puro deste magnífico jardim.

Heitor fechou os olhos e aspirou o ar puro e perfumado.

— Agora abra os braços.

Heitor, de olhos fechados, abriu os braços. Valdo propôs:

— Agora sinta a riqueza da vida. Esteja aberto para a abundância e prosperidade. Seu espírito necessita e merece isso.

Emocionado, Heitor percebeu naquele instante toda a grandeza do Universo. Sentiu-se parte daquela grandeza. Abriu os olhos e abraçou Valdo.

— Você me mostrou meu valor. Eu posso e quero mudar. Eu lhe serei eternamente grato.

Valdo deixou que as lágrimas escorressem e banhassem seu rosto. Aquele agradecimento de Heitor era o que mais precisava ouvir, depois de anos.

— Foi muita emoção. Acho melhor descansarmos um pouco, o que acha?

Heitor levantou-se animado.

— Estou precisando de um bom sono. Há quanto tempo não durmo bem... Vou para o pronto-socorro.

— Não, vai dormir em minha casa. Faço questão.

Valdo fez sinal e uma linda moça apareceu, fazendo Heitor estremecer diante de tamanha beleza.

— Diana, acompanhe Heitor até a casa.

O rapaz deixou-se conduzir por aquele lindo espírito iluminado. Denise aproximou-se de Valdo.

— Ah, que maravilha! Tudo deu certo. Você não falha mesmo, não? Disse que Heitor iria perdoá-lo, e parece que já conseguiu.

— Ainda temos muito o que trilhar. Eu o castiguei demais, sei que não há vítimas no mundo, mas tive minha parcela de responsabilidade. Tudo que puder fazer para que ele progrida, farei, sem hesitar.

Denise riu animada.

— Então não vai revelar-lhe seu nome na última encarnação?

— Ainda não. Heitor precisará de muito suporte, carinho, muito amor. O amor cura muitas cicatrizes emocionais. Não convém que ele saiba que eu fui Herculano, pai de Clarice. De que vai adiantar agora?

— Tem razão. Há fatos que não acrescentam em nada para nosso crescimento.

— Fui agraciado pela vida e tive a oportunidade de ver cenas de algumas encarnações passadas. Nelas, pude perceber quanto falhei em meus propósitos de ajudar Heitor. Como o tempo aqui no astral é diferente do da Terra, tive tempo suficiente para estudar bastante, reavaliar minhas atitudes.

— Você é muito lúcido e mudou muito rápido. A maioria de nós levaria anos para chegar aonde você está. Tenho muito orgulho de trabalhar com você.

— Obrigado. Tenho dado o melhor de mim — respondeu Valdo, emocionado.

— Estou tão curiosa...

— O que quer saber? — perguntou ele, rindo sonoramente.

— Ah, imagino o que aconteceu com Cecília, mas não quer me contar!

— Você não toma jeito, Denise.

— Ah, me conte!

Valdo soltou uma risada gostosa. Deu um beijo no rosto de Denise e prosseguiu:

— Bem, Leopoldo perdeu a razão. Avançou para cima de Cecília e deu-lhe violento golpe na cabeça. Ela perdeu os sentidos e caiu no mar. Morreu afogada. O barão lamentou a perda da mulher e sentiu-se responsável, impotente. Considerou-se culpado mesmo depois de morrer. É por isso que hoje ele tem por ela um instinto de proteção sem igual. Não houve punição a Heitor, mas o remorso fez com que ele, inconscientemente, programasse a morte que teve. Como vê, está tudo certo.

— E como! — Denise empolgou-se. — Mas, afinal, quem é quem? São tantos nomes que eu me perdi.

Valdo deu outra risada.

— Ai, Denise, você é xereta!

— Não, fiquei muito interessada nessa história. Vou fazer meu mestrado em cima dessas personagens, posso?

— Claro que pode. Explicar aos recém-desencarnados o poder de destruição que a culpa imprime sobre o corpo astral é de grande valia. Mas vamos aos nomes. Leopoldo e Cecília, como você deve imaginar...

— São Heitor e Mirna.

— Isso mesmo. Hilda e Pedro são hoje Heloísa e Rubinho. O querido Malaquias e sua mulher Ofélia são Mário e Clarice. O doutor Eugênio Brandão era o conde, pai delas. E os primos Túlio e Rosali são, respectivamente, Gustavo e Maria Helena. Os amigos Eduardo e Teresa são Mariano e Antônia. Como também está na cara, o barão Corte Real é Percival.

— É, parece que está tudo certinho. E o comendador Justino deve ser...

— O padrasto de Mirna nesta encarnação.

— E Vani? Aposto que é dona Leocádia.

— A própria.

— E Isaurinha, apareceu nessa história?

— Ela era amiga de Vani, cheia de soberba, gostava de estar sempre em evidência na corte. Foi ela quem arranjou as coisas para que as meninas ficassem no convento. Vani não poderia fazer tudo sozinha. Isaurinha comprava os padres, achava que a religião era movida por dinheiro e favores. Repetiu o mesmo na última existência, metendo-se em tudo quanto foi terreiro que descobria no Rio. Agora está comprometida com esse povo. Nada podemos fazer, a não ser vibrar. No momento certo, poderemos resgatá-la.

— Valdo, que história fascinante! Sabe que me deu vontade de uma coisa?

— De quê?

— Vamos apreciar o finzinho de madrugada em Copacabana?

— Está certo, vamos lá. Agora que Heitor está pronto para absorver novos conhecimentos, tenho de estar por perto.

— Isso até que ele se apaixone novamente por Diana.

Levantaram-se rindo e, abraçados, os dois espíritos iluminados alçaram voo até Copacabana.

Quando chegaram à praia, algumas estrelas ainda despontavam no céu, tornando aquele fim de madrugada, no Rio de Janeiro, um dos espetáculos mais bonitos da natureza.

A quem nos dedica suas horas de leitura

Há mais de quarenta anos tenho contato com o espiritismo, e a minha vida se transformou positivamente, pois me encontrei diante da eternidade do espírito e da magnitude da existência. Os livros que psicografei me enriqueceram com valores, e sei que muitos leitores despertaram para a espiritualidade por meio desses romances.

Por intermédio dessas obras, eu e você construímos automaticamente um grande elo, invisível aos olhos humanos, porém forte e poderoso aos olhos espirituais. Mesmo distantes fisicamente, estamos ligados por esses laços que fortalecem nossos espíritos, unidos no mesmo objetivo de progresso e de sintonia com o bem, sempre!

Espero que, ao ler nossas histórias, você possa se conscientizar do seu grau de responsabilidade diante da vida e acionar a chave interior para viver melhor consigo e com os outros, tornando o mundo um lugar bem mais interessante e prazeroso.

Eu e Marco Aurélio desejamos que você continue trilhando seu caminho do bem e que sua vida seja cada vez mais repleta de felicidade, sucesso e paz. Sinta-se à vontade para me escrever e contar os sentimentos que nossos livros despertaram em você.

Sei que algumas pessoas preferem o anonimato, ou mesmo desejam contatar-me de maneira discreta, sem o uso das redes sociais. Por esse motivo, escreva para o e-mail: leitoresdomarcelo@gmail.com. Dessa forma, poderemos estabelecer contato.

Com carinho,

Marcelo Cezar

LÚMEN
EDITORIAL

Av. Porto Ferreira, 1031 | Parque Iracema
CEP 15809-020 | Catanduva-SP

www.**lumeneditorial**.com.br
www.**boanova**.net

atendimento@lumeneditorial.com.br
boanova@boanova.net

 17 3531.4444
 17 99777.7413
 @boanovaed
 boanovaed
 boanovaeditora

Acesse nossa loja

Fale pelo whatsapp